本书受乐施会资助出版，内容不代表乐施会立场

编委会成员

向 荣　陆德泉　李 俊
兰树记　卢思含　陈韦帆

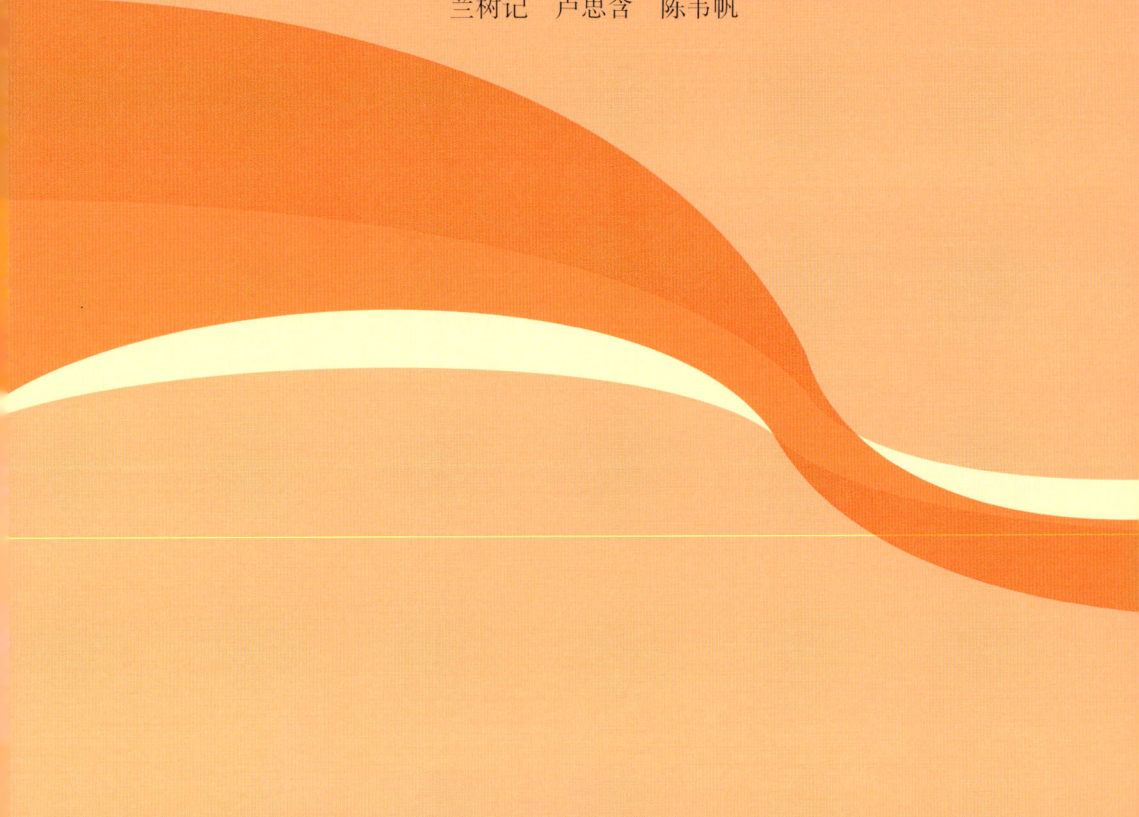

社会工作研究文库

向 荣 陆德泉 主编
李 俊 兰树记 副主编

"流行社工"路
云南连心本土社会工作实践

SOCIAL WORK
IN ACTION WITH MOBILITY

INDIGENOUS PRACTICES OF YUNNAN HEART TO
HEART COMMUNITY CARE SERVICE CENTER

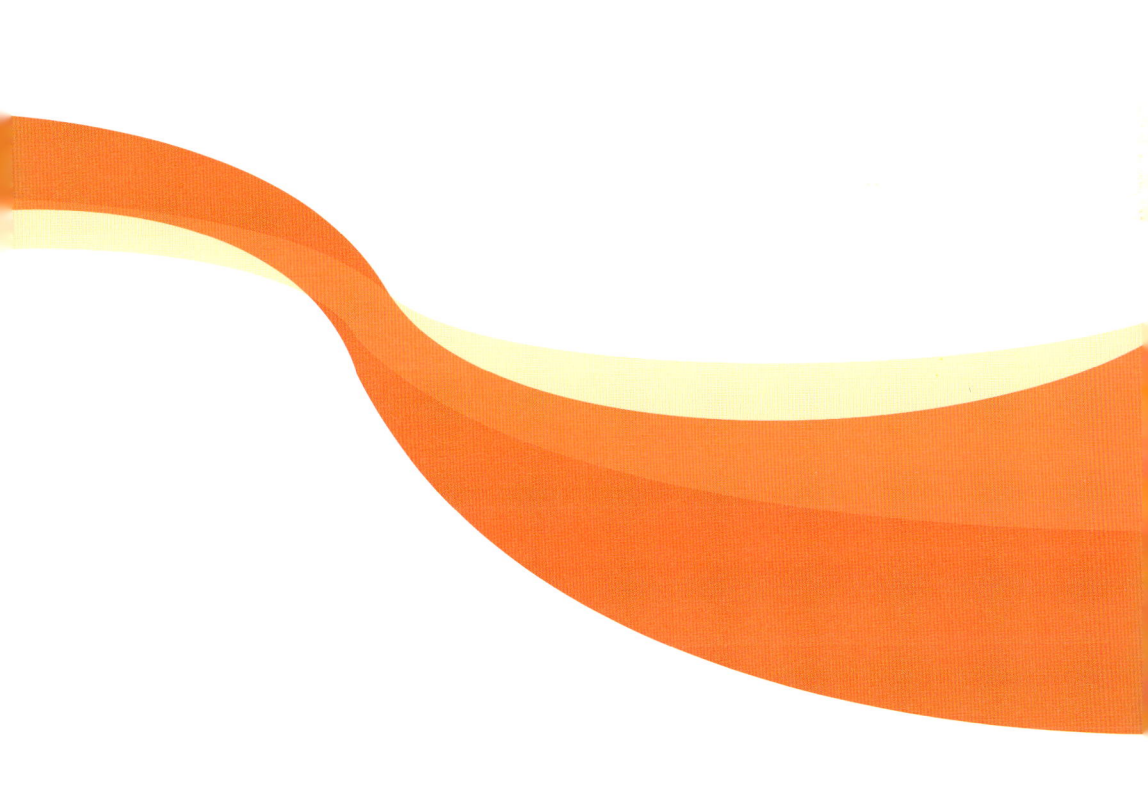

社会科学文献出版社
SOCIAL SCIENCES ACADEMIC PRESS (CHINA)

序言一

林超民[*]

2005年12月在云南省民政厅登记成立的"云南连心社区照顾服务中心",是云南省成立的首家民间公益社会工作组织,是云南省首家获民政部认定的标准化建设的社会工作服务机构,是唯一获中国社会组织评估5A级的云南社工机构。5A级是最高的等级,这是对"云南连心社区照顾服务中心"(以下简称"连心")的最高奖赏,是对"连心"工作人员十多年来踏实认真、辛勤奋进、埋头苦干、坚持不懈的工作恰如其分的肯定。

现在,"连心"的法人代表、董事长向荣将十几年来工作的实际经验与理论探索整理成书,既是对勇敢开拓、一往无前的工作历程的回顾总结,也是对当下艰难前行、苦思求索、更上一层楼的前瞻规划。

本书最大的特点是实事求是,通过对实际工作经验的总结探寻社会工作的规律。没有空泛的论述,没有空洞的说教,只有实实在在的工作实践、认认真真的工作总结、真真切切的工作体悟。读来如春风扑面,启人深思。

我认为本书的价值还在于其有以下创新之处。

一、社会工作模式的创新。"连心"以行动研究回应专业社会服务的需求。行动研究的创新之处就是将研究与行动紧密结合:在实际工作中将遇到

---

[*] 林超民,云南腾冲人,博士,历史学、民族学教授。先后任云南大学历史系主任,云南大学副校长,云南历史学会会长,中国民族史学会副会长。国家有突出贡献专家。现任云南国学会会长,云南连心社区照顾服务中心理事。著作有《云南郡县两千年》《云南文化通览》等。获首届国家教委人文社会科学优秀科研成果一等奖,历史学优秀著作奖等。

的各种问题集中起来，去粗取精、去伪存真，由此及彼、由表及里；在此基础上，研究对策、设计路线、制定方案，再将研究成果运用到实际工作中，通过实际工作检验这些对策、路线、方案是否正确。经实践检验证明是正确的就坚持，不妥的就修正。如此循环往复，在理论上有所创新，在实践上有所进步。他们在直接服务与研究、间接服务与研究两方面，提出了"行动研究"模式。这是行动研究在中国云南的本土化，是对本土社会工作模式创新的重要贡献。

二、探索出一套以社会创新、融合和整合为核心概念的发展型社会工作教育与实践模式。该模式认为社会工作教育必须将传统的研究、教育与社会服务"三位一体"扩展为直接社工服务开发、行动研究、服务－学习、政策倡导、社会创新以及行业生态建设"六位一体"。这是针对时下大学社会工作教育存在的弊病，提出的既有理论意义又有实践价值的良方。这是对理论先行、政策先行、教育先行的先验观念的反思、检讨、纠偏，对于我们坚持理论与实践结合、观念与行动结合、教育与社会结合、人才与工作结合有重大的启示。对于社会工作摆脱西方思潮影响，建立中国自己的社会工作理论原则与实践模式有着不可低估的学术价值与社会意义。

三、以丰富的实际工作经验，推动云南大学社会工作的学科建设、科学研究、人才培养，将云南大学社会工作专业的建设提高到一个新的阶段。其基本经验是，社会工作专业一刻也离不开社会工作的具体实践。在实践中学习，在实践中提高，在实践中前进。彻底改变从理论到理论、从概念到概念的教学与科研范式，使云南大学的社会工作专业生机勃勃、欣欣向荣。

这三个创新之处，不过是本书特色的荦荦大者，而不是说本书的特色和创新之处仅限于此。本书的诸多特色与创新之处有待于读者深入阅读，悉心领悟。

这是作为一个读者初读后的一点感想。

不过面对此书，我怅触于怀，有一些个人的经验与感想，要借为本书作序的机会多说几句。

1937年熊庆来出任云南大学校长。作为云南人，他清楚地认识到，"滇边之问题日益繁多，举其大者如滇边之国防、滇边之界务、滇边英法之侵略以及滇边土人之同化，凡此种种不胜枚举，然均为我国上下所宜注意者，也不特中国政府当局应加筹划，即一般民众与乎学术机关应加研究，以便找出滇边问题之所在，明白滇边问题之困难，了解滇边情况之内容，发为著作，以供国人之研究及政府边政经营上之参考"。要推进云南边疆行政管理，促进边疆经济建设，发展边疆文化教育，"非有曾受过社会学切实训练之专门人才不为功"。熊庆来向"中英庚款董事会"提出申请，聘请吴文藻先生到云南大学任教。在中英庚款的支持下，吴文藻于1938年到云南大学任教，并于1939年7月创办社会学系，吴文藻任系主任。在中英庚款和农民银行的支持下，燕京大学与云南大学合办"社会学实地调查工作站"一年后，即1940年，费孝通接替吴文藻担任云大社会学系主任，并担任社会学实地调查工作站的负责人。云大的社会学系、社会学实地调查工作站在社会学的理论研究、实地调查、人才培养上取得了骄人的成就。与此同时，方国瑜先生在云南大学创办了"西南文化研究室"，发行《西南边疆》（季刊）杂志，出版"西南边疆研究丛书"十种。"西南文化研究室"研究的深度、广度和成果与魁阁研究室相比有过之而无不及。方国瑜领导的"西南文化研究室"主要是以研究历史文献、地方史、民族史、人类学、边疆史为主，对边疆历史地理、自然地理、人文地理也很重视。社会学实地调查工作站与《西南边疆》在云南大学形成两个系统，一个是杨成志、吴文藻、费孝通他们延续下来的社会学系统，另一个就是方国瑜开创的以历史文化、民族学、人类学为主的西南边疆研究。1945年抗日战争胜利后，费孝通返回北京，由杨堃担任云大社会学系主任。杨堃在云大推广社会人类学的研究。他推荐广州珠海大学文史主任江应樑先生到云大社会学系执教，并在昆明近郊的玉案乡、北新乡、西碧镇、又合乡及灵源乡5个地方设立了工作站，社会学系有了新的发展。

1950年后，社会学被撤销。杨堃、江应樑等教师从社会学系转到历史系。原来的"魁阁"系统与"西南边疆"系统在历史系合二为一，变成了一个体系。

我做研究生时，江应樑教授是我的导师之一。江先生时常对我说，社会学是用科学方法研究社会的治和乱、盛和衰的原因，以揭示社会达到"治"和"盛"的方法和规律的学问。社会学对于社会和谐、社会稳定、社会发展、社会进步有非常重要的作用。云南大学应该恢复社会学专业，进一步组建社会学系。1983年、1985年我两次到中国社会科学院拜访杨堃教授，他反复对我说，撤销社会学系是不对的。云南大学有深厚的社会学根基，应该尽快恢复重建。我把他的意见带回学校，向领导汇报，但被置之不理。可是他的话我时时记在心里，从未忘记。

我担任历史系主任后，在 1988 年筹划申办社会学专业。那个时候，江先生还健在，他也督促我要把社会学专业恢复起来。在江应樑先生的指导下，我撰写了申办社会学专业的报告。1989 年 3 月我们开始社会学专业的申办工作。

1990 年，我收到了美国欧柏林学院的邀请，去做访问学者。1990 年 10 月份到美国。在欧柏林学院我看到了一个专业，叫做社会工作专业（Social Work）。我以前不知道有这个专业。我十分好奇，就到社会工作系去了解。社会工作是解决社会问题的一个专业，是帮助弱势群体生存和发展的一个专业。这个专业培养的社会工作者，在美国社会中帮助老弱病残，对于安定社会有巨大作用。美国老师对我说，无论国家景气还是萧条，都需要这个专业。它帮助贫困的人、残障的人、退伍军人等，帮助他们生存、发展、融入社会。我在欧柏林学院图书馆看到了不少有关社会工作专业的书，知道了什么是社会工作，怎样开展社会工作。我还到俄亥俄州立大学、斯坦福大学、伯克利大学、芝加哥大学等了解如何办社会工作专业。

刚好，向荣老师也在欧柏林学院攻读社会学硕士学位。我们在一起谈到在云南大学建立社会工作专业的计划，在云南大学创建社会工作专业成为我们共同的梦想。

当时中国社会工作专业刚刚起步，云南没有这样的专业，可是随着社会发展，社会工作专业将越来越重要。这个专业将有很好的发展前景。

1991 年 3 月，我从美国经过香港时，也到一些大学了解社会工作专业与社会工作者的相关问题。回到云南大学，我就跟学校说，社会学专业不能办，我们就办社会工作专业。当时在中国只有两个学校有社会工作专业，一个是南开大学，另一个是中国青年政治学院。我们云南大学要争取做第三个，我就写申请报告送到学校。当时学校教务处的大多数人不知道什么是社会工作，以为是学校中的学生会的工作，组织社会活动的工作。我说不是，社会工作是帮助弱势群体，帮助贫穷有困难的人，就是扶贫帮弱。经反复论证，学校同意后，报到省教委，我又到省教委论证，最后报到国家教委。国家教委很快批准了我们设置社会工作专业的报告。我们是继南开大学和中国青年政治学院后的第三家有社会工作专业的学校。

为了办好社会工作专业，历史系有的教师在自己的专业之外，学习社会工作专业课程，开出相应的课程。我专程到北京大学社会学系找到1988年毕业的云南学生邢薇。她是个旧市一中的学生，1984年云南高考文科状元。我请她到云南大学任教。后来送她到中山大学社会学系读硕士研究生。接着送她到美国伊利诺伊大学进修。这时，向荣学成归来，回到外语系继续教英美语言文学。征得向荣的同意后，我到学校提出将向荣从外语系调入社会工作系任教。我的一个理由是：外语教师很多，少一个向荣毫无影响；社会工作教师太少，多一个向荣作用重大。向荣调入社会工作系对云南大学社会工作的发展专业起到极大推动作用。

向荣是云南大学第一个具有专业素养的社会工作教师。为建设好社会工作专业，她负笈到香港深造并取得社会工作专业博士学位。她是云南大学第一个具有社会工作专业博士学位的老师。

向荣在云南大学社会工作专业的建设与人才培养方面做出了杰出贡献。她邀请香港理工大学阮曾媛琪教授到云南大学社会工作系指导，通过阮曾媛琪教授的联系，云南大学社会工作系与香港理工大学应用社会科学系建立了密切的合作关系。向荣不辞辛劳地在云南大学建立了社会工作研究所，并在昆明城乡结合部的王家桥建立了云南首家社区照顾服务中心——云南连心社区照顾服务中心，后被评为国家社会工作服务标准化建设示范单位，并获得中组部、中宣部、民政部、全国妇联、教育部、中央文明办、云南省委省政府等多项嘉奖。

毫不夸张地说，正是向荣把云南大学社会工作专业引领到正规化、标准化、国际化、实用化的轨道上，并成为全国社会工作的示范。

向荣带领她的团队长期对流浪儿童、少数民族农村妇女、外来流动人口开展专业化社会服务与法律救助服务；积极探索社会治理创新下的社区、社会组织、社工"三社"联动，在三个少数民族地区建立了村级社工站；与省妇联合作建立妇女之家和流动妇女儿童示范工作站，针对防治家庭暴力建立隐蔽的受暴妇女庇护所，共为十多万妇女儿童提供服务；积极探索灾害社会工作，在昆明"3·1暴恐事件"、鲁甸"8·3"地震等重大突发事件中，协助建立灾害社工支持体系。由于她在社会工作领域的杰出贡献，2015年云南省政府给她颁发了"兴滇人才奖"。

大家看见的是向荣获奖的荣耀，看不见的是多年来她在世俗陈见中特立独行、孤军奋战，她在崎岖山路上一往无前、奋力攀登，她在风雨岁月中坚持不懈、上下求索，她在名利场上平心静气、清心淡泊。

云南连心社区照顾服务中心建立十多年来，在向荣的领导下取得了公认的光辉业绩。他们用心把无权、无势、无钱、无助的贫弱群体连接在一起，创造了让世人惊异、惊喜、感动、感激的业绩。连心不是一句空话，连心需要的是真心、尽心、用心、细心、耐心，最根本的是要对民众、对社会、对历史有一颗赤诚、火热的爱心！

因为爱，我们有了连心的伟大事业！

因为爱，我们有了这本令人感动的书！

2017 年 10 月 18 日

序言二
从连心在流动人口社区的工作说起：
外来工与新市民

王英瑜[*]

与连心的合作缘起

2006年的秋天，笔者在北京与云南连心理事（那时"连心"叫"莲心"，由"莲"变"连"一字的变化或可理解为由关怀到同行）在一个聚会中交流，大家都觉得连心可以尝试开展流动人口的社区工作。

当时，笔者进乐施会工作约一年，负责跟进城市生计项目。[①] 乐施会在20世纪80年代开始在中国内地开展扶贫与发展工作。这些工作先从农村地区开始，从90年代后期开始在城市开展有关农民工的项目，并逐步增加资源的投入。由于耕地不足及工作机会较少，外出打工已成为很多农村家庭收入的最主要来源，这使得越来越多的人举家外出。外来工是城市中最为庞大的弱势群体，他们的生计处于非常脆弱的状态。改善外来工生活处境，可以说是中国农村与城市扶贫发展工作的重要环节，乐施会希望在其中贡献一点力量。

---

[*] 王英瑜，乐施会（香港）北京办事处城市生计项目经理，1993年毕业于香港中文大学哲学系，毕业后入职民间团体，从事基层社群服务工作多年，2005年11月起任职于乐施会。
[①] 城市生计项目服务对象包括外来工、流动人口、流动儿童等。

"流行社工"路

2006年，城市生计项目（当时称为劳工项目）中的社会组织伙伴主要集中于珠三角地区及北京。珠三角地区以工业区的工人为主要服务对象，而北京项目则主要面向以家政工为主的非正规就业人群，以开展流动人口社区工人文化项目。在这段时间里，笔者及同事在考虑，我们主题劳工项目的对象人群为外来工，但是外来工不仅包括传统制造业的外来工，也包括非正规就业人群，而且外来工联同家庭成员一起到城市生活的也为数不少，从促进生存环境改善的角度，需要在项目的设计方面有更综合的考虑。因此，我们在2006年下半年，决定将劳工项目改称为城市生计项目，并在2007年度制订计划时正式改变名称。

乐施会在2007年初与云南连心开始了项目合作，支持连心在昆明西山区伍家堆开展流动人口的社区工作。差不多同一时间，也开始了与北京近邻的流动人口社区的合作项目。这两个机构的主要发起人分别是云南大学社工系的向荣老师及中华女子学院社工系的杨静老师。我们主动邀请这两个机构合作开展流动人口工作，主要缘于当时我们的合作伙伴既有来自社群工友成立的机构，也有来自社会学者、法律工作者成立的机构，但尚未与内地有社工背景的社会组织合作。随着日渐增加的社工系老师和学生对外来工和流动人口的关注，我们认为如果更多的社会工作者能参与外来工和流动人口社区的工作，将对服务外来工和流动人口的社会组织发展及改善外来工的生存环境有重要的意义。

伍家堆印象

连心在昆明西山区的伍家堆开展流动人口的工作，是以流动儿童为切入点，再开展各项社区服务工作。不过，问题是单纯地吸引儿童参加并不能自然带动成人参加活动。在社区工作开展的最初，探索有效的工作方法，开展有助于拉近与社群关系的活动，需要进行大量的社区走访和居民家访。在社区走访过程中交流、传递信息，形成社群信息网络；在家访过程中建立中心工作者与社群的联系；在家访中了解社群动态与需求……应社区的特质，连心建立起二手店，除了减少社区居民生活开支外，亦成为妇女聚集的地方。考虑到社区中布依族群众较多（大部分以捡废品变卖为生计），发挥社群妇女喜欢跳舞的特色，组织了舞蹈队，社区妇女工作逐步铺开。

可惜在建立起较强的社区基础之时，昆明时值大拆大建年代，伍家堆被列入拆迁的范围，连心不得不离开。2010年，连心在流动人口聚集的五华区王家桥重新开展流动人口社区工作。但之前的社区工作并不会白做，原本以捡废品作为生计的布依族群众不得不散居城市的更外围，布依族群众的联系网络仍在。同样地，在伍家堆累积的实践经验帮助机构更快、更有效地在新社区开展工作。

2008年底，乐施会进行了中期策略规划回顾（整个策略规划周期是2006年4月至2012年3月）。在中期回顾及展望中，城市生计项目团队确定了需继续关注外来工的劳动者身份，因此我们的目标仍包括：增强打工者尤其是女工的劳动权利意识、法律和职业安全意识、生殖健康知识及依法维权能力；对于政策层面的关注，则希望可以促进工伤保障制度完善及非正规就业工人（其中以家政工为主）的权益保障。我们也进一步肯定，需要更加重视外来工作为社区及城市新成员的身份。他们在城市中处于边缘，社会组织在其中可以提供流动人口社区的服务工作，建立社群的公共生活空间，促进社群的互助关怀，重建社会支持网络。

2008年至2012年期间，乐施会城市生计项目累积支持了十二个社会组织伙伴开展流动人口社区综合服务工作。

流动人口的新问题与社会组织的工作

随着外来工平均年龄的增长，带子女迁移的人数在增长，打工人员子女教育是打工家庭的最重要事项之一。对于连心在王家桥的社区工作，笔者印象最为深刻的是2012年2月，在王家桥社区，流动儿童以及家长们向来自妇联、青联界别的省政协委员们陈述了自己的需求。社会多方包括政府官员、政协委员、专家、社区人士、社工、志愿者及媒体等与他们进行了互动和对话。多家媒体对这次见面会进行了报道，引发了大家对流动儿童升学问题的共同关心，并思考了解决之道。最后，《关于进一步完善流动人口子女小升初教育政策的建议》提案被摆在了云南省政协第十届委员会会议上，得到了大家的广泛关注。

此次见面会可以说是反映了连心建基于社区的多层面工作，有助于促进多方合作解决社会问题。聚焦于"小升初"（小学升初中）问题，是连心基于社区服务的前期调研，深切了解到社群的需求，在与社群的互动、讨论中，共同设定的促进问题解决的方向；在酝酿过程中，对于社区家长、儿童，甚至社工、志愿者而言，都是一个培力的过程。政策的完善也难一蹴而就，但社群培力、多方互动就是变化的开始。如同连心的信念所言："每个人都有价值、有尊严！每个人都应该被平等、公正地对待！每个人都是可以改变的，并且自身有促进改变的能力！"

对于外来工社群而言，在城市中的子女教育、社会保障、社会支持网络越来越重要，因为更多的外来工倾向或需要在城市长时间生活。据国家统计局《2016年全国农民工监测调查报告》显示，农民工平均年龄由2010年的35.5岁上升到2016年的39.3岁。此现象意味着，外来工在城市工作、生活的时间越来越长，有相当一部分人已属于定居状态，社会需要面对外来工年龄分布带来的新问题。换个角度看，这也说明外来工年龄分布逐步走向正常化，与农村、国家的劳动力年龄分布趋向一致。城市不能期望农村可以无限量地供应年轻的劳动力，用完青春期即退回农村。

在社会发展的过程中，城市需要接受来自农村的各个年龄层的劳动力，而迁移找寻合适的工作与居住地本身也是外来工的一项基本权利。当然我们仍需清醒地看到在这个过程中，年龄较大的劳动者在劳动力市场中议价能力相对较低，就业偏向非正规化，更需要社会支持与社会保障。

与城市新工人、新市民同行

近年来，国家更加强调推进公共服务均等化，这将有助于改善外来工的处境。不过，在具体政策的制定与落实方面，仍是前路漫漫。关注扶贫与发展领域的社会组织，在流动人口领域的投入无疑仍是比较少的。乐施会作为较早开展流动人口工作的社会组织，面对庞大的需求，也深感自己力量的有限。乐施会以项目方式支持伙伴开展流动人口的服务工作，同时也注重支持伙伴的能力建设，并鼓励伙伴争取其他的资源，包括社会及政府的资源，以使社群工作更具可持续性。

从2013年起，我们拜访了若干个本土的基金会或平台性组织，探讨共同投入资源支持更多的社会组织开展流动人口的服务工作。基于相近的理念和关注，自2013年起，乐施会城市生计团队与广东省千禾社区公益基金会合作，发起珠三角流动人口社区公益服务项目支持计划。从2013年至今，已进行了两三期，每个小项目从两三万元至十余万元不等，先后共支持了近二十个社会组织（包括草根社会组织、社工机构等），既有初创期的社会组织，也有在原有的社区服务中加强对于流动人口的工作，又或者具有创新及探索性的社群服务工作。此外，我们为接受资助的伙伴及业内的工作者，提供工作者成长计划及多个主题培训。在主题培训中，流动人口社区工作经验丰富的云南连心提供了不可或缺的支持。

2013年，乐施会城市生计项目制订了新的五年计划。基于外来工和流动人口生计的脆弱性，我们继续选取了外来人口作为城市生计项目的目标人群，而我们希望除了关注外来工的工人身份及其需求外，还要加强回应外来工作为新市民的需求。我们期望，（1）通过项目工作为外来工搭建公共生活平台，协助外来打工者建立社会支持网络，促进他们的社会参与、社区参与和社会融合；（2）外来工作为城市新移民之所以有着生计的困扰，与其未能获得均等化的公共服务、社会保障有密切关系，因此我们也希望为促进公共服务均等化做出一份贡献。

本书的实践篇由连心前线工作者主力撰写，加上理事及研究团队的支持和总结，反映了连心是实践与反思并重、行动与研究相结合的团队。连心十年来深耕流动人口社区，注重社群的参与和培力，与社会、政府各方合作联动，在儿童、妇女、非正规就业者及少数民族等方面的社会工作累积了丰富的经验。对于关注城市化过程中新市民的社会融合的人士，对于开展流动人口社区工作的社会组织从业者，这都是一本非常具有价值的书。笔者祝愿连心未来有更好的发展，为促进社会进步作出更大的贡献。同时希望，有更多类似连心的服务机构，共同为外来工提供服务，与作为城市新市民的外来工同行。

序言三
积极引进专业社工力量，助力社区和谐发展

尹　福*

与连心结缘

王家桥社区居委会是在2005年昆明城市规划调整后，新成立的城市型社区，地处城郊结合部。我第一次接触社工是2008年，当时五华区团委和云南大学合作，让研究生作为社区主任助理挂职到社区做社会实践锻炼。当时我们社区来了一位社会工作系的学生，来了以后就在社区策划了一个叫"暑期夏令营"的活动。恰好又碰上2008年奥运会，所以活动的主题就定为"奥运与我同行"。活动召集了来自各个大学不同专业的近三十名学生作为志愿者到社区开展服务，我们居委会负责协调社区场地资源。活动的过程中还专门组织社区小学生到云南大学图书馆参观。参与此次活动的孩子家长觉得这个活动很有意义，得到了很好的反馈。这位研究生在工作过程中，也逐步跟我们分享社会工作的相关知识。印象最深刻的是，他提议我们社区主任和工作人员都应该去考社工资格证，说将来居委会干部持证上岗是大趋势。

---

* 尹福，男，1958年生，现任昆明市五华区普吉街道办事处王家桥社区居委会书记、主任；昆明市五华区人大代表；曾被云南省委省政府评为优秀基层社区工作者。基层社区工作超过20年，在基层社区服务与社区治理方面具有丰富经验。

认识云南连心是在 2009 年底，他们刚搬到王家桥。当时我们有一个关工委支持的青少年活动，就联合连心一起来办。我参与了活动的整个过程，发现他们的社工和组织来的大学生志愿者的专业性都很强，这些是我们社区工作人员也应该具备的。后来我就开始深入了解连心，才知道原来他们是省民政厅主管的社会工作服务机构，主要做社区里困难人群和家庭的服务工作。当时我就在想，这些本来也是社区应该做的。虽然 2010 年省计生委出台了一个针对流动妇女同教育、同管理、同宣传、同服务的"四同"管理政策，服务对象是流动人口当中 16~49 岁的妇女。但我们的工作对象主要是常驻人口，由于人手不足及资源等方面的局限，流动人口服务较少涉及。云南连心这样的机构，刚好就可以填补这块空白。

我特别看重的是连心社工工作责任心强、专业性也强、文化层次高、积极性高，只要是群众喜欢的、喜闻乐见的，他们都会用心去思考着做事情。他们都是先做事，让政府看见了重视了再来挂牌，是做实事，不摆花架子。我个人也喜欢做实事的风格，所以大家就会有共鸣。只要是对老百姓有好处的，就是践行了习近平总书记"以人民为中心"的重要思想，真正把"为人民服务"的精神落到实处。也是基于这些思考，结合居委会各项工作任务与计划，我特别期待双方能够进行深度而持续的合作。

"三社联动" 促成合作机制的建立

近几年来，从民政部到各级地方政府都在大力推动"三社联动"模式促进基层社区治理创新。其实我们与云南连心早在 2012 年开始就在探索社区、社工、社会组织的协同联动机制。这种协作是基于双方的各自优势作为基础，形成工作互补。比如针对有超生情况的流动人口困难家庭，他们生活遇到困难的时候，居委会就不好直接提供帮扶，因为超生本身就违反了法律规定，如果我们帮助他们就有违反计划生育政策权威的疑虑。连心就不同，提供的服务是人性化的，只要是社区的居民，不管是外来的还是本地的，只要是遇到困难的都可以提供帮助。连心提供的服务更人性化、更精细化，居委会作为居民自治组织，在执行国家政策法规及行政性职能方面的功能就较强一些。记得 2011 年末，街道办事处领导让我们策划做一个创新项目，让我们策划好了报给区委。刚好当时与向荣老师一起讨论，她提出了我们两家机构是要进行松散型合作还是紧密型合作的问题。我主动提出说一定要进行双方深度参与协作的紧密型合作。向荣老师就提出了以社区、社工、社会组织进行深度合作的"三社联动"治理概念。

以此为基础，我们与云南连心共同推动成立了"三社联动"示范工作站、反家暴工作站等平台，下设社区家事调节小组、儿童青少年工作组、社区综合服务组、社区文化工作组等。将两家机构工作人员进行搭配组合，做到你中有我、我中有你，正式建立了机构间持续深度合作的有效协作机制，为后续各项工作开展奠定了重要基础。

在实践中实现合作共赢

与云南连心的合作，带来了很多的创新理念和思想。比如城郊结合部社区，居民构成复杂，社区服务需求多样，如何服务好居民？云南连心打造的社区儿童活动中心、反家暴工作站、绿色手工坊、公益互助店、公益小饭桌、房东联谊会、巷道命名、楼顶绿化等这些做法，都是我们之前想都没有想过的工作。通过这些探索，可以很好地把我们已经建立的儿童之家、妇女之家等平台进行激活，达到了非常好的效果。

这些做法和经验后来得到各级政府部门的高度重视和认可，也开始得到更多的支持。比如从去年开始陆续成立的流动人口党员与群众服务中心、流动职工联合工会等，都是上级各个政府部门看到我们工作成绩后主动支持推动的结果。云南连心扎根社区，紧扣社区老百姓需求，总结出操作性较强、有示范性的经验，确实发挥了作为省级社工机构的引领作用。比如，这几年全国各地都来我们王家桥参观学习，我们的"三社联动"经验获得了民政部顾朝曦副部长的认可。这两年，云南连心还把在王家桥探索的经验复制到昆明市西山区及全省更多地区，获得了高度的认可。这几年，政府对流动人口服务方面越来越关注，流动人口融入城市的公共服务均等化政策进一步完善，并得到落实。这些积极的变化，与我们在基层流动人口社区探索形成的经验推动是分不开的。

来自全国不同地方的工作人员都来王家桥看过，有的地方工作重点是反家暴，有的地方工作重点是社区和社会组织合作，每一个来的人都在关心一个问题：社区在"三社联动"中是什么角色，社会工作者的角色又是什么。我印象比较深的是民政部顾朝曦副部长问我们社区扮演什么角色，群众性自治组织是不是代表政府？我的回答是，社会组织是带着经费来的，去居民中做一些免费的活动。一开始居民们都觉得是不可能的，会不会是骗子。但这个时候我们社区居委会给大家做了介绍和引荐，改变了居民们的固有观念。除了这些，还有很多，在这几年的合作中，我们越来越明晰了彼此的重要性和如何配合把事情做得更好。

期待与展望

云南连心毕竟是省级机构，我们只是这个辖区的一个居委会。虽然连心过去在我们社区做了一些有效探索与创新，但影响力还不够。我认为还需要有更大的联动，所以2017年我主动邀请了周边其他社区一起来参与，是希望能够把周边社区也拉进来，推动街道办事处层面来牵头探索片区的综合服务联动模式。所以今年发展出来的流动职工工会和党群服务中心，都已经获得区政府甚至是市政府领导的高度认可。已经探索的模式需要推广到更多社区乃至资源更少的农村地区，使更多群众受益。

我们居委会去年入选了民政部第二批全国社会工作服务示范社区，我们希望能够以此为契机，进一步加强与云南连心的合作创新探索。一方面，需要从社区整体营造的角度，充分挖掘王家桥社区的历史和文化，撬动村庄更多本地资源的参与投入，进一步提升社区的文化氛围。比如村庄几个小组都有意愿出资，重新建设一个王家桥的地标性建筑，为王家桥本地村民留下历史记忆。如果能够做起来，其他村子应该都会重视模仿着做。另一方面，要巩固和深入探索流动职工联合工会、党群服务中心、妇女之家和儿童之家等基础服务，从社区环境卫生、社区治安、社区文明建设等方面着手，进一步提升本地居民和流动人口对社区的认同感和归属感。我们要让流动人口感受到自己就是这个村的人，做到自觉爱护这里的一草一木，自觉维护这里的治安和卫生。也要让本地居民认识到流动人口对城市建设、对社区建设的巨大贡献，自觉接纳流动人口在这里居住和生活。

让流动人口和常住居民感受到大家都是同一个城市的市民、同一个村庄的村民，这是我们共同的理想。我们的工作任重道远，需要做很多事情。本地村民、流动人口、社区居委会、社工、社会组织、政府等，大家要一条心干事情，社区才会真正和谐。未来，我们愿意与云南连心一道，继续努力探索与实践！

序言四
既往开来，共建共创社工路

陆德泉*

非常感谢林超民荣休副校长把云南大学社会工作研究所和云南连心的历史定位与云南大学以及中国社会学和社会工作的历史发展连接起来。云南大学在1939年创立社会学系以应对中国现代化的社会变迁，1991年创立社会工作专业以应对中国社会转型的挑战，社会工作研究所于1999年成立，在2005年创办云南连心就是希望进一步从实践中更深入了解社会问题和社会工作干预的复杂性，从而提升对社会工作干预成效的认识。

20世纪80年代，笔者在修读社会工作期间，已经感觉到大陆、香港和台湾三地的社会发展和社会制度的差异，社会工作发展的形态和角色不尽相同，从而开始探索社会工作以及社会学的本土化和中国化议题。90年代我们有感于农村贫困和发展问题的严峻，更有志于推动社会工作与发展工作的结合，以发展型社会工作面对中国社会转型的挑战。我们相信云南连心的同人

---

* 陆德泉，博士，香港中文大学尤努斯社会事业中心项目统筹主任。兼任云南大学社会工作研究所客座教授、云南连心社区照顾中心专家指导委员会主席、云南草根公益支持中心理事、瓷娃娃罕见病支持中心理事等。于芝加哥大学取得社会学博士学位，历任香港浸会大学社会学系副教授、乐施会中国部研究与发展中心主任、港专学院应用社会科学系副教授。1991年创办香港滋根基金会，在贵州开展扶贫与妇女发展工作，自此一直通过行动研究探索扶贫与发展工作的策略和实践。当前扎根于云南，通过行动研究开发发展型社会工作模式，致力于开拓社会创新与社会事业等策略，以应用于流动人口、少数民族农村扶贫与发展、文化与生态保育、城乡循环流动、灾后社区重建等领域。

正是承接了中国社会工作开拓社会发展的使命,在云南以共同实践、共同生产知识、共同反思与创新的精神实践社会工作。

云南连心的专业精神和理论视角:"流行社工"与发展型社会工作

在流动中行动的社会工作者,简称"流行社工"。云南连心在开始服务流动人口社区工作中,一直面对的最大困难就是流动人口的流动性对开展稳定社会工作服务的影响。不少流动儿童的幼年都是在农村留守,到上小学时才来到昆明。社工们好不容易和他们建立关系,把他们培养成为小骨干。但到了小学五六年级,不少家长由于学籍的问题重新把孩子送回老家上学。这种变化让社工不好受,看着孩子在进入青春期后又回到"陌生"的"老家",与父母兄弟家人重新分离,加上看到健康成长的孩子到了不可知的环境,伤感是不是过去几年的功夫白费了?他们回去后怎么办?这样的流动和难于积累的工作究竟有没有意义?

参与流动妇女服务的社工也有同样的体会。妇女服从于流动家庭的性别分工,而被迫流动。妇女在生育和养育幼年子女时留守农村或干些零散活,孩子稍大时工作时间就长一些;如果孩子返乡读书,有的还需要返乡陪读。流动妇女和妇女骨干的流动和断层对连心工作也带来不少打击,工作成效难于积累,也会质疑流动妇女工作的意义。

加上新常态下城市经济的调整,流动人口家庭的生计更为紧张。废品回收价格不断下滑,工地用工减少,站工们在市场上越来越不好找工作。当流动人口家庭面对收入下降,有些选择到其他城市谋生,有些考虑回老家。在宏观经济环境的压力下,流动儿童和妇女也没有办法,只有举家再次流动。连心社工面对大环境带来的流动,无力感也加剧了对服务的质疑。

实际上连心也在流动。在昆明大力推动城中村改造运动中,连心在伍家堆的服务中心在短短一两年间搬迁了三次,最后整个片区拆迁,连心和老乡都需要搬迁。最后连心跑遍了整个昆明,和部分老乡一起搬到现在的王家桥,才稳定下来。7年过后,看着王家桥周边的高楼在不断增加和"长高",不禁担心这个城中村还会存在多久,连心什么时候又要搬迁?无论是伍家堆还是王家桥的拆迁,都促使连心不得不搬迁,这是否代表流动人口在社区工作的意义也随之断裂和消失？

"流行社工"就是连心社工从沮丧和无力到重新接受和面对流动人口的常态，促使连心社工深入分析流动群体的各种形态，因应流动性深入探索流动人口社会工作的目标、策略和方法。流动儿童团队认为，如果我们能抓好他（她）们在昆明的时间，培养保护他（她）自己与家人、同学相处和服务他人的精神和能力，不管他（她）们回到老家还是流动到其他地方，是升学还是打工，都有一定的能力应对流动的挑战。在工作策略上，我们把培养儿童这些能力和儿童骨干的周期从原来的5～6年缩为3～4年；成长小组周期从两个学期缩短成为一个学期，甚至采取了时间更短的干预策略。为了应对他们在昆明的有限时间，在2至3年间把流动儿童从一般参与者、志愿者，培养成为骨干以及自发活动组织者，学习保护自己、合作和服务的精神和能力，为应对流动做好准备。

面对妇女、进城务工者、家庭和社区的流动性，连心的社工都在做好接受和正视流动带来的挑战，和流动人群一起从流动的现实出发调整社会工作的目标、策略和办法。就是王家桥被拆迁，连心需要重新流动，相信我们只要坚守着这份社会工作的专业精神，连心的精神就能在流动中继续弘扬。这就是流动中行动的社工。

连心与发展型社会工作

在服务领域和工作策略上，连心社工一直放不下的困惑就是老乡提出紧迫的问题为生计和就业，而这些工作又是传统社会工作的软肋。一方面传统社会工作以补救型服务为主，人力配置和技能要求在社会工作教育发展和政府投入不足等条件下很难进行，另一方面在城乡公共服务普遍不足的情况下，补救型社会工作服务与现实需求的落差就更为巨大。加上当前政府推动积极的社会政策，城乡公共均等化和社会治理创新等举措，云南连心的社工们更需要在补救型社会工作以外，积极探索发展型的社会工作策略。

这本书分为三个部分。理论部分主要以发展型社会工作视角总结了云南连心在过去十年间的工作经验，以及对发展型社会工作理论和实务的探索。实践部分主要是流动儿童社区活动中心、学校社会工作、困境儿童服务、社区参与和发声、进城务工群体、流动妇女、流动少数民族、反家暴、三社联动、政策倡导等方面的经验。组织发展部分从组织发展的视角总结志愿者培养和社会工作专业督导方面的经验。

我们鼓励连心同人既是社会工作的实践者，也应该有信心成为社会工作知识的生产者，共同推动连心知识的生产、反思与创新。在近邻杨静行动研究学习小组的大力支持和乐施会的资助下，李俊和兰树记相继和同事开展行动研究的协同探究，整理各自的项目经验和个人成长的体会。这个阶段的项目经验和个人成长融合程度或许差异较大，但是我们相信连心已经打好了一个行动研究的基础，未来每一个社会工作者都可以成为一个有热情、愿景、能力、创造力的工作者，为云南以及中国的社会工作发展做出贡献！

序言五
传承历史、"流行社工"、十年一剑

向 荣[*]

传承历史与连心的初心

连心成立之初即与整合不同积极社会力量、专业能力建设、反思精神、服务对象优先、可持续性发展等议题紧扣。不同于目前全国 6000 个社会工作服务机构，云南连心一开始的一线服务即与社会工作教育和研究目标相契合。在扎根社区为基层有需要民众提供切实服务的基础上，其教育目标是为转型社会中社会建设培养本土的专业人才，其研究目标一开始即是本土化社会工作的理论、知识和实践方法体系构建。将理论与实践高度结合，将学习与服务中的服务－学习教学方式以及行动－反思－再行动的行动研究成为贯穿其理论与实践的金线。经过十余年不遗余力艰苦探索，团队逐渐构建出一个在三社联动下，以城乡社区为本、乡城循环流动和农村社群为其服务对象的、多层次的综合服务体系。连心以"流行社工"或"返乡青年社工"带动志愿者和乡村工作者，通过专业社会工作服务，回应流动人群以及"三留守"人员社会服务需求、社区治理以及社区经济和社会文化融入的议题。

---

[*] 向荣，云南蒙自人。博士、副教授。现为云南大学民族学与社会学学院社会工作研究所所长、云南大学－香港理工大学设计与社会发展中心执行主任，兼任云南连心社区照顾服务中心理事长、中国社会工作学会理事等。自 1996 年迄今为云南大学社会工作专业教师。研究方向：社会工作教育、性别与社会工作、发展型社会工作理论与实务、社会组织发展等。

随着连心工作的进一步开展，连心逐渐意识到当前社会工作的发展定位是回应社会转型中弱势群体的需要，探索社会发展的大议题。这与中国从近代到现在不同阶段的有志之士共同努力积累的宝贵精神财富是分不开的。在中国与世界接轨，现代化转型过程中，云南曾经在历史上扮演过的举足轻重的角色。西南联大的学者们在炮火连天、民族存亡的关键时刻，依然积极投入国家和民族重建的大业中，进行艰苦的研究，把扎实研究与国家命运相结合。如此，发展社会工作与国家建设、社会发展就有了必然联系。所以，探索发展型社会工作理论与实践体系成为连心"流行社工"的行动研究。

"流行社工"的缘起

记得2010年，连心进入第五个年头，但扑面而来的却是面对第四次搬家。滇池岸边的城中村拆迁进一步扩大，所在的农民自建小区也无法保住。连心与在这里一起工作的流动老乡们都得离开。由于有着前三次的搬迁经验，七八个专业社工构成的团队倒也显得冷静，能够沉着应对再一次的搬迁。大家分成不同小组，各自骑上自行车以伍家堆为中心四面散去，以摊铺盖方式将昆明各个城中村/城边村翻了一个遍，最后综合考虑，留下5个地点作为重点考察社区。那天我开车，几个同事一起将这几个点重走了一遍，在综合昆明长期发展规划、老乡的建议以及考虑社区的公共空间的大小等因素，我们决定从西南的伍家堆搬往西北边山脚下的王家桥。

记得大家一起寻找下一个工作地点的时候，分享老乡们如何关心和关注我们的工作地点，大家都很感动，并没有因为要搬离而流露太多消极的情绪，看到的更多的是困难中见真情，以及我们的工作被老乡们认可。在交流中，我被大家深深感染着，不觉脱口而出，我们这是在流动中一起与老乡们积极地行动推动改变，我们就是一群流行社工！

从此以后，我们又经历了几次搬迁流动，"流行社工"这个起初半自我解嘲半鼓励的概念慢慢被团队接纳，并在每次流动搬迁中被赋予更多的内涵。

"流行社工"流动中行动的历程及其价值演绎

从2005年到2015年的10年间，连心先后经历了大大小小差不多近十次的搬迁。几乎每一次的变动，连心社工与服务对象流动群体都用实际行动在诠释着高速城市化下社工的意涵。简单的追述可以从以下行文中有所体会。

2005年12月云南连心在一个长期关爱孤儿的"漂亮妈妈"陈锐女士和美国莲心基金会的合作下成立，办公室建在市中心的17层高楼。当时作为云南大学社会工作系主任的笔者之所以积极投入该机构的组建并任机构副理事长，就是因为想要借其力量打造一个云南大学的专业实习基地，在培养社工人才的同时，继续之前流浪儿童和农村社会工作本土化知识和方法的研究。反思之前以项目方式运行带来的服务可持续问题，以此探索回应社会工作伦理议题。

2007年1月，经过一年的磨合，连心发现与美方在服务对象上意见不统一，故美方撤资，连心理事会改组，并决议将流动儿童的服务作为其目标群体和工作策略，在回应该群体的成长紧迫需求的同时逐渐扩大服务范围，扎根流动人口社区，以社区为本成为机构的工作宗旨。因此机构工作场地搬离市中心商务大厦，扎进滇池边的城中村的"农民房"里，同时将"莲心"更名为"连心"，以此表示弱势群体工作需要社会心连心推动。

2008年，昆明开始了继1999年世界园艺博览会之后的第二轮快速城市化进程，对城中村进行拆建，连心第三次搬迁，从靠近滇池河堤的棚户区往当地失地农民自建的小区搬，继续为流动儿童及其家庭以及打工子弟学校提供社区服务。至此，连心的社会工作服务已经在与妇联合作探索流动妇女的组织以及生计议题。

2010年，伍家堆失地农民自建小区遭遇整体拆迁，连心社工在流动老乡的协力下，综合各种因素，搬出伍家堆，到了西北边的王家桥。与此同时，连心的一部分服务对象也跟随连心一起落脚到王家桥。可谓，流行社工在此期间与老乡们一起经历了"同呼吸、共命运、心连心"。

2010年到2015年，连心与孵化的新机构在同一个社区又经历了差不多六次的搬迁。与之前不同的是，随着连心队伍的逐步壮大，连心社会工作者大部分选择居住到同一个社区里，在这里演绎着21世纪具有中国特色的"睦邻运动"。连心大部分工作人员来自地州，农村的生活经历以及求学过程中流动的经历都使得他们与服务对象有着天然的割不断的关系。因此，自利利他的社会工作价值观深植于机构文化中，并贯穿于服务过程中，也帮助机构在内忧外患中度过一次次危机，促进机构健康可持续发展。

十年来，连心"流行社工"在一次一次危机面前，秉承专业社会工作理念，发挥独立、批判和反思的精神，坚持与底层深度在场；扎根在城中村，与农村流动群体深度在场，不忘初心，牢记使命、砥砺前行！

目 录

理论篇

云南连心发展型社会工作的理论与实践范式 …………… 向　荣　陆德泉　3
创新、共融、整合：走出当下社会工作教育
　　十字路口的路径探索 ……………………………………… 向　荣　20

实践篇

构建流动儿童社区安全网
　　——儿童活动中心建设与运营的
　　　　社会工作实践 ………………… 郑红琴　张耀炜　杨春梅　51
直面生命的脆弱
　　——流动困境儿童家庭陪伴的社会工作实践 ……… 陈正艳　姚秀霞　79
让民办小学的孩子也享有全人教育的机会
　　——城市流动儿童学校社会工作实践 ………………………… 白娅娟　93
孩子也能塑造自己的社区
　　——流动儿童参与式影像发声的
　　　　社会工作实践 ……………… 张耀炜　杨　丹　陈正艳　兰树记　102
与底层劳动者走在一起
　　——非正规就业社群社会工作实践 ……………… 严云颢　王显琼　111
在流动边缘追寻姐妹情谊
　　——城市流动妇女社会工作实践 ………… 陈喜纯　张　琴　陈韦帆　124

1

编织身心灵安顿的休憩之网
　　——城市社区流动少数民族社会工作实践 …………… 毛友妹　138
从看见到同行
　　——城市流动人口社区反家暴社会工作实践 ……… 胡　燕　刘　萍　157
创新流动人口社区社会治理
　　——构建"三社联动"社区社会工作模式 …………… 兰树记　174
流动人口社区工作政策倡导的实践探索 ………… 兰树记　李　俊　183

组织发展篇

让公益成为每个人的生活方式
　　——云南连心志愿者及实习生工作实践 …………… 张亚贤　197
有了人，才有了组织
　　——云南连心组织人才推动及专业督导的实践 …………… 杨榆宾　215

附录1　部分政协提案 ……………………………………………… 227

附录2　民盟省委第四届民生论坛文章 …………………………… 234

后　记 ……………………………………………………………… 241

理论篇

云南连心发展型社会工作的
理论与实践范式

向　荣　陆德泉[*]

十多年前，当我们看到昆明流动人口社区的困境人群、云南农村的贫困人群所面对的处境时，我们在思考如何探索连心的社会工作模式时，一直有几个问题困扰着我们。首先，虽然深圳、广州、上海和北京正在学习港台较为系统和专业的社会工作模式，但是云南的困境人群处境，以及公共政策的干预力度和资源等能比得上北、上、广和港台吗？进一步看，港台以及北、上、广的社会工作模式是不是唯一可以选择的社工模式？还有哪些国家，特别是发展中国家和地区的社会工作模式可以供我们选择借鉴？连心就是带着这些问题开始在云南的探索，探索出更合适的社会工作模式。

自20世纪80年代以来，中国社会工作的发展深受港台地区和欧美国家等社会工作模式的影响，推动以补救型为主导的城市个人服务和社会福利模式。补救型社会工作模式源于发达资本主义福利国家在既有的政治经济脉络中，愿意提供一定的政府和社会资源，为弱势群体出现的问题提供救助和补救型的服务，并逐步制度化。自十六届三中全会以来，在党和政府的大力推动下，社会工作职业化和专业化在上海、广东和北京发展较快，民办社工机构同时得到迅猛发展。在深圳、广州及其他沿海发达地区，在传统社会体制转型的过程中，急速城市化和工业化发展而带来的城市居民婚姻家庭关系的

---

[*] 向荣，详见前文；陆德泉，详见前文。

变迁、城市社区关系的转变、青少年偏差行为，以及大量流动人口进城衍生的就业、贫困、社会适应、亲子关系等城市化普遍性问题大量涌现。发达地区政府大力推动补救型社会工作模式的发展，传统社会工作的个人、家庭及社区服务模式在探索这些问题的对策上产生了一定的成效，但补救型社会工作的局限也逐步显现。

美国社会工作的发展历史原来就是三种不同的社会工作的互动。有别于传统慈善组织的济贫活动、个别化的个案救助工作，以亚当斯（Jane Adams）为代表推动的睦邻运动以及应对20世纪30年代经济大衰退罗斯福新政的积极社会政策则开拓了社会工作的新局面。面对大规模欧洲移民形成的城市贫困和贫民窟问题，亚当斯在芝加哥的贫民窟推动睦邻运动，通过民间睦邻社区组织提供的教育、娱乐和青少年活动，逐步动员社区居民改善所在社区的状况。面对经济大衰退，美国政府通过积极公共政策建立普惠性和公民社会权利为基础的公共社会服务，以及在政府机构中雇用大量社会工作者推行积极的贫困家庭和儿童的救助政策。

不少发展中国家在引进社会工作时受到西方发达国家的影响，为了应对日渐增多的城市社会问题，譬如青少年犯罪、儿童忽视、乞讨和流浪等，主要引进的是补救型的社会工作模式。究竟这种以补救型为主的社会工作模式是否合适，是否可以应对这些发展中国家普遍面对的贫困、失业以及种种社会服务不足问题，即是梅志利称为"专业殖民主义"的问题。后来新成立的发展中国家往往把经济发展放在首位，有些国家甚至把社会福利计划指责为"非生产性"活动，认为其损害了经济成长的目标。

同时，也有一些发展中国家开始探索各种整合社会发展与经济发展策略的社区发展工作。比较著名的有印度甘地和泰戈尔推动植根于传统文化的社区发展模式。在西非，有些社会福利部门通过社区发展项目以满足不同社区需要；就是补救型社会工作也可以通过社区介入来扩展社区服务，譬如扫盲，道路、桥梁和灌溉系统建设，小规模农业和畜牧业的发展，开发小手工艺和乡村工业，建设社区卫生及教育设施等。这些在20世纪50年代尝试逐步影响英国殖民事务署正式在社会工作和社会福利部门中确立社区发展和社会发展的模式，后来逐渐成为英国海外发展援助的主要工作方法。

也许，英国等发达国家以社区发展和社会发展的海外援助形式逐步影响到联合国等多边发展合作组织，这些组织提供技术咨询和资金用来协助发展中国家的政府实施社会发展计划。1969年联合国举行会员国社会福利部长级会议强调了社区发展和社会发展的重要性，并提出了补救型、收入保障和发展性介入项目间的适当平衡，尤其是社会福利服务应当为国家整体发展做出贡献的观点。

另外，发展中国家的民间组织也逐步发展各种形式的社区发展和社会发展模式，特别强调由下而上的参与形式和草根社区的参与。其中尤为突出的是巴西平民教育家傅莱雷推动的意识提升的充权策略。各种形式的参与式方法、社区发展和社会发展后来在1995年联合国的社会发展十年间逐步成为联合国、双边与多边发展合作机构的主流理念和介入模式。从发展中国家政策的实践看，南非在取消种族隔离政策后建立的政府，是世界上首个根据发展型社会工作设计，从宏观社会发展政策、中观社区发展和微观社会个案工作整合的社会福利和社会工作制度。

所以发展中国家的发展型社会工作包括了政府主导的社会福利计划，和广泛由民间社会组织推动的，以及发达国家和社会主导的对发展中国家资助的社会发展和社区发展计划。

20世纪70年代以来，在全球经济再分工的影响下，欧美等福利国家出现大量失业及贫困问题，国际移民大量流动，公共财政危机严重，新自由主义和公共管理的新管理主义出现，社会福利制度面临重大调整。高度依赖政府资源的传统补救型社会工作模式偏重于微观社会工作服务层面上的开展，无法应对政策及制度的挑战，被批评为偏离了社会工作最初的使命。在欧美国家，传统补救型的社会工作面临巨大的挑战。批判、反压迫、后现代等新型社会工作的范式不断涌现，对全球化脉络中的社会工作提出了新的思考和探索。

虽然补救型社会工作模式在应对当前中国经济社会快速发展时期所出现的部分问题发挥了一定的作用，为政府所重视并大力推动成为社会建设的重要力量。但中国作为发展中国家，城市和农村还存在一定程度的贫困，贫困流动人口以及城市失业和就业不足，政府正着力逐步建立社会保障、福利制度、城乡公共服务体系以及城乡居民的平等经济社会权利。这些领域的拓展对社会工作也产生一定的促进作用。

这些社会发展问题和公共服务的缺失在中国西部地区尤其突出。以云南省为例，其地处西南边疆，少数民族众多，农村贫困面较大，城市失业及流动人口就业、子女教育及医疗保障问题突出，城乡公共服务体系发展不足。在应对这些多样化的社会问题及社会服务需求时，社会工作应如何定位？传统补救型的社会工作模式是否为有效的响应方式？什么样的社会工作模式，什么样的社会工作者，以及哪些能力和技巧才能应对中国西部及发展中国家的社会发展问题？

基于这些问题，从2007年开始，云南大学民族学与社会学（社会工作）学院社会工作研究所的社工专业教师发起成立的云南连心社区照顾服务中心，以城市流动人口为关注对象，在流动人口聚集社区尝试探索一套结合西部地区实际的社会工作服务模式，并逐步开拓少数民族贫困农村社区和灾后社区重建工作。本文尝试对云南连心十年来的经验进行梳理，以推进和维护弱势群体的发展福祉和权益为目标，探索整合个人、小组及社区工作方法，推动社区服务和经济的策略，促进社会工作生态发展、社会福利政策改变，以及注重社会工作者成长的发展型社会工作模式。

一 发展型社会工作范式

与欧美国家社会工作的发展历程不同，中国的社会工作源起于高等教育中的学科建设。因此，当前中国社会工作发展模式深受香港地区和欧美高等教育的补救模式（remedial model）和社会福利模式（social welfare model）影响。我们先不评论补救和社会福利模式社会工作的意识形态和价值观，这种社工模式是在欧美发达福利国家高度发达的社会政策和社会服务分工下形成的，与中国以及其他发展中国家的发展脉络大相径庭。

梅志利（Midgley）早在20世纪80年代就大力批判欧美社会工作的专业帝国主义（professional imperialism），提出发达国家社会工作与发展中国家的社会关联性不足（social relevance）。面对发展中国家发展目标的缺乏，社会服务和社会发展政策的严重不足，他提出发展中国家社会工作必须反思欧美补救和福利社会工作模式的局限。他推动建立发展型社会工作的范式，把社会工作重新定位在弥补和推动社会发展服务和制度的缺位。梅志利（Midgley，1996）认为传统社会工作模式通过辅导个人、群体或社区适应社会变迁的方法，无法应对发展中国家广泛存在的城市失业或就业不足，农村贫困、饥饿、无家可归、文盲及疾病等问题。他提出必须建立发展型社会工

(developmental social work),以开发社会工作在推动社会发展目标的外延功能,来弥补发展中国家经济和社会发展的不足。比如以社会工作方法发展生产或就业机会,协助提供教育和医疗等服务,以及推动发展性社会政策。

梅志利对发展型社会工作的主张显然并不局限于发达国家。随着全球经济转移,欧美经济衰退转型,公共财政危机,新自由主义改革盛行,对社会福利制度进行大幅削减,发达国家弱势群体的发展权益受到威胁。传统社会福利领域进行改革,逐步强调社会政策和社会工作的社会投资,开发社会企业,协助个人或群体创造就业。发展型社会工作甚至把发展中国家的经验运用到欧美社会政策和社会工作中,比如小额信贷(micro-credit)对刺激微型企业(micro-enterprise)在减贫中发挥作用,社会企业(social enterprise)在发挥社会服务功能与企业性运作相结合的效用。在社会政策层面,发展型社会政策强调投资于人力资本,投资于就业和创业计划,投资于社会资本(social capital),投资于资产发展(asset building),消除经济参与的障碍,投资于效益高的社会计划(王思斌,2007;方巍,2009)。

国内在争论欧美社会工作范式与中国的社会关连性时,亦出现了中国社会工作应该走个人社会服务的补救型模式,还是需要为本的发展型的社会工作的争论(王思斌,2007;王思斌、阮曾媛琪,2009;彭华民,2010)。方巍(2009)认为中国的社会政策一直具备发展型社会政策的理念。譬如提倡开发式扶贫,从"输血"到"造血",对弱势群体的社会政策投入,对创业和创造就业的重视。可是,这种强调中国社会政策的理念接近发展型社会政策的观点,忽视了发展型社会工作模式强调政策落实到具体计划,以及具体干预项目的社会工作方法。譬如如何提高计划的瞄准度,但有可以减低项目的标签效应;如何提高建立社会资本(social capital)和资产建设(asset building),从而避免小群体的竞争、排斥和贫困悬殊等;如何化解社会企业的管理方法与员工的赋权和组织,以及社会动员的矛盾。这些都是发展型社会工作的探讨工作策略、方法和重点所在。

同时,国内有关发展型社会工作的讨论过于强调发展型的社会投资和政策,忽视了发展型社会工作在范式转变(paradigm shift)层面对传统欧美社会工作实务的重构(re-constitution)。Estes(1998)认为发展型社会工作不是完全否定欧美社会工作发展的个人服务模式(personal social service model)

和社会福利模式（social welfare model），而是通过推动社会发展的同时，重组个人或群体发展问题的个人服务与社会福利的干预方法。在维护个人或群体发展权利的过程中，服务的重点是补救、预防以及保护个人或群体免于剥削、歧视或生存的恶化。在维护个人或群体发展权利的过程中，社会福利模式是通过社会福利制度（social welfare institutions），协助与推进个人或群体的社会发展机会与权利。

从发展型社会工作重构各种社会工作实务的视角看，发展中国家的发展型社会工作在一定程度上是以社会工作充实发展工作（development work）的粗放型工作方法的策略，而发展成为结合个人与社会层面的扶贫发展、建立社会服务与保障体系，以及社会政策研究与倡导的工作方法。从发达国家的社会工作而言，也逐渐从传统的个人服务与社会福利模式，向发展型社会工作和国际社会工作（international social work）或全球性社会工作（global social work）转变。

南非社会福利学者帕特（Patel）提出南非的发展性社会福利模式基于以下5个支柱。

（1）社会权益为本，特别是基本社会服务的权益（比如房屋、教育、医疗卫生）和平等获得社会福利的权益。

（2）社会发展与经济发展的和谐，特别强调大部分人在经济发展中获益，减少贫困与经济不平等。策略包括一系列教育与技术培训和社会投资，比如微型企业和小基建。

（3）民主和参与的理念和价值。社会发展项目的受益者应该享有积极参与规划、执行和评价的权利。

（4）社会发展的多元治理和整合。社会发展是通过政府、民间、非正式群体（家庭、朋友、族群等）和商业部门的合作提供。

（5）社会发展需要整合从微观到宏观的介入策略，以采取个人、家庭、社群、社区或社会的介入策略协助服务对象获得最合适的服务。

演绎到发展型社会工作的原则，根据梅志利的看法，可以大概阐述如下。

（1）改变。促进人在环境中的改变，更主要的是改变环境，那些实际的环境因素，比如就业机会、医疗照顾、识字、社会经济地位等。

（2）抗逆力。不同有关抗逆力的理论和介入策略强调个体能动性对克服逆境和重建能力的重要性。相关理论有能力视角（strengths perspective）、资产为本的社会发展视角（ABCD：Asset Based Community Development）、欣赏性探究（Appreciative Inquiry）等动员个人、群体与社区能动性的介入策略和方法。

（3）社会投资：通过各种社会投资办法，提高个人经济自主的能力，包括创收活动、职业技术发展、小额信贷等。经济自主是个人和社区充权及公民权利的基础。

（4）发展型社会工作强调自主和社区为本的自给自足。社区为本的社工实务是培养社区的能力去提供照顾与服务。

从具体的社会工作技巧而言，胡曼总结了几个层面的工作技巧。

（1）个人层面发展型社会工作技巧。工作对象是个人、家庭与小群体。培养个人努力的文化与实践，以促进社会进步，促进幸福的个人能力。具体包括成立小额信贷、社区为本的小商业和其他草根小企业，促进其他社会服务组织，如健康卫生、教育与其他个人福利的小机构。具体的工作技巧包括倡导、培力充权、小群体工作、组织与行政、能力建设与社区教育、草根研究与规划。

（2）社区层面。社区层面的介入主要是推动社区、片区、机构如学校、医院等的变化。具体技巧包括在这些层面开展倡导、培力充权、小群体工作、组织与行政、能力建设与社区教育、草根研究与规划的工作。激活（animation）、意识提升（conscientization）及社区动员的概念和策略也很重要。梅志利认识到社区构成的复杂性，所以他早期的研究也强调社区内部的社会性别差异和社会性别主流化的重要性。

（3）政府工作层面。在政府层面的工作包括社会规划、政策与研究等宏观社会工作策略。虽然这方面社会工作实务不一定是直接服务对象，但与前面两个层面的直接服务也是有非常密切的联系。

因此，发展型社会工作范式吸收了当前发展中国家和发达国家对发展型社会工作的思考，更利于协助中国社会工作进行理论和实务探讨，以响应中国急速社会转型的要求。发展型社会工作同时具备开发不同层次社会管理创新的潜力，践行科学发展观。此外，发展型社会工作范式具备重新整合个人服务和社会福利的专业价值和工作策略，以应对开发扶贫、充实城乡公共服务体系、城乡社会保障体系建设、新农村建设、服务流动人口与特殊群体等社会管理创新的挑战。

二 云南大学社会工作研究所与云南连心在探索发展型社会工作范式的实践经验

自2014年我们参加发展型社会工作研讨会以后，国家实施的积极社会政策、社会工作政策，以及社会问题形态的演变，都使云南大学社会工作研究所（以下简称社工研究所）和云南连心社区照顾服务中心（以下简称云南连心）在探索发展型社会工作方面，面临着较多的机遇和挑战。

社工研究所在推动成立云南连心之初，主要以城市流动人口为服务对象。2007年开始组建专业社会工作队伍，长期扎根流动人口聚集社区，逐步拓展到少数民族贫困村寨的扶贫发展、灾后农村社区重建、社会组织与社会工作机构培育以及云南社会工作生态和社会工作者的培育工作。为了应对组织层级化带来的对社会工作服务创新和开拓性的束缚，社工研究所和连心从2014年开始逐步培育一些较为成熟的团队成为独立社工机构，分别有儿童少年服务的益心、反家暴服务的明心等。同时为了应对这些新社工机构面对社工专业化、机构管理和财务的挑战，连心与这些新成立的机构成立协助网络，为这些机构建立专业化管理和财务管理的规范和培训，为共同推动云南社会工作发展而努力。发展型社会工作是云大社工研究所和云南连心及培育孵化机构的共同策略和方法，我们在下文尝试总结一下对发展型社会工作的经验和思考。

（一）在城乡社区基本公共服务体系严重不足的情况下，发展型社会工作需要探索小群体和社区充权与社会服务提供的结合策略

中国的城乡不均衡发展和城乡二元结构给农村带来了严重的家庭分隔、农村凋敝和城市流动人口社区贫困化。大量农民离开农村，带来农村空洞化、农业女性化和老龄化，形成社会关注的儿童、妇女和老人的"三留守"碎片化家庭和社区关系。进城务工人口依然受到城乡二元政策的影响，造就不得已的家庭分离和城乡交叉断续的人生命运。

在昆明的城乡结合部，大量进城务工人口主要居住于城市城中村社区，虽然现有城中村社区大部分实现了村转居的转变，但原有街道办及居委会在资源及人力紧缺的情况下，社区公共服务体系不完善，原有社区服务范围无法覆盖大量流动人口家庭的广泛需要。在云南，社会工作者根本无法转介服

务使用者到其他社会服务机构，只能逐步开办各种社会服务。在贫困农村，社区服务的匮乏更为突出。原来的村庄集体经济瓦解后，加上大量青壮年劳动力外出，无论是村级财政还是人力均严重短缺。20世纪80年代以来，云南大量农村劳动力到经济发达地区寻找工作，形成突出的村寨空洞化和凋敝，留下大量留守儿童、妇女和老人。碰上天灾人祸，更突出了凋敝村寨应对灾害的脆弱性。

针对流动儿童缺乏安全活动空间和文娱活动的情况，连心通过社区活动中心提供功课辅导，乒乓球活动，图书、玩具借阅，提供基本的安全活动空间。同时，儿童中心组织儿童兴趣小组，前后组织了摄影小组、手工小组、游戏小组等。此外，连心也积极建构儿童友好的成长空间，让进入青春期的流动少年学习与人相处、心理健康及性健康教育知识。同时，连心与王家桥的民办学校建立学校社会工作站，建立教师小组与学生小组，培养教师能力提升，协助打工子弟学校教师培育学生成长，辅导进行青春期教育。应对贫困农村和灾后农村更为突出的留守儿童问题，连心也在昆明团结乡、中缅边界的沧源县和鲁甸灾后重建地区，开设社工站提供留守儿童服务。

针对流动妇女，连心举办了流动妇女之家，提供亲子教育课堂、健康及法律讲座、组织舞蹈、开展社区文艺晚会及运动会等。针对反家暴，开展了热线咨询和法律援助，并与省妇联建立社工干预与法律援助无缝衔接机制。

针对王家桥流动人口社区多从事非正规就业的零散工，连心建立了农民工维权站，提供劳动法咨询和援助，平常提供满足打工兄弟适应进城打工的劳动法学习、计算机和手机技能学习等学习班。最近还获得区总工会的支持，在普及街道成立农民工联合工会。利用布依族妇女喜爱舞蹈的特点，协助流动少数民族重建她们的社会和聚居网络，提高她们改善自身居住环境和互帮互助的能力。

连心不同团队在原来提供服务的过程中也产生了不少困惑和新认识。首先，原来团队感觉流动人口群体的需求很多，连心工作人员的能力和资源有限，没有办法提供那么多不同的服务。其次，流动人口中的流动性大，担心骨干成长后会返乡或流动到其他地方造成"浪费"。但是从服务过程中，连心同事逐步看到服务对象自身的能力和服务他人的精神。

这些优点尤其在流动儿童身上更为突出，很多孩子不像城里孩子从小娇生惯养，他们从小就要帮父母料理家务和照顾弟妹。所以他们也很愿意充当儿童之家的儿童志愿者，逐步负责管理中心日常的读书和玩具借还服务。他们甚至可以自己申请和组织集体活动，担任天才表演或节日活动的组织者。流动儿童服务的模式由连心的社会工作者组织负责逐步改变为培育流动儿童骨干的能力，负责管理他们力所能及的工作，并参与社区中心的管理和提供外展服务到附近的楼栋。

连心也学习连接社区外部资源应对流动人口社区内部资源不足的问题。连心在儿童服务过程中开始接触到为数不少，由于种种原因缺乏家庭照顾的困境儿童。这些困境儿童需要更多人力，提供不同形式的陪伴和照顾。所以连心发起了专业志愿者的家庭陪伴计划，通过深入的培训，提高大学生志愿者的社会工作和辅导技巧的水平，以应对一般的儿童心理和行为问题。

在经历了为流动少数民族服务提供直接服务而挫伤少数民族主体性和脱离她们生活习惯的挫折后，连心社工主要是巩固和发挥流动少数民族妇女舞蹈小组的主体性，并逐步把妇女网络从舞蹈组织转化到关注自身的居住环境和日常的需求上来。后来这个妇女舞蹈网络进一步发展成为孩子互助小饭桌，保障孩子午餐营养和卫生的互助活动。

在过去十年间，连心的同事们逐步掌握了应对城乡社区欠缺社会服务状况下的发展型社会工作原则。

（1）社会工作者需要做好为社区不同群体建立基本服务策略的思考和实践准备，而不能简单地以社会工作不是提供服务、没有资源、工作已经很繁重为借口而否定提供服务的重要性和社会工作的意义。

（2）发展型社会工作不是简单为提供服务而提供服务，为连接资源而连接资源。社会工作可以把提供社会服务转化成为一个平台和载体，从社会工作介入的策略角度以培育小群体互动和信任的社会资本策略、从增能赋权的策略促进服务使用者的个人和小群体意识、信心、能力和合作方面的成长。

（3）发展型社会工作需整合需求为本的视角、资产为本视角再回到需求为本的辩证策略，或以资产为本视角的迂回策略，以个人、小群体或社区资产发挥服务使用者的能动性，推动社区社会组织发展，以响应小群体或社区关注的服务议题。

（二）发展型社会工作在开发社区经济、提供个人或社区就业上发挥的作用

从昆明王家桥社区的流动人口看，大部分来到昆明打工的云贵农民，是由于农村地区自然条件较差，完全依靠农业无法获得持续的生计保障。王家桥是少数靠近市中心的城乡结合部，房屋质量较差，房租相对便宜。在这里居住的进城务工者首要面临的就是就业和生计问题。少数民族由于不谙汉语及相关技术，社会资源较少，生计问题更为突出。

原来连心在就业培训和提供社区就业方面还是比较犹豫。由于社区妇女骨干的反复要求，而且流动妇女骨干往往由于生计需要而流失，促使我们在这方面做尝试和努力。当然如果真的要提供就业的社会企业或合作社，连心的工作人员和社工需要做好意识、策略和技能的准备去应对社会企业或合作社带来一系列的挑战。无论如何，连心觉得还是值得走出第一步，尝试应对流动人口的就业改善生计途径，以及探索这一策略的效能。

连心在过去八年间探索以绿领平台为切入点，通过开设社区互助店、绿色手工坊产品研发及销售，提供相关的技能培训班，提供社区就业及创收机会。互助店通过社会及企业捐赠二手衣物，以低廉的价格销售衣物、家居用品及日常生活用品，一方面可以降低流动人口家庭的生活成本，另一方面提供社区就业，打造妇女骨干与社区群众沟通交流的平台。绿领平台通过对未能就业的妇女进行技能培训，开发旧物改造以及少数民族流动妇女手工艺特色产品，进行市场销售，一方面改善妇女生计，另一方面则通过绿领平台建设，不断提升妇女自助及互助的意识和能力。

在沧源社工站，乡村干部也把贫困和开发作为社会工作一个重要的领域。在乡村干部的反复要求下，连心社工协助乡村干部和村民成立了养鸡合作社。以沧源县旅游发展的机遇，善用村寨所在的生态资源，发展林下养鸡，加之政府资源支持，取得显著的成效。

当然，与其他地区的社会工作和社会企业所经历的微妙关系一样，连心在处理其中的复杂关系时也是战战兢兢。首先，在社会企业中，工作员与妇女骨干的关系正在改变，容易变成管理者和被管理者的关系。连心努力尝试加强民主和参与式管理，逐步把社会企业往合作经济发展。社会工作者和妇女骨干无论是处理外部的销售和成本控制关系涉及的生存问题，还是建立内部管理和包容性团队的增能赋权策略，或处理两者的相互矛盾，这些从意识、策略和技能都是传统社会工作所没有的相关技能。

所以在这八年间，连心的社会工作者需要懂得以开拓市场和成本控制的形式去达到回收成本甚至带来盈余的管理形式，需要学习跨领域合作，设计和商业伙伴沟通合作，连心和流动妇女骨干增收的特点和规律。同时，社会工作者又不能完全照搬工商业管理系统中威权的管理模式，他们需要借用或发明与社会工作价值和策略相近的管理及团队建立方法。

社工研究所和连心对社会工作介入生计问题的思考有：

（1）发展型社会工作需要处理好社区就业与社区经济的社区基础。从连心经验看，扎实的社区基础对辨认社会经济需要、居民骨干的参与、社会资本或社区互信，以及发挥社会经济在社群或社区发展的作用，都是非常重要的。

（2）发展型社会工作需要做好意识、策略和技能的准备，应对社会企业或合作经济带来新的关系，应对传统社会工作与服务使用者关系带来的冲击。

（3）由于主流社会的层级雇佣与管理关系根深蒂固，无论社会工作者和服务使用者－雇员－伙伴无法摆脱主流社会习惯的束缚。特别是当前主流的社会企业思潮受美式商业管理影响较深，社会工作机构和社会工作者容易觉得只有主流社会的商业管理体系才是有效的，很容易把社会工作机构变成商业企业，把社会工作者变成为雇员，造成新的劳资关系矛盾，并带来服务使用者的去权、边缘化甚至剥削。

（4）社会经济其实包括一系列经济－充权增能（培力）的社会经济模式：有主要借鉴商业营运模式的社会企业、强调参与式管理的社会企业、合作经济以及团结经济等不同的模式，发展型社会工作需要采取各种社会经济形式的目标、策略，为预期出现的张力矛盾做好准备，筹划应对的小组和个案工作策略。

（5）社区就业和社区经济所提供的平台，能够加强服务使用者之间的互动和提供增能赋权的机会。增能赋权的范围包括职业技能、人际沟通合作技能与精神、社群与社区互助合作能力和精神。服务使用伙伴在参与社区经济的过程中，可以逐步提高他（她）们的参与权利。

（6）在社区就业和社区经济个人、群体和社区的互动和支持中，有助于推动改变服务使用者和社区的现状，改变少数民族和弱势群体被忽视和歧视的处境。

（7）主流社会企业论者对在社会企业或社区经济中迭加增能赋权目标的异议是比较大的。他们认为这些目标可能与商业性营运产生矛盾，增加社会企业的成本负担。这些异议有一定的道理，从发展型社会工作而言，需要考虑的问题是搞清楚原来创办这些社会企业或社会经济的目标，增加的成本通过什么去消化，是追求极大化盈余还是优化商业和社工两个目标。

（三）发展型社会工作需要应对当前中国社会服务体系不完善，应具备深入辨认社会问题和需求，整合、开发社会服务的能力

社区服务面对社区多元化的群体和大量多元化的需求，加上人力有限，很容易囿于传统的社会服务模式。虽然看到了很多新涌现的弱势和困境群体，新涌现的需求，但是不敢应对，不敢大胆创新。云大社工研究所与连心沿用云大的服务学习模式进行及时总结和创新。在社区就业方面，社工研究所推动云大设计系利用设计创意协助流动妇女实现社区内就业，改善生计。面对昆明流动儿童在小学升初中的障碍，连心和研究中心通过行动研究为流动儿童在小升初过程提供升学辅导，并记录相关的问题和障碍。同时也尝试对进入初中的学生进行跟踪和辅导，深入了解流动儿童在初中的适应、被歧视、辍学等问题并探讨相应的干预模式。通过国家社科基金对乡－城循环流动的研究，进一步深入了解乡－城流动人口的流动状况、家庭散聚形态，从而对流动人口社会服务模式进行深入分析和设计。

我们也鼓励各部门进行社会服务创新，开拓新的资源建立和推广新服务。以布依族公益小饭桌的项目开发为例，我们鼓励负责少数民族的社工以布依族妇女的跳舞小组网络为基础，鼓励逐步参与院落环境的改善、社群互助金的管理，再到应对布依族孩子的午饭和午间成长活动。通过连心链接相关资源，最后形成了由布依族家长参与管理和营运的公益小饭桌。

以困境儿童家庭陪伴的专业社工＋专业义工服务开发为例，原来儿童团队接触了不少由于贫困、单亲或父母不在身旁的流动儿童，儿童团队初步找了一些志愿者进行小规模的家庭陪伴，发现效果不错，但是缺乏持续的资源跟进。社工所和连心刚好看到民政部和李嘉诚基金会的大爱之行项目正在启动，于是鼓励儿童团队申请，并获得了云南省青基会的配套基金，让这个专业社工＋专业义工的困境儿童家庭陪伴计划得以进一步深入发展、规范化和专业化。在困境儿童家庭陪伴项目的基础上，逐步开发更深入的困境儿童辨识框架、儿童社区饭堂，以及其他针对困境儿童需要更为精细的服务策略等。

（四）促进和维护服务使用者的发展权益也是发展型社会工作一大工作目标

在当前中国政府推动建立积极的社会政策背景下，发展型社会工作可协助政府建立普惠性的社会服务和针对弱势和困境群体的特惠性服务模式。

云南连心从2006年开始服务流动人口社区，当时流动人口的社会政策比较模糊，使得相关政府部门、群团组织和社会人士对连心的态度比较谨慎。即便如此，连心也已协助弱势群体参与社区，通过政策研究把弱势群体与公共政策制定联系起来，协助政府完善社会发展政策，维护弱势群体的发展权利和需要。如通过与省妇联合作开展针对城市社区妇女基本生存现状的研究，形成研究报告及政策咨询报告，直接影响到政府制定相关妇女政策的决策过程；此外，通过省政协提案的方式，将流动人口居住保障、流动儿童生存安全、城乡结合部社区基本公共服务体系建构以及社区就业等议题形成提案，引起政府对问题的重视并推动制度的改变。

政府对流动人口的政策更为明确地提出要保护流动人口的合法权益，强调公共服务均等化，服务模式要从社会管理创新向社会治理创新转变，为流动人口社区提供社区服务，开发流动人口社会工作模式，关注困境儿童和反对家庭暴力等。连心和省妇联合作，举办了流动儿童摄影展，反映流动儿童的心声。在妇联开办流动妇女之家的基础上，连心把社区服务模式总结到流动妇女之家的手册中去。

民政部门希望推动社会组织和社工组织培育，连心通过自身组织的成长经验和开发社会服务的经验，整合其他类似的经验，协助地方民政部门建立了昆明市的社会组织和社会工作培养模式。

在云南灾害社会工作机制还没有建立时，社工研究所和连心在鲁甸县6.5级地震安置和重建工作中，结合原来儿童和社区工作的经验和其他地方的灾害社会工作经验，配合民政部进行灾害社会工作政策的探索。

自从国家承诺在2020年消除贫困后，各个部门就把扶贫开发看为头等大事，民政部也把社会工作的工作目标和范围放在协助扶贫开发上。社工研究所和连心在沧源农村养殖合作社和王家桥绿工坊社区就业的探索成为了重要的模式。

近年来内地发生严重的家暴案件，农村的留守儿童、妇女、孤寡老人、孤儿缺乏照顾的问题凸显，国家开始建立社会保护体系，加强发挥社会工作的功能，社工研究所和连心抓住这些机遇，把连心在城乡保障弱势群体的经验推广成为相关部门和群团组织可以参考的服务模式。

（五）发展型社会工作在营造发展型社会工作生态中的策略和意义

自社工研究所和连心开始探索发展型社会工作模式始，我们探索了发展型社会工作的理念和工作策略，应用在培训社会工作者、社区骨干的培训上。比如我们通过云南省民政厅的福彩基金支持农村社会工作培训，连心参与的流动人口社区服务培训中一直把不同社区经济和合作社的发展思路与其他地方的经验、社区服务结合起来。

在促进云南民间社会组织和社会工作机构开发发展型社会工作方面，社工研究所和连心也在推进社会企业和社会经济的发展。我们通过协助英国领事馆举办社会企业培训项目、与辅仁大学社会企业研究所建立的策略合作关系、筹办社会创新与社会企业学会等，推进以社会经济和社区经济等与社会工作增能充权可以相互结合的生计模式。

（六）发展型社会工作超越了传统社会工作方法，需要加强对相关工作模式的研究、总结和整合

当前社会工作教育建基于传统个人服务和福利性服务模式，传授个案及小组工作方法，而忽视社区工作、社区组织发育、社会经济以及提供不同服务的模式。很多社工毕业生在狭隘的专业训练下无法应对社区和群体的需求多样化和社会服务严重缺乏的现实需求。"专业社工知识"无法应对现实需求，在应对现实需求中无法结合专业价值和知识，容易陷入迷茫和困顿。

连心在以往安排云大和香港的实习生到流动人口社区时，有些同学认为"专业社工"就是服务对象上门到"专业化设备完善的访谈室和小组工作"求助，然后按照课本及老师讲授的方法进行接案、评估、干预及结案。而现实的状况是需要同学们深入社区，与个人和家庭建立广泛的关系，发现个人和群体的需要和能力，再和服务对象磨合服务方式和内容，通过简单和朴素的空间开展各种服务，还要结合社工价值和工作方法。连心从进入社区与社区建立关系，了解服务受众的需求，设计各种服务项目，结合社工方法逐步建立了流动人口的发展社会工作模式。

当前基于实践经验基础上进行的总结和梳理的社会工作模式是高校社会工作教育所缺乏的模式。发展型社会工作者呼吁实务者与研究者的整合，以社会工作研究总结经验，开发培训教材及设计培训计划，以弥补当下高校社会工作研究特别是实务研究和训练的不足。

三　总结与思考

中国社会工作与其他发展中国家的社会工作一样，在应对社会发展问题和社会服务严重不足的困境中，需要探索社会工作在促进和维护国民的社会发展权益的角色和策略。发展型社会工作范式及发展型社会工作者培训实践探索，是中国在社会建设和社会管理创新中的重要课题，在理论研究或是在实际应用价值上对中国和其他发展中国家社会工作的发展有着重大意义，也对社会工作的知识论和方法论提出了很大的挑战：

第一，发展型社会工作强调微观服务与中观的社区服务和社区经济以及宏观社会政策倡导的整合，协助服务受众取得自我和社会发展的能力、机会和权利。如何在多元领域和多层次中整合发展权利和社会工作价值是一种充满挑战性的尝试。比如在社区经济中如何整合社会企业与社会工作的培力/增能/赋权等方法，个案辅导中结合反压迫与发声方法，小组活动中整合经济利益分配和制约"搭便车"行为等，需要根据国情进行发声和倡导适宜的工作方法。

第二，发展型社会工作强调研究、服务开发、培训反思与实务反思的四结合。其中强调的行动研究、行动学习、服务学习和培养反映了实践者对开拓发展型社会工作的重要性。要推动研究者、行动者和实习生的有效合作，突破各自的制度性局限和惯性，对社会现实建立共同的分析框架，以及对认识和干预的不确定性（uncertainties）建立共同的社会工作伦理和认识论，建立对行动研究的共识，以便建立反思性的社会工作干预策略和促进实践者的成长。

参考文献

方巍，2009，《社会福利发展策略的创新与偏颇——关于发展型社会政策的评论》，《浙江工业大学学报》（社会科学版）第4期。

马凤芝，2014，《社会发展视野下的社会工作》，《广东社会科学》第1期。

彭华民，2010，《需要为本的中国本土社会工作模式研究》，《社会科学研究》第3期。

Schon, D., 2004，《反映的实践者：专业工作者如何在行动中思考》，台北：远流出版社。

王思斌，2007，《走向发展型社会政策与社会组织建设》，《社会学研究》第2期。

王思斌、阮曾媛琪，2009，《和谐社会建设背景下中国社会工作的发展》，《中国社会科学》第5期。

吴骏，2016，《发展性社区社会工作实务模式探析》，《社会工作与管理》第1期。

徐选国、戚玉、周小燕，2014，《社会工作介入农村社区生计发展的理论创新与经验反思——以社会治理创新为分析视角》，《中国农业大学学报》（社会科学版）第4期。

Estes, Richard J. 1998. "Developmental Social Work: A New Paradigm For A New Century," Paper presented at the 10th International Symposium of the Inter-University Consortium for International Social Development (IUCISD), Cairo, Egypt.

Midgley, James. 1996. "Social Work and Economic Development," *International Social Work* 39: pp. 5 – 12.

Midgley, James. 2010. "Community Practice and Developmental Social Work," in James Midgley and Amy Conley eds. *Social Work and Social Development: Theories and Skills for Developmental Social Work*. Oxford: Oxford University Press.

Patel, Leila, Tessa Hochfeld. 2012. "Developmental Social Work in South Africa: Translating Policy into Practice," *International Social Work*, June 11.

Van Breda, Adrian. 2015. "Developmental Social Case Work: A Process Model," *International Social Work*, December 4.

创新、共融、整合：走出当下社会工作教育十字路口的路径探索[*]

向 荣[**]

一 前言

社会工作在过去十年可谓经历了前所未有的跨越式发展。从2006年温家宝总理在其政府工作报告中提到"要建立一支宏大的社会工作队伍"到2011年至少有十八部委联合出台的《社会工作队伍建设指导意见》，2007年民政部在深圳进行社会工作发展推进会，十年后，2016年底民政部再次从全国向地方开展社会工作推进会，社会工作发展的浪潮可谓一浪比一浪高。十年以来，社会工作服务的覆盖面几乎遍布全国所有省市以及所有的领域。在社会工作的跨越式发展中，社工教育也毫不逊色。短短十年间社工教育的发展速度飞快；从10年前不到100所高校提供社会工作教育，到现在已达300多所，每年社工毕业的本科生和硕士生已经达到3万人。

在如火如荼的发展情势下，对立足社会工作教育超过二十载的我来说是喜忧参半。喜见快速发展，担心的却是社会工作跨越式发展隐藏的危机。首先，我国社工教育中的知识体系建构依然薄弱。什么是社会工作本质？具有

---

[*] 本文为国家社会科学基金项目"西部农民工'乡－城'循环流动社会需求与构建发展型社会工作模式研究"（项目编号11BSH075）的研究成果。本文的节选发表于《中国农业大学学报》（社会科学版）2017年3月总第112期。

[**] 向荣，详见前文。

中国特色的社会工作的特质又是什么？社会工作高等教育如何回应其本质？如何反思现在的社会工作教育模式，如何整合社会工作的实践、教育和研究探索？这些重大议题还未见突破。其次，社会工作教育模式依然滞后，实践教育制度建设依然薄弱，理论与实践的结合不是越来越好，反而越来越差。结果，社会工作教育无法从日益丰富的社会工作实践中提炼理论，继而通过理论协助实际的社会工作实践以提高专业水平。结果是高校培养的社工人才完全不能满足社会日益增长的对社会工作的需求。更有甚者，不少缺乏实务经验和实践研究的教育者则作为理论专家权威参与政策制定、专业督导和评估，不但外行领导内行"瞎指挥"，更可能误导整个社工行业的发展。

在我国社会工作实践高速发展和社会工作教育严重滞后的矛盾中，我们有必要深度剖析其结构根源，立足现实，辨识和整合不同路径的优劣，协助社会工作高等教育发展出一条回应当前社会工作实践的道路来。

社会工作发展的路径是建立在后现代与批判结构主义理论相结合的知识基础上，探索多元整合的路径。社会工作和社会工作教育本土化无论是在国际层面还是对中国自身而言，几乎是绕不开的话题。原来英美社会工作发展是基于传统慈善事业的社会科学化的专业实践，而我国社会工作的发展却是放在"教育先行""引领社会工作发展"如此高的定位中，这为中国独有的，对其他发展中国家社会工作发展的路径而言，其实也不陌生。所以在反思本土化的社会工作教育前，我们有必要对"教育先行"的话语进行再认识。

二　反思中国社会工作发展特色的"教育先行"话语

大部分国家的社会工作发源于社会工作的实践，在一定的实践积累基础上开展社会工作从业人员的培训，从而推动社会工作知识产生及发展。社会工作作为专业和学科的发展，因遵循一定的互动逻辑。在探索社会工作在现代中国的起源和政治经济社会等脉络相嵌的方面，彭秀良认为中国社会工作起源于20世纪20年代的社会福利慈善实践。即使解放后社会工作被当作资产阶级学科被取缔，社会工作的价值和政策含义也被吸纳成为行政性的社会工作即相应的社会保障制度、社会福利事业和群团组织的工作方法等实务。

因此，社会主义制度下的行政性社会工作其实也积累了丰富的助人经验并在体制内加以循环运用（彭秀良，2016）。社会工作或准社会工作实务并没有消失。

20世纪80年代我国高校复建社会工作专业教育，引进以英美为主导的社会工作模式，背景是认为我国社会缺乏既有的准社会工作实践经验。也就是说，中国社会工作"教育先行"话语背后的假设是中国社会缺乏既有的准社会工作知识与经验，只有以英美社会工作的理论、知识和技能为唯一标准。这个话语从上世纪80年代到现在近三十年一直主导中国社会工作的发展，基本没有被重新审视。

所以在所谓专业社会工作自上世纪80年代进入中国高等教育，并在过去三十年带领社会工作的跨越式发展，以欧美社会工作的社会治疗性模式为主导，无视社会主义制度下多种准社会工作实践。这样的社会工作教育能否协助社会工作镶嵌到当前中国的政治经济社会文化脉络，以应对社会转型？近十年来社会工作业界和学者一直反映社会工作教育的水土不服，正反映了其问题所在。

显然一线的社会工作实务者在实践中认识到了社会工作教育的不足，但在应对具体的工作需要时，正不断生成他们的隐性社会工作知识和智慧。何雪松（2016）也发出类似的质疑，他认为随着国家在为弱势群体服务的基础上推动社会工作向社区治理创新、社会救助和扶贫开发方面发展，以英美社会治疗模式为主导的社会工作教育，未必能适用于多种类型并且日益复杂的社区和多种社会工作范畴。

在过去三十年间，中国社会工作教育作为"社会工作先行者"一直都处于十字路口。一方面，我国引入以英美社会治疗模式为主的社会工作教育不足以回应我国社会结构转型以来的社会发展需求；另一方面，社会工作教育也没有积极整理本土准社会工作的隐性社会工作知识和智慧。因此社工教育引领社会工作发展的话语背后掩饰了社会工作教育与现实社会发展和社会工作实务的无关性（irrelevance）。可以说在过去三十年间，社会工作教育的地位一直摇摆不定，甚至岌岌可危。

更糟糕的是，社会工作教育为了维护它的学术和专业权威及利益，还成为社会工作本土化的阻力和障碍。社会转型过程中种种社会问题不会等着象牙塔里的专家学者以蜻蜓点水式和以英美社会治疗模式的专业社会工作视角的凝视去"指点江山"。去批评社会转型的社会现实与英美或中国港台社会工作教科书所描绘的不一致,所以会认为是社会现实不对,相关部门意识不重视配合社会工作员的工作;是服务对象不对,不认同,不进入社会工作干预要求的服务契约关系。

故此,社会工作教育必须以自我革新的精神,重拾面对现实的勇气和敢于行动的魄力,与日常应对社会问题的各类组织,如政府组织、社区居委会、群团组织、公益组织等结成伙伴关系,接地气地共同实践、研究和培养人才。将长期以来我国回应社会需求的本土知识重新梳理,并与英美社会工作以及发展中国家的社会工作理论知识进行对话和提炼。否则,中国社会工作教育就会一直自满于教育先行,处于危崖而不自知,掌握西方社会工作知识的专家学者甚至会阻碍与误导本土社会工作的发展。

过去二十年间,笔者一直在从事社会工作教育实践以及开发社会工作实务的基础上,探索以发展型社会工作理论与实践为基础的社会工作知识建构策略,开展与社会工作实务相互融入或者嵌入的服务开发、行动研究和教育。以后现代主义不确定性的知识论为基础,我们认为只有通过行动研究和服务学习建立实践先行、勇于反思、兼容并蓄和跨界合作的策略,才能挽救社会工作教育不被异化,不被历史抛弃的命运。

三 我国社会工作教育的困境

向荣和陆德泉(2013)提出了框架以分析过去二十年突破社会工作教育困境的力量,如今正是一个合适的时期来重新评估这五年来社会工作跨越式发展之力量的变化。

(一)社会工作教育比较依赖英美知识体系

社会工作教育以英美等发达国家为起源,二战后随国际发展援助向发展中国家输入,社会工作在发展中国家与资本主义发达国家经济、文化和社会发展脉络上的差异,以及西方社会工作教育的社会相关性(social relevance)就一直成为发展中国家社会工作理论和实践者的困惑。以20世纪80年代出身于南非,曾经从事社会工作的加州大学伯克莱分校社会工作学系的梅志利教授(Midgley)为代表的一批学者,就已经提出专业帝国主义(professional imperialism）的概念，并批判这种知识和理论技术输送方式。

尽管如此，自20世纪80年代开始我国社会工作教育引进的基本是英美的理论、知识与技能体系，同时以社会治疗模式为主。按照卫小将将我国社会工作发展的阶段划分，第一个阶段是专业自我殖民阶段（卫小将，2014）。

从英美社会工作理论知识是普世的知识立场看，这种资本密集的课程移植能够稳步把缺乏社工训练和实践的高校老师带入社工"正轨"，但也存在不少问题：

第一，认同英美社会工作理论知识是普世的知识立场，现在看到的主要是英美社会工作院系的合作方，推动的还是偏向于以社会治疗模式的社会工作知识与技能为主。对英美社会工作原来比较多元的实务模式而言，这种狭窄的社工教育范围将束缚拥有丰厚政府和基金会资源的重点大学社工院系社会工作教研的范围。

第二，移植课程内容的本土性尚有待观察。由于主要移植的课程是翻译原来英美的课程内容，国内合作方有没有条件进行相关的社会工作实务研究，把相应教材本土化，实为不易之事。

第三，现在英美的社会工作教育正在深受学术化排名的困扰，重视教师的出版成果远高于对社工实务的研究与掌握。香港和台湾地区的社会工作也深深依附于以英美为中心的世界学术体系。加上当前国内对研究出版矫枉过正，偏重于出版英语相关教材，强化了中国社会工作学界对以英美为中心的学术知识体系的依赖。这种依赖使社工高等教育界对实务愈加忽视，更遑论进行本土化与土生化实务的开发和研究。

（二）国家行政嵌入的深化

自从2006年党的十六届六中全会提出"建设一支宏大的社会工作人才队伍"战略部署，到2011年中央十八部委联合发布《关于加强社会工作专业人才队伍建设的意见》，2012年，十九部门联合出台《社会工作专业人才队伍建设中长期规划（2011~2020）》后，国家对社会工作的重视不断加强。特别是民政部在2016年总结自2006年以来社会工作的发展路径中，特别强调政府对推动社会工作的重视，在不同领域推动社会工作的发展：《民政部 财政部关于加快推进社区社会工作服务的意见》、《民政部关于加快推进灾害社会工作服务的指导意见》、《关于加强青少年事务社会工作专业人才队伍建设的意见》、《关于加快推进社会救助领域社会工作发展的意见》以及《关于组织社会力量参与社区矫正工作的意见》。2014年的《社会救助暂行办法》和2015年的《中华人民共和国反家庭暴力法》两部法规将社会工作者纳入其中，为社会工作发挥作用提供法制保障。在2016民政部关于贯彻落实《中共中央国务院关于打赢脱贫攻坚战的决定》的通知中，更多地突出了社会工作的角色。2015年、2016年和2017年连续三年的政府工作报告中均明确提出要支持发展专业社会工作。

国家提出了社会工作参与社会治理创新，提高社会活力，从源头治理，解决社会问题。但现在主要的社会工作服务都是以政府购买服务为主，无论是体制岗位"嵌入式"还是购买社会工作项目的运作模式，这些不同层次、制度和程度的行政型"嵌入"都很大程度地影响着社会工作的使命和运作形式。

首先，国家政策由于种种复杂的体制因素，没能及时针对社会发展的需要提供服务，出现滞后效应。以对流动人口和三留人员的服务而言，民间公益和社会工作早于20世纪90年代就开始开发相关的服务。正是国家看重民间社会组织的活力、行动力和灵活性，才赋予民办社会工作机构一些社工职能。国家建立在民间行动经验上，发挥着领导、动员、提供资源和推动规模效应的作用。一旦社会工作过于"嵌入"政府行政体制，则可能失去了其原有的活力和行动力。

其次，过度的行政"嵌入"表现在购买社会工作服务的动机要求和管理体制，严重扭曲了中国社会工作的发展路径。有些地方政府引进社会工作是为了跑政绩，搞"政绩创新"。社工机构忙于协助地方领导搞"政绩创新"，花大量精力投入到争取政府资源和维持关系中去，而服务目的不一定是针对弱势群体和社区群众的需要。在严格的购买服务项目和财务管理体系下，理应长效的社会工作干预策略变成了碎片式的跑活动和人数指标的工作，以及呈现为完成指标任务而撰写的大量报告。有些地区的社会工作被戏称为"写手社工"，意思是社会工作的效果不是做出来的，而是写出来的。

当前社会工作高等教育没有因应这些严峻的行政化社会工作进行研究、开发相关实务和对策；没能协助社会工作学生做好理论知识、干预策略和心理的准备。

(三) 文化守成主义回应从弱到强

如卫小将提出社会工作经历内部殖民主义，就出现对本土化的要求；与拥抱主流的西方社会工作普世知识的态度相比，部分本土学界和实务者采取批判欧美社会工作的理论、价值观与实务的做法。在我国，这种文化守成主义（cultural nativism）的呈现主要是从中国传统文化或社会主义价值的角度对社会工作进行反思和建构，比如复兴传统文化的义仓重建社区互助，以传统儒家思想和价值观大力建构的乐和社会工作模式，社会工作机构和志愿者组织以继承雷锋精神作为中国社会主义传统的价值观。这些强调以中国传统文化和社会主义价值观重新建构中国社会工作的声音正在不断加强。

当然，社会文化脉络重新连结社会工作解决问题的方法和价值观是合适的社会工作的本土化策略，但我们需要审视的是这些传统的中国文化和社会主义价值观，这些文化还有多少部分健在，以什么形式存在。社会工作是运用这些或许已经式微的传统文化，还是重新探究当前的社会发展脉络和文化状态，关系到以什么策略来应对中国社会转型所面临的挑战。对社会工作教育而言，部分社工教师和学生以情绪化的文化守成反应，简单否定社会工作的价值观，而毫不审视地引入传统中国文化和社会主义价值观的想象只可能是画饼充饥，在虚无缥缈的文化追求状态下建构本土社会工作教育的发展路径。

(四) 高等教育产业化和"双一流"的标准对社会工作教育的影响

党的十六届六中全会提出"建设一支宏大的社会工作人才队伍"的要求后，中国社会工作高等教育的体系建设也步入了"快车道"。至2015年，全国开设社会工作本科专业教育的高等院校达到321所，共有104所高校或科研机构获得社会工作硕士专业学位授权资格。截至2015年底，全国各大专院校培养社会工作专业毕业生达30万人。虽然从开办社会工作本科和硕士课程数量上看是非常可观的，但从兴办课程的动机、师资力量和督导实习能力方面却是堪忧的。

中国高等教育的产业化扩张冲动没有停止，高校以所谓的市场需求和就业率决定专业科系的发展和收缩。传统学科和专业比如历史唯物主义、科学社会主义、历史、社会学等担心招生和就业不足，面临科系取消的厄运；看起来"实用"的学科如社会工作，就成为了这些科系的救生圈，以调剂的办法"忽悠"学生进去，提高招生率。还有一些独立学院、大专、高职为了争夺高等教育培训的肥肉，看重社工在名称上的"实用"价值和就业率，不断扩大社工专业培训的规模。无论是高校还是大专院校扩张社工课程，都不大考虑它们是否具备开办课程的条件，比如社工教育和实务的师资，实习基地等。结果形成大量社工教师都是从各种专业转来从事社工教育，这些教师不单缺乏社工理论和知识，更缺乏社工的精神和价值。在社会缺乏对社会工作的认识下，大部分本科生都没有填报社工志愿，是被调配进来的；即便社会工作专业硕士生从表面上看是自愿进入研究生学习，但大部分动机是以提高学历层次和本科院校的梯次而来，对社工的兴趣一般，更何谈社会工作的价值与情怀。

2016年2月教育部印发《教育部2016年工作要点》的通知要求，加快世界一流大学和一流学科建设，制订"双一流"实施办法；各大学争相挤进顶尖学府的行列，以获取更多的国家资金支持。"双一流"强调的国际研究论文发表排名进一步加剧对社会工作实务教师的排斥。大部分社工教师依然由缺乏社会工作实务训练的教师构成，加之高校改革越发重视采用美国的聘任合同制，年轻教师如不能在七年内发表一定数量的核心期刊文章以晋升职称，就面临着合同解除的风险。"双一流"政策加剧了大学以申请国家重点课题和发表核心期刊论文为评核指标。在中国的学科等级下，作为二级学科的社会工作更面临出局的命运；假如社会工作达不到其他一级学科的科研成果要求，就面临停办的命运。而一些三本大学由于地方政府资金缺乏或出于成本考虑，逐渐退出成本较高的社会工作教育，或继续进行低成本的不规范的社会工作教育。这两种趋势将进一步扭曲社会工作高等教育和研究，社会工作教育要贴近社会实际实在不容易。

（五）第三部门的蓬勃发展和市场化

在这二十年间，我国的第三部门在回应社会发展和社会转型的形式和规模的问题上发展很快。如服务于罕见病、自闭症、临终病患、进城务工人员、流动儿童、流动妇女等群体以及从事农村发展、教育、环境污染治理、生态保护等活动的公益组织发展如雨后春笋般发展起来。第三部门的蓬勃发展反映了社会与公共服务的严重不足、政府职能缺位、经济和社会转型带来的新问题，以及社会需求得不到满足和社会不公的张力矛盾愈演愈烈。有些草根公益组织主要是依赖志愿者，部分获得国际非政府组织的支持，小部分获得国内社会人士或基金会的支持。国内资源不稳定，而过去相对稳定的国际资助，在境外非政府组织国内活动管理办法出台后也开始显得很脆弱。

在过去的十年来，从中央到地方，用于购买社会服务（包括社会工作服务）的资金量逐年增加。有数据显示，在中央层面，中央政府2012年首次通过建立公共财政资助机制加强对社会工作服务组织的培育和扶持，中央财政安排2亿元专项资金，用于支持社会组织参与社会服务项目，并带动了3.2亿元社会资金。而在地方层面，以社会工作发展最为活跃的广东为例，截至2015年底，多年以来各市共投入超过40亿元购买社会工作服务。各地推动政府购买社会工作服务力度的差异巨大，以灾后重建服务而言，四川省在2012年雅安地震后，2015年还推出4000万元购买重建的社会服务；云南省在2014年鲁甸地震后，还是主要依靠基金会提供重建的社会服务，恒常的社会工作服务购买力度的差异更不用说。在政府购买力度大的省份，政府采购社会工作服务则成为各种力量争夺政府订单的战场。有的企业老板或社工教师为了挣钱而成立机构，有的地方部门已建立小金库和编制外人力的低工资和严厉的管理制度去获取最大盈余或利润。社会工作毕业生在民办社会工作机构面对的挑战巨大。

在第三部门发展方面，近年来我国社会捐赠额增长迅猛，汶川特大地震期间（2008年）突破千亿元规模；常规捐赠也一路猛增，2014年突破千亿元，相当于2006年的近9倍。我国非公募基金会从2005年开始登记发展，不到10年间猛增到2610家。我国社会捐赠占GDP的比重近年来大幅度提高，从2006年的0.05%提高到2014年的0.16%。王名（2016）认为中国有些公益慈善参与和引领社会创新方面在国际上走在了前面；社会企业、公益创投、公益金融、社会影响力投资、微公益等已经出现较为成熟的创新形式。

这些基金会和企业缺乏对社会服务和社会工作的认识，所以社会创新往往就是与商业领域、信息科技（ICT）等及其他领域（设计、传播、金融）的合作。一些发达国家推动的社会创新，一般是在公益领域比较成熟的社会服务模式上进行创新，针对这些社会服务的不足而进行跨界的社会创新，推动相关体系的变革。比较而言，当前中国公益圈出现社会创新的条件完全不同，很多社会服务模式正处在初步开发阶段，基本价值体系和工作模式还在建立阶段。在基本社会服务价值和标准都没有确立的情况下，这些公益组织的服务更多的是被基金会、与企业的跨界合作、企业社会责任、与新媒体以及其他领域（设计、传播、金融）的合作创新带着走，而无法维护以服务对象利益为本的价值和工作模式。

大部分社会工作院系都依赖教科书教育，对第三部门所面对的政府采购服务和公益慈善部门的市场化和社会创新的竞争都不太了解。2016年出现的关于社会工作和公益慈善的争论正反映出问题的冰山一角。朱健刚（2016）认为公益慈善领域看不起社会工作，觉得社会工作缺乏公益组织的价值观、活力和行动力。社会工作也瞧不起公益慈善组织，认为它们缺乏专业理论、知识与技巧。

这五种力量一方面在继续加剧中国社会工作教育面对的挑战，另一方面也在塑造社会工作教育变革的机遇和条件。

四 全球化社会工作教育的困境

中国社会工作教育面对的困境并非是独特的，放在国际比较分析中，或许我们可以探究到一些共同的挑战和应对的策略。

（一）欧美国家的社会工作教育模式

欧美社会工作教育基本发端于20世纪初期对传统公益慈善实践的不满，从而进行社会科学的学术化和系统化整理。经过了百年社会科学的发展，对经验的提炼，与开发实务研究磨合的相互促进，已经形成了成熟的从本科、硕士、专业博士到研究型博士的教育体系。而且，大部分国家都设有社会工作者专业协会，提出了对社会工作的能力模式，对申请专业注册的社工课程或申请人毕业的社工课程进行审核。所以，很多国外大学的社工课程都基本应专业协会的能力要求进行课程设计，通过专业协会审核才可以开办。以香港地区为例，高等院校开设的社会工作课程都是根据香港社工注册局公布的课程要求进行设计，所有课程必须通过社工注册局考察评审通过后，再经香港学历评审局予以确认。

"流行社工"路

根据笔者在澳大利亚大学当客座教授的观察，大部分社会工作教育者在40岁以上。大学认为合格的社会工作教育者都需要一定的社会工作实务资历，申报社会工作的研究生都需要具备一线服务经验才准予入学。不少的社会工作教育者并不脱离实务，大学鼓励他们兼任社会工作机构或协会的督导或理事成员，在可能的情况下还参与一线服务。这些社会工作教育者的实践使得社会工作教育者与业界维持紧密的联系。澳大利亚的社会工作课程中的一个特色便是邀请不同的实务工作者或政府官员参与授课，让社工专业的学生了解业界甚至政府部门的想法和动向。在考核方面，院系管理也认可这些与业界联系的工作量；除了直接与教学相关的实习统筹、安排以及督导外，院系也为社会工作教师到一线参与高级社工服务提供方便。笔者所认识的从事危机干预课程教学的老师，在新闻里听到缺乏社会性别敏感的妇女遭受暴力的报道时，因担心受害者可能遭受二次伤害便即时向报社投诉。可以看到，社会工作教师首先把自己定位为社工，然后才是社工教育者；参加社会工作实践不仅是学校的要求，更是社工老师自身的需求。

从某些历史悠久的社会科学看，社会工作教育因为多学科的兼容并蓄（eclectic）路径而容易被诟病为学科模糊，遭遇学术边缘化的问题。Staffen和Delligran在对比瑞典和中国的社会工作教育发展时，也发现不少共同的议题。瑞典的社会工作在20世纪初发展，基本以贫困人口、老年人及困境儿童的实务为主，到了20世纪20年代才开始社工培训，而基于研究的社工教育也几乎是50年以后才开始。而对于社会工作的本质是什么，社会工作理论与实践的鸿沟如何弥合，到底社会工作是不是一个专业这些问题的探索从来没有停止过。后来瑞典学界将社会工作定义为应用社会科学，认同社会工作的跨学科性质，没有贬低社会工作的学术意义（Staffen Hojer & Peter Delligran，2013）。虽然中国政府正积极推动社会工作以应对经济和社会转型过程中弱势群体的需要，但是社会工作教育不仅要面对缺乏实务经验和研究的基础，还要遭受被社会科学界贬低为二等学科的偏见。

澳洲昆士兰大学系主任卡尔格（Karger）对欧美和澳大利亚社会工作教育提出了严厉的批判。他认为社会工作教育已经僵化，排斥了有创新想法的社会工作教育者。澳大利亚社工协会关注社会工作实务多于研究与知识建构，缺乏对宏观议题的关注。社工教育偏离了紧迫的公共议题，缺乏理论基础与研究能力，削弱了社会工作教育研究在建设社会福利制度的影响力。欧美国家政府采取的新公共管理模式干预过度，政府购买服务和管理主义带来了文山会海，挤占了社会工作者实践的精力，削弱了实务经验和专业性。社会工作在新公共管理制度下离人民越来越远，社工对社会福利政策影响越来越小。

同时，他看到澳大利亚社会工作教育面临极大的挑战。很多学生学社工专业只是为了稳定的工作和报酬，缺乏对社会工作理想的追求和坚持。社工院系的教育管理方法陈旧，仅仅为了应对专业协会注册的实务要求，从而削弱了学生获取社会科学的知识和批判的能力。社会工作院系的扩张过快，导致毕业生出现供大于求的竞争。各学院往往为了提高竞争力，缩短修读时间而使得学生训练不足；为了减低成本而削减师资，导致社会工作教师沉重的工作量和士气低下。要改变这些社会工作教育的困境，他认为必须提高社会工作教育的能力和机会，特别是社会创新的能力。而这些应对能力则取决于社会工作更好理解和开发自身的哲学理论、知识体系和实践能力。

（二）发展中国家的社会工作教育模式

非洲南部博茨瓦纳大学的奥赛浩地（Osei-Hwedie）以"无关痛痒之苦"（the agony of irrelevance）描述发展中国家社会的社会工作教育与发展中国家本土社会文化缺乏关联。他的批判与梅志利的专业帝国主义批判有异曲同工之义。首先，他认为发展中国家大学的高层、学术委员会以及学生都强调社会工作课程以及资历评审必须获得国际性认可，特别是教育内容要与欧美国家社会工作教材挂钩。除了南非等少数国家，大部分非洲国家的社工院系对大范围的质疑社会工作课程内容缺乏动力。

其次，虽然很多发展中国家的社会工作教育都出现本土化的争论，但是本土化的意义迥异。大部分社会工作学者认为本土化就是在西方教科书基础上加入本土内容就足够了。可是这种本土化形式与本土化的意义大相径庭。最终社会工作的助人与解决问题的课程不是基于本土的知识、价值、技巧以及经验，而是假设来自西方社会工作的实践和知识均为普世性的原则和标准，本土价值和材料只是次要。

最后，他们认为发展本土相关的社会工作知识和体系是动态的政治过程。一方面，国际社会工作教育深受北美和英国社会工作教育的影响；另一方面，发展中国家的社会工作教育院系想要获得国际认同，学生也希望增加国际层面的就业机会，院系和学生的共谋加深了非洲社会工作教育高度依附北美和英国社工的理论知识与技能，背离本土越来越远。

所以有些非洲本土社工教师组织起来反对社工课程的英美化倾向。他们认为社会工作教育要开发出与文化相关的教育以及实践模式需要一定程度的灵活性、政治敏感度、耐性以及兼容并蓄的态度。具有文化敏感度的社会工作模式必须是满足本土的需求。社工教育者必须面对本土化的两难，在应对本土需求时国际的维度就会被淡化。与文化相关的社会工作实践与教育的概念常常与本地化、内生化、激进化、正常化、意识提升等概念相等同。特别是本土化一词意味着对本地经验的整理，以由下而上的途径，而不是由上而下的演绎和应用普世性西方理论与实践模式。

贺驰费德等（Hochifeld et al., 2009）在南非与东非发展型社会工作教育研究报告中指出"作为一门专业乃至社会工作教育与培训的社会工作历史，既是西方的也是殖民的。即便到今天，全球社会工作教育还是不断强调西方观念，明显是不合时宜。不少非洲社会工作学者正致力于摆脱这种不适合的社会工作知识，关于本土化社会工作研究的文献正迅速发展。在非洲，本土化社会工作基本与社会发展结合，以不同的社会工作模式出现"。

五 走出十字路口的社会工作教育：六位一体的整合式教育研究实践

欧美和澳大利亚发达国家社会工作教育学者已经提出，过度聚焦于社会治疗模式的微观社会工作技能，致使宏观视野和技能不足，甚至社会工作的研究和实务也无从应对新自由主义对社会工作的扭曲。非洲社会工作教育的批判更看重通过社会工作的本土化去重建社会工作与本土社会文化的相关性和连结。本土的社会工作建基于非洲与欧美社会发展不同的问题上，包括严峻的贫困、种族冲突、艾滋病、公共服务不足等。非洲社会工作的路径在于否定西方社会工作理论、知识和技能的普世性，从而立足与本土的社会发展脉络，挖掘、辨认与开发本土的助人价值、资源和办法与社会工作进行整合。

我们通过对欧美和非洲社会工作教育的观察，进而不断反思当前中国社会工作教育主要引进的社会治疗模式，是否能够回应当前我国社会发展的问题和公共服务的缺失。在应对我国多样化的社会问题及社会服务需求时，社会工作应如何定位，欧美的社会治疗模式是否有效回应。什么样的社会工作模式、什么样的社会工作者以及什么样的社会工作教育才能应对我国以及发展中国家的社会发展问题？

秉持着这些社会工作本土化理论实践的理念，笔者从2005年开始和云南大学社会工作研究所（以下简称研究所）的社会工作专业教师发起成立了云南连心社区照顾服务中心（以下简称云南连心），希望通过社会工作实践突破社会工作本土化的困境，在实践－反思－实践创新的行动研究历程中建构本土化的实践和理论路径。云南连心选择了当时已经比较突出的乡村－城市流动议题，以低收入进城务工人员和随迁家庭聚居的流动人口社区为服务对象，探索结合西部地区实际的社会工作服务与学习模式，并逐步开拓少数民族贫困农村社区和灾后社区重建工作。在探索社会工作模式与云南社会发展的相关性过程中，笔者发现社会工作教育在传统的研究－教育－社会服务"三位一体"的结合策略上对推动社会工作发展有着积极作用。但在应对上文分析的诸多复杂的结构脉络中，"三位一体"是远远不够的。在"三位一体"的基础上，需要将研究更细致地采用行动研究，教育过程中引入服务－学习教育方法，社会服务再细分为直接服务的微观社会工作服务开发以及发挥学者基于证据为本的宏观社会工作－社会政策倡导。中国社会工作开发还需要跨界的创新，比如和不同政府部门的创新、与生计策略和企业结合的社会经济创新等。在此过程中推动社会工作行业发展的支持性工作开展，并以社会创新创业作为一个重要的突破（见图1）。

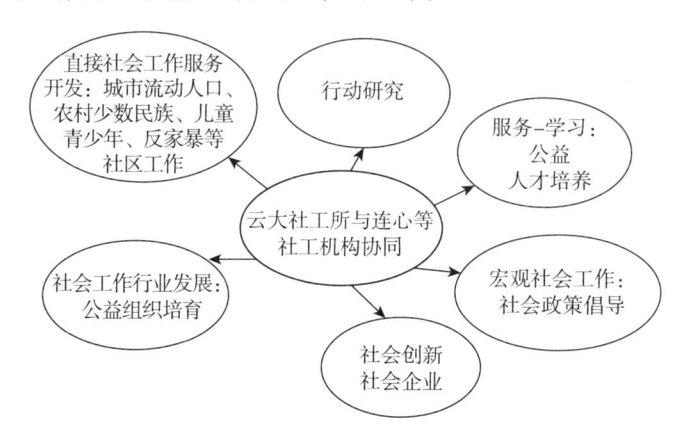

图1　云大社工所与连心等社工机构"六位一体"的新融合发展型
社会工作教育研究实践模式

(一) 直接服务开发：基于社区为本的发展型社会工作模式开发

在中国城乡社区基本公共服务体系严重不足的情况下，社会工作需要探索回应服务需求，以及社区增能与社会服务提供的结合策略。城乡不均衡发展和城乡二元结构，引发了一系列严峻的问题，如农村带来严重的家庭分隔、农村凋敝和城市流动人口社区贫困化。大量农民离开农村，带来农村空洞化、农业女性化和中老龄化，形成社会对儿童、妇女和老人的碎片化家庭和社区关系的关注。进城务工人口依然受到城乡二元政策的影响，形成不得已的家庭聚散和城乡交叉断续的人生命运。

在昆明的城乡结合部，大量进城务工人口主要居住于城中村社区，虽然现有大部分城中村社区实现了村转居的转变，但原有街道办及居委会在资源及人力紧缺的情况下，社区公共服务体系不完善，原有社区服务范围无法满足大量流动人口家庭的广泛需要。在云南，社会工作者根本无法转介服务使用者到其他社会服务机构，就只有逐步开发各种社会服务。尤其在贫困农村，社区服务匮乏的问题更为突出。在原来村庄集体经济瓦解后，加上大量青壮年劳动力外出，致使村级财政和人力均严重短缺。20世纪80年代以来，云南大量农村劳动力到经济发达地区寻找工作，村寨的空洞化和凋敝现象日趋严重，出现了大量留守儿童、留守妇女和留守老人。碰上天灾人祸，更突出了凋敝村寨应对灾害时的脆弱性。

云大社工所和云南连心需要针对当前城乡社会变迁的社会需求进行社会工作干预策略的设计。首先，针对流动儿童缺乏安全活动空间和文娱活动的情况，云南连心通过社区活动中心提供功课辅导，乒乓球活动，图书、玩具借阅等服务，提供基本的安全活动空间。儿童中心还组织了儿童兴趣小组，先后组织了摄影小组、手工小组、游戏小组等。此外，云南连心也积极建构儿童友好的成长空间，让进入青春期的流动少年学习人际交往、心理健康及性健康教育知识。同时，云南连心与王家桥的民办学校建立学校社会工作站，建立教师小组与学生小组，培养教师能力，协助打工子弟学校教师开展学生成长辅导课程，为学生提供青春期教育。为应对贫困农村和灾后农村更突出的留守儿童问题，云南连心也在昆明团结乡、中缅边界的沧源县和鲁甸灾后重建地区，开设社工站提供留守儿童服务。

针对流动妇女，云南连心举办了流动妇女之家，提供亲子教育课堂、健康及法律讲座、组织舞蹈、开展社区文艺晚会及运动会等活动。针对反家暴，开展了热线咨询和法律援助的服务，并与省妇联建立社工干预与法律援助无缝衔接机制。针对王家桥的流动人口多从事非正规就业的零散工现象，连心也建立了农民工维权站，提供劳动法咨询和法律援助，开办了能满足进城务工人员适应进城打工的劳动法学习、计算机和手机技能学习等学习班。最近还得到昆明市五华区总工会的支持，在普吉街道成立农民工联合工会。利用布依族妇女喜爱舞蹈的特点，协助流动少数民族强化她们的社会交往和聚居网络，提高她们对改善自身居住环境和互帮互助尝试的积极性。

（二）行动研究

什么是行动研究？《国际教育百科全书》中将行动研究定义为：社会情境的参与者为了提高对所从事的社会或教育实践的理性认识，为加深对实践活动以及依赖的背景的理解所进行的反思研究。杨静在其合编《行动研究与社会工作》的"序"中引用 Grundy 的方法把行动研究区分为三种相对应的模式（杨静，2013：10～11）：（1）行动研究的技术模式；（2）行动研究的实践模式；（3）行动研究的解放模式。

云大社工研究所因应不同的目的，采取了三种行动研究策略的整合。在进行政策倡导方面，云大社工研究所采用由上而下的专家主导型行动研究，针对云南连心在流动人口进行社区干预所观察的问题，进行研究分析，针对问题提出政策建议，向有关部门进行倡导。在整理社会工作实践经验方面，云大社工研究所和云南连心的一线社工采取行动研究的实践模式，对各种社会工作干预策略进行经验记录和整理。社会工作专业的本科生和研究生协助进行观察、记录和整理，这些经验有的成为学生的毕业论文素材。

云大社工研究所和云南连心同时采用解构或解放式的行动研究，以行动者即研究者、研究者即行动者的策略协助一线社会工作者和团队进行反映式对话，从而达至个人和团队的专业成长；这些行动研究和伴随个人成长的行动研究也将结集成书，希望把共同建构的社会工作知识分享给其他社会工作人员。

通过服务开发与行动研究，云大社工研究所和云南连心通过建构相关社会工作服务的知识、干预策略和技能，吸纳相关的社工课程，如社会工作理论与实践、农村社会工作、高级社会工作实务、社区工作、性别社会工作等。

（三）经验式学习：服务-学习与实习

除了通用的实习外，云大社工研究所还从2006年开始开发服务-学习。我们认为服务-学习是一门重要的社会工作教育学，它能协助社工学生和老师寻找走出中国社会工作教育困境的途径。我们的服务学习强调社会工作研究者、教育者和学生社工服务的实践体验，对社会工作者来说，尤其重要的是与服务对象以及社区的关系，以及进行教育经验和学术的反思。我们服务学习的知识立场是需要把既有的社会工作模式的假设和知识以及实践作为暂时性的假设，通过反思与服务对象和社区关系，从而打开社会工作教育者与学生对本土社工认识和实践的想象。

自2005年在亚洲基督教高等教育联合董事会的支持下，我们探索出一种新的教育方法，开始了服务-学习的尝试，即将青少年社会工作、老人社会工作、毒品康复社会工作、农村社会工作、学校社会工作、精神健康社会工作、第三部门与社会发展、社会企业等课程与服务学习相结合。根据这些经验，云大社工研究所的服务-学习教学模式可以分为：

1. 教师主导的项目性实践学习模式。
2. 社会工作机构主导的实习模式。
3. 专业课程与志愿者服务相结合的服务-学习模式。
4. 志愿服务转型为专业服务的模式。

我们通过各种经验学习的社会工作方法学，在本科课程、本科毕业论文、硕士论文方面，鼓励学生在大学范围、周边社区、连心和其他公益机构以形形色色的服务结合学习。学生在服务过程中重新建构对弱势群体的认识，建立同理心，反思弱势群体处境的结构问题。部分学生甚至协助公益机构开发了专项社会工作服务，有的学生还反思了中国社会工作自身的张力和矛盾。

（四）宏观社会工作的政策倡导：融合

我们认为促进和维护弱势群体的发展权益也是当前中国社会工作和发展型社会工作的一大工作目标。当前中国政府强调社会公义，推动建立积极的社会政策，发展型社会工作可协助政府建立普惠性的社会服务和针对弱势和困境群体的特惠性的社会政策及社会服务模式。所以，云大社工研究所和云南连心一直把政策研究和倡导的意义、策略和技能作为社会工作研究、实务和教育的重要一环。

云南连心从2006年开始服务流动人口社区，当时国家对流动人口的社会政策立场比较模糊，使得相关政府部门、群团组织和社会人士对云南连心的态度比较谨慎。尽管如此，连心还是积极探索了协助弱势群体参与社区的策略，通过政策研究推动弱势群体与公共政策制定对接的过程，协助政府完善社会发展政策，维护弱势群体的发展权利和需要。如通过与省妇联合作开展针对城市社区妇女基本生存现状的研究，形成研究报告及政策咨询报告，直接影响到政府制定相关妇女政策的决策过程；同时，通过省政协提案的方式，将流动人口居住保障、流动儿童生存安全、城乡结合部社区基本公共服务体系建构以及社区就业等议题形成提案，引起政府对问题的重视并推动制度的改变。

加上近年来一些地方发生严重的家暴案件，农村发生多起与留守儿童、妇女、老人相关的严重事件，从而使事实孤儿和孤老问题日趋严重和突出，政府开始建立社会保护体系，加强发挥社会工作的角色。云大社工研究所和云南连心都抓住这些机遇，把云南连心在城乡保障弱势群体的经验推广成为相关部门和群团组织可以参考的服务模式。云大社工研究所在维护弱势群体的政策倡导经验是建构宏观社会工作实务模式的重要素材。

（五）社会创新的社会企业开发：跨界、合作

诸如云南这样城乡贫困较为普遍的西部省份，加上地方财政力量薄弱，政府购买服务的力度较小，社会工作该何去何从？所以西部地区的社会工作必须从社会工作干预策略中探索协助贫困群体改善生计的办法和机构自身开拓资源的办法。发展型工作模式对结合社会工作与就业和生计开发的思路正是很好的理论启发。所以云大社工研究所和云南连心一直都努力把社会企业的探索作为"六位一体"的新融合发展型社会工作教育模式的重要一环。

从昆明王家桥社区的流动人口看，大部分来到昆明打工的本省和贵州的农民，是由于农村地区自然条件较差，完全依靠农业无法获得持续的生计保障。王家桥是少数靠近市中心的城乡结合部，房屋状态较差，房租相对便宜。居住在这里的进城务工者首要面临的是就业和生计问题，包括了男性、

双重劳动的妇女、辍学青少年等。少数民族由于不谙汉语及相关技术，社会资源较少，生计问题更为突出。

之前云南连心在是否要进行就业培训和社区就业服务方面还比较犹豫。其原因是，一方面社区妇女骨干反复要求需要这方面的服务；另一方面流动妇女骨干往往由于生计需要而流失，致使服务难以开展。如果真要创办就业的社会企业或合作社，云南连心的工作人员和社工是否做好意识、策略和技能方面的准备去应对社会企业或合作社带来的一系列挑战。最后，云南连心觉得还是值得走出第一步，尝试应对流动人口的就业改善生计途径，以及探索这一举措的发展潜力。

云南连心在过去八年间的探索以绿领平台为切入点，通过开设社区互助店、绿色手工坊产品研发及销售等途径，提供相关的技能培训班，提供社区就业及创收机会。互助店吸纳流动妇女作为工作人员，倡导社会及企业捐赠二手衣物，将回收的衣物进行清洗、消毒等一系列处理后，再以低廉价格销售。在这样的运作下，一方面可以减低流动人口家庭的生活成本，另一方面提供社区就业，打造妇女骨干与社区群众沟通交流的平台。绿领平台通过对未能就业的妇女进行技能培训，开发旧物改造以及少数民族流动妇女手工艺特色产品，进行市场销售，一方面改善了妇女生计，另一方面则通过绿领平台建设，不断提升妇女自助及互助的意识和能力。

在沧源社工站，乡村干部也把贫困和开发作为社会工作一个重要的领域。结合实地情况以及乡村干部的期待，云南连心社工协助乡村干部和村民成立了养鸡合作社。沧源社工站充分抓住沧源县旅游发展的机遇，善用村寨所在的生态资源发展林下养鸡，充分利用政府资源，为少数民族贫困村寨的扶贫发展积累了一定的经验。

就业和生计开发固然不是社工的强项，需要处理的不光是协助老乡获取相应的思维和能力，更重要的是探索结合社会工作价值和策略去应对生计开发所带来关于个人、群体和社区的张力和矛盾，以及整合的赋权增能策略。这些都是西部社会工作开发模式、研究和教育绕不开的挑战和议题。

（六）社会工作行业推动：营造发展型社会工作生态的策略和意义

与发达省市政府大力推动社会工作发展不同，云南和其他中西部地区的政府支持力度较弱。云大社工研究所和云南连心从成立以来，都是以建立社会工作的示范模式为主，希望可以吸引云南地州以及邻近省份的社工同行群策群力。云大社工研究所在成立云南连心之初，主要以城市流动人口为服务对象。2007年开始组建专业社会工作队伍，从长期扎根流动人口聚集社区，到逐步拓展少数民族贫困村寨的扶贫发展、灾后农村社区重建、社会组织与社会工作机构培育以及云南社会工作生态和社会工作者的培育等工作领域。

一方面，为应对组织层级化带来潜在的对社会工作服务创新和开拓性的束缚，云大社工研究所和云南连心从2014年开始逐步培育一些较为成熟的团队成为独立社工机构，分别有为儿童少年服务的益心、反家暴服务的明心等。同时为应对这些新社工机构面临社工专业化、机构管理和财务的挑战，云南连心与这些新成立的机构成立心联盟，为这些机构建立专业化管理和财务管理的规范和培训，为共同推动云南社会工作发展努力。

另一方面，国家和地方政府逐步探索落实社会工作人才队伍建设的策略，云大社工所和云南连心义不容辞地配合地方政府探索落实社会工作的策略。2013年承接了三区社工人才队伍建设，分别在团结乡、禄劝县和沧源县成立社工站。2014年鲁甸县发生6.4级大地震，云大社工研究所和云南连心承接了政府和基金会对紧急救灾和灾害重建的社会工作机构培育、社工专项的开发和督导。

随后，云大社工研究所和云南连心相继建立西山区社会组织培育基地，协助成立昭通社会组织发展平台，协助共青团云南省委组建地州的青少年社会工作机构；前后为超过50家的初创机构提供督导以及评估服务，推动地方专业社工组织的发展。

自云大社工研究所和云南连心开始探索发展型社会工作模式开始，我们探索了贯彻发展型社会工作的理念和工作策略，应用于社会工作者、社区骨干的培训。比如我们在开展云南省民政厅福彩基金所支持的农村社会工作培训、云南连心参与的流动人口社区服务培训中，一直把不同生计经济、社区经济以及合作社的思路和其他地方的经验、社区服务、社会资本、社区经济之间的关系，作为促进农村社工员与社区骨干思考和培训的内容。

无论是由于社会需要巨大还是地方资源缺乏，我们认为云南等西部地区的社会工作专业应更积极地背负起建设自身生态的责任。无论是在社会工作的科研，还是行动研究和教育方面，学生都应该具备建设社会工作生态的视野和能力。

六 "六位一体"新融合发展型社会工作教育研究实践的经验分析

（一）社会工作本土化的后现代知识立场

笔者认为中国社会工作在应对社会工作专业殖民主义的策略中，是采取后现代的知识立场，即对英美社会工作模式是否适用于中国存在很大的不确定性。梅志利（Midgley，1996）早于20世纪七八十年代就质疑从英美发展出来的社工理论运用到发展中国家是否合适，其实这个质疑也适用于现在大量欧美的专业社工教育转移到发展中国家去的问题。他的批判更多是从社会发展的脉络的差异中提出对社工发展的不同模式。港台和欧美的社会服务和保障体系经过了一定的发展过程后，形成了高度分工的制度，除了最低生活保障等基本社会保障以外，其他各种社会服务都有。所以社工的工作是以基本的评估和转介为主。在转介过程中处理家庭、相关社会服务机构和政府机构间关系。但是中国的社会服务体系还在发展过程当中，很多服务对象的需要根本就无法转介。以家庭暴力为例，国外可能通过警察、医院发现家庭暴力受害者，再将其转介到处理家暴的家庭辅导中心，提供庇护所以及相关的法律和生计保障。但是，云南连心在应对流动人口的家暴求助时，并没有专门处理家暴的家庭辅导中心以将其转介出去，因而必须考虑自身是否能够提供庇护、家庭辅导、法律维护等服务。同样，在云南连心看到流动少年儿童的严重辍学问题时，也无法转介到相关的少年服务机构或职业辅导机构，也必须考虑我们是否需要逐步把少年成长的困惑和职业辅导相继承接过来。

因此，梅志利（Midgley）对欧美社会工作移植到发展中国家是否适宜的质疑同样适用于中国。在社会服务和社会保障高度缺乏的社会，社会工作应该怎么办？对于从就业、生计到教育、社区参与以及个人与群体的相互调适等服务，中国的社会工作组织需要考虑是否能够提供，还是组织服务需求者自我供给。所以在高度分工的社会服务基础上，英美社会工作逐步发展深入的个人心理调适治疗技术。社会工作究竟应该往心理调适还是社会改革发展，发达国家的社会工作者对这种临床心理治疗的发展趋势也很有争议性。自20世纪80年代以来，随着全民就业的瓦解、公共财政危机、发达国家福利政策的收缩，社会工作的传统工作方法在应对宏观社会的不确定性上面临着极大的挑战。梅志利甚至认为欧美社会工作应借鉴发展中国家的发展型社会工作经验以应对欧美社会的发展危机。澳大利亚社工学者格瑞（Gray，2006）也提出以生活经验（lived experience）的角度重新审阅后院式社工工作（backyard social work）。

除了宏观社会变迁的不确定性以外，社会工作的基础建基于伦理与道德以及哲学、社会学、心理学和政治学等真理权力体系，20世纪90年代以后，和其他社会科学一样，受到后现代思潮的影响，被质疑社工价值观、知识和实践体系的基础。建立在西方理性主义和个人主义的哲学、社会学、心理学和政治学等真理体系，衍生了什么样的权力关系，究竟会打造哪种专业的工作人员—案主关系？这些学理基础背后的理性具备什么样的合法性（Mason，2011）？社会工作的价值观、心理学和社会学的基础都产生于特定的历史、文化和社会根源中，都需要解构。

因此，有些欧美社会工作学者认为社会工作的学者、老师和学生都应该认识社会工作的伦理、道德和知识的不确定性，从而开发应对不确定性和变迁的能力，在社会工作的实务过程中培养创造性和灵活性的能力，以及进行反思、重新建构社会工作价值观和实务知识的能力。如果社会工作价值观和知识体系的不确定性议题是横跨欧美和非西方社会工作共同面对的核心议题，那对社会工作教育方法，尤其对中国来说，将带来什么样的挑战呢？

Saleeby and Scanlon（2008）认为应该建立社工的批判教育学，其中包含四个元素。首先是批判性的社会化。传统的社会工作学习文化是不容许质疑那些既有的价值观和知识。如何在社工专业的学生学习过程中建立批判文化的社会化是重要的策略。其次是对话性学习，不应是单一的讲授学习权威关系。老师—学生之间的学习关系应该通过学生的自我经验与思考来对话，学生之间的经验和课堂知识对话，老师的角色在于如何促进这样的对话，对既有价值观和知识的反思。再次是批判分析。教育的过程在于促进学生对社会问题、社工干预和知识的批判，剖析背景的制度性、结构性以及文化性成因。最后的元素是行动学习。社工学生的学习过程应该是通过行动所产生的经验，才能更好地思考、反思社会问题和社工干预过程中衍生的结构问题及调整方法。

当然批判思维带来对社工的价值观和专业观，干预知识基础的社会学、心理学、政治学等的质疑，很容易带来犬儒主义的、悲观的和绝望的情绪。因此，社会工作批判教育学不光要培养和提升学生的批判能力，更应该建立启发希望的教育学，在批判过程中启发希望。

在后现代思维对社工知识的不确定的影响下，Beres et al.（2008）在社工教育中尝试了采用"不晓得"（not knowing）的教学立场，突出学生与参与者的知识立场，从而促进社工课堂的对话式互动。在传统的教学关系中，学生以为老师什么都知道，老师即使不确定对某件事情的看法，也都要做出一套权威的态度，学生一般不敢质疑。在后现代思维中，假如老师承认对既有社工知识后面的价值和知识立场的不确定性的话，那么老师提出这个问题表示自己不知道应该怎么看、怎么判断，将分析和判断的权威交给学生，让学生相互之间进行讨论和辩论。

第二个后现代的批判教育学立场是既有社工知识的暂时性。既有的社工知识不是真理，但也不能完全将其否定，而是一个反思和重建的起点。第三个教育学立场是对多重真理的开放性。如果真理没有单一的标准，每个学生或相关者都有各自的知识立场，各自的经验都有他的价值。第四个后现代教育学立场就是承认身份认同的流动性。每个学生都有不同的身份，知识立场也会随着不同处境和身份的改变而随之改变。后现代思维改变了传统社工教育中的层级权威关系，挑战了教授与学生的教学关系，促进教授承认既有社工知识的不确定性，从而促进学生在应对这些不确定性中对既有社工知识的反思与重建（Healy and Leonard，2000；Razack，2009）。

云大社工研究所为应对英美社会工作知识的不确定性，采取三个建构社会工作教育和知识的命题：一是采取了新社会发展视角去弥补英美主流社会工作狭隘的社会治疗模式。二是社会工作教育采取了服务学习作为批判性社会工作教育学。三是针对社会工作知识建构，采取了与社工实践者共同行动研究的共构策略。

（二）新融合发展型社会工作教育模式

云大社工研究所一方面采取了后现代知识立场以确定西方社会工作知识的暂时性位置，同时参考了社会发展视角建构社会工作教育模式。沿用梅志利（Midgley，1996）的定义："社会发展是一个有计划的变革过程，旨在动态地结合经济发展提高整体人口的福祉",社会发展必须是"以贫困为重要考虑的社会福利和服务提供,一定在推动被社会排斥的群体的参与,一定是在强化相关群体以及社区的生计能力基础上达到经济与社会公平,强调与不同的行动者结为伙伴关系并成为合作基础,最后是推动实现社会团结以及积极的社会公民权利"。

将社会发展的视角运用于本土的社会工作教育策略,是理论与实践高度整合的相互建构过程,即教育者、学生、实务工作者以及服务参与者既是研究主体,也是行动主体。紧紧围绕如贫困、失业和就业不足,民族文化传承等社会发展议题,从群体服务的基本公共服务出发,以资产为本(asset-based)视角开发群体自身的能力,并以能力建设的方式,在回应生计以及社区经济基础上推动公民精神与参与社区治理的能力,以此达致社会融合。这个新的社会发展的社会工作教育要求整合不同力量,创新不同方法包括跨界合作,并以底层视角、与各个主体深度在场,增能、反身性和对话为核心原则,真正建设多元、包容和开放的主体,如图2所示。

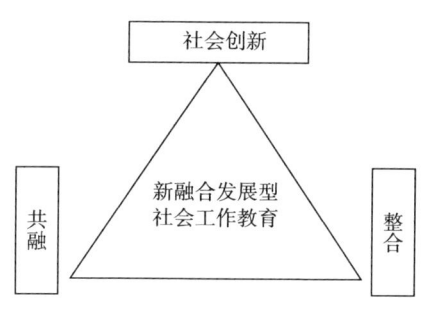

图 2 新融合发展型社会工作教育模式

新融合发展型社会工作教育的核心概念分别是共融、整合与社会创新,简称新融合。以整合和共融为基础,创新统领其他两个概念。三个概念形成三角关系,以支撑新融合发展型社会工作教育,每一个部分都体现出理论与实践高度结合。

整合。目前在社会工作治疗模式下的个案工作、小组工作以及社区社会工作等均要整合。正如学者童敏(2016)指出"中国本土社会工作的专业化发展不能像西方那样走机构服务的专业发展道路,追求个案工作、小组工作和社区工作分别专业化的发展方式,而需要围绕着个人改变和环境改变的结合,借助项目服务的专业化,将注重个人成长的微观服务与注重环境改善的宏观服务整合起来，并由此带动社会工作专业服务的深入和扩展，为中国本土社会工作找到能够拓展专业的发展空间和确立好专业的社会身份。"

整合不仅是社会工作方法，还有与其他领域如经济、文化和环境的一体化，使得社会工作教育具有内在关联性以及外在的延续性，真正在回应社区需求的时候有计划性和系统性。

共融。社会工作在学习解决问题中不可避免地与一定程度的不融合或社会排斥打交道的。这样的社会排斥可能是城乡二元、性别或者族群文化等造成的。社会工作者需要掌握一定的分析工具才能从不同层面入手推动改变。不仅在认识论方面，而且在对问题解决方法方面我们也不能陷入赵环所说的"画地为牢"、"专业社工是最有资格从事社会服务的"迷思里。只有秉持开放包容的心态，社会工作才可以与市场、政府、社会组织以及社区发生较为良性的互动，进而形成同盟关系，机构应该清楚地定位自身的使命以及寻求相谋合的组织间的合作。同时应通过"跨界"的虚心学习找到创造社会价值的新方式。社会工作须重视当地特色与当地智慧，珍惜在社区场域之中积累迸发出的经验与创意，注重与社区发展密切的合作同盟关系，将焦点放在人与人的互动、合作、共享与互惠方面，为社区问题提出可能的创新型解决方案。此外，应加强与其他社会组织的合作，培育社区社会组织，在实践中加强"三社联动"这一促进社会创新的重要生成机制。

不仅如此，何雪松提出的文化视角，卫小将提出的土生化以及杨静提出的历史视角都要求我们在多元和差异上多警惕反思知识霸权，在助人过程中造成新的不平等的权力关系。正如古学斌（2013）指出"对中国大陆社会工作教育现状进行反思后，倡导运用反思性科学精神，视社工教育为一个教师与学生双重能力建设的过程，在这一过程中通过反身性，达到师生相互对话，共同建设能力，以达到培养具有反思性能力的学生的目的"。

社会创新。向荣与陆德泉在总结十年服务－学习基础上编辑的《服务－学习：从教学创新到社会创新》（2016）提出社会工作需要与社会创新产生多元契合。社会工作是社会创新的制度结果，且与社会创新具有天然的契合性。赵环（2005）以 Moulaert 等人提出的社会创新的核心维度分析社会工作与社会创新的契合性（见表1）。

表 1　社会创新与社会工作的契合

	社会创新的内涵	社会工作的内核
内容维度	指满足目前尚未满足的社群需求	"需求为本"是社会工作践行的基本实践原则和通识
过程维度	通过协同治理倡导社会关系的改变	整合社会资源、协调社会关系
增能维度	增强经济、政治和社会资源以及使用资源的能力	"助人自助"、赋权增能

七　总结：新融合发展型社会工作教育模式

社会工作本质是什么，学术性体现在哪里，社会工作教育是否能够回应社会需求，对此，不同学者有不同的回答。杨静（2013）认为"将理论落于实践，不可能通过在学院里拿着别人的东西咬文嚼字、闭门造车、空对空思辨来完成，而必须是由一批知识分子，扎根于社会田野，亲自投身于社会实践，才能体会到勒温所说的了解与改变的辩证关系，也才能将本土的社会工作理想化为现实，这也正是行动研究的精髓所在"。笔者认为首先应该从大学老师自身如何看待知识和学者的身份入手。

社会工作教育引领社会工作的发展曾经是高等教育十分引以为豪的成就。在过去十年社会工作实务高速发展下，高校的引领角色不明显，未来社会工作发展被视为将是高校与实践共同推动的发展模式。虽然实践者的经验成为建构社会工作知识的重要部分，但社会工作的教育研究需要重新定位。

本文以笔者过去十年的实务经验，结合行动研究、服务学习以及社会实践包括民办社会工作机构建设推动，以及社会政策倡导的研究创新、教育创新和社会创新等实践经验，提出社会工作教育必须要在教育改革中冲出重围，改革单一评估维度的教育政策，以及改变教育者自觉自为的教育行为，并投入到实践中，有机地将三位甚至六位一体高度整合，社会工作教育才有机会继续引领社工领域发展。否则高校与社会、理论与实践高度分离的状态依然存在，社会实践者会以其创新实践的知识和方法将高校教育抛弃，社会工作教育将面临高等教育的学术边缘化和实践边缘化的挤压，沦落为无路可走、无人可怜的境地。

夏林清（2013）在《行动研究的双面刃作用》一文中指中："Schon 曾

用'泥泞低地 VS 干爽高地'形象化比喻，对照反映实践者立基于实做的劳动形神和贩卖传销套装模式的科技理性专业阶层，一方面高校中的社会工作教师也必然思辨这一种教学、督导与研究取径方法论的特点，另一方面不时体会在专业知识权力阶层中如何做出取舍。"

最后借用夏林清的大陆之"大"，使得多种制度性进路、政策设计与实验的机会不但多，且可互相参照。例如民政、妇联系统可以制定出不同特色的制度与办法，制度与办法的设计也是一种行动研究的实验（夏林清，2013）。大陆之"大"，各地可以有自力更生、群策群力的社会生活的实验空间，人文社会科学要扎根发展，就不怕没有滋养之地。

参考文献

古学斌，2013，《召唤行动者的归来——社会工作教育与行动研究》，载杨静、夏林清主编《行动研究与社会工作》，北京：社会科学文献出版社。

何雪松，2016，《基层社区治理与社会工作的专业回应》，《浙江工商大学学报》第 4 期。

彭秀良，2016，《中国社会工作发展史几个问题的讨论》，《社会工作》第 2 期。

童敏，2016，《中国本土社会工作发展的专业困境及其解决路径——一项历史和社会结构的考察》，《社会科学辑刊》第 4 期。

王名，2016，《中国公益慈善：发展、改革与趋势》，《中国人大》第 7 期。

卫小将，2014，《土生化：中国社会工作发展路径之构想》，《中南民族大学学报》（人文社会科学版）第 6 期。

夏林清，2013，《行动研究的双面刃作用》，载杨静、夏林清主编《行动研究与社会工作》，北京：社会科学文献出版社。

向荣、陆德泉，2013，《作为中国社会工作教育方法学的服务学习》，载杨静、夏林清主编《行动研究与社会工作》，北京：社会科学文献出版社。

向荣、陆德泉，2016，《服务－学习：从教学创新到社会创新》，北京：社会科学文献出版社。

杨静，2013，《回观历史，辨识经验，寻找变的力量》，载杨静、夏林清主编《行动研究与社会工作》，北京：社会科学文献出版社。

赵环，2016，《社会工作的实践迷思及其范式转型》，《学海》第 5 期。

朱健刚，2016，《论社会工作与公益慈善的合流》，《社会科学辑刊》第 4 期。

Beres, L., Batholomew, A., Braaksma, H., Cowling, J., LaRochelle, N. &Taylor, A., 2008. "Professor as 'not knowing': unsettling the expected in social work education."

Radical Pedagogy 9 (2) Available from http://radicalpedagogy.icaap.org/content/issue9_2/Beres.html.

Gray, M., 2006. "The diversity of 'backyard social work and lessons from afar." *Australian Social Work* 59 (4): 361-364.

Healy, K. &Leonard, P. 2000. "Responding to uncertainty." *Journal of Progressive Human Services* 11: 23-48.

Hochifeld, T., Selipsky, L., Mupedziswa, R., Chitereka, C. 2009. Developmental Social Work Education in Southern and East Africa. Johannesburg: Research Report, University of Johannesburg, South Africa.

Kwaku Osei-Hwedie & Morena J. Rankopo. 2012. "Social Work in 'Developing Countries'." *from The Sage of Handbook of Social Work*, edited by Mel Gray, James Midgley and Stephen Webb, pp. 707-722. London: SAGE Publication Ltd.

Mason, R. 2011. "Confronting uncertainty: lessons from rural social work." *Australian Social Work* 64: 377-394.

Midgley, James. 1996. "Social Work and Economic Development." *International Social Work* 39: 5-12.

Razack, N. 2009. "Decolonizing the pedagogy and practice of international social work." *International Social Work* 52: 9-21.

Saleebey, D. and Scanlon, E., 2008. "Is a critical pedagogy for the profession of social work possible?" *Journal of Teaching in Social Work* 25 (3-4): 1-18.

Staffen Hojer & Peter Delligran. 2013. "Academization of social work in Sweden and China." *China Journal of Social Work* No. 3: 344-352.

Stoesz, D. & Karger, H. 2010. "Social Work Education." *from The Sage of Handbook of Social Work*, edited by Mel Gray, James Midgley and Stephen Webb, pp. 646-659. London: SAGE Publication Ltd.

Walton, R. & Abo El Nasr, M. 1988. "Indigenization and authentization in terms of social work in Egypt." *International Social Work* 31: 135-144.

实践篇

构建流动儿童社区安全网

——儿童活动中心建设与运营的社会工作实践

郑红琴 张耀炜 杨春梅*

一 儿童活动中心缘起

2007年云南连心决定将办公室从写字楼搬到城中村，为找到适合开展服务的社区，同事骑着自行车跑遍了昆明的各大城中村社区。在找点选点过程中，大家发现城中村大量儿童聚集在菜市场、街道马路边。他们在路边石头上写作业、嬉戏打闹，他们在安全、照顾、娱乐、学习等方面需要被关注。于是我们选定在流动人口相对密集，少数族群人数较多的伍家堆社区①开始了流动儿童服务，成立了以流动儿童中心为基础的首个服务平台。为回应社区儿童无健康安全活动空间、无写作业场地方面的需求，我们在流动人口密

---

* 郑红琴，2012年毕业于昆明学院，2009年至2011年在云南连心做志愿者，2014年3月至2017年6月全职加入云南连心，负责流动儿童活动中心及困境儿童工作，2017年7月返乡从事留守儿童及农村社会工作；张耀炜，2003年开始从事全职社会工作，在流动人口社区开展儿童青少年服务，积累了重要的工作经验；曾在世界宣明会、云南携手、云南连心等社会服务机构工作，现任昆明市五华区益心青少年事务社会工作服务中心主任；杨春梅，2013年毕业于广西师范学院社会工作专业，毕业后就职于东莞社工机构，2014年10月入职连心，2015年3月入职益心，负责儿童活动中心工作。

① 伍家堆社区位于昆明市西山区的城郊结合部，其地理位置靠近滇池。云南连心最初即选定了在该社区开展工作。2007年底，昆明启动城中村改造计划，伍家堆社区成为其中改造的重点片区。2008年底至2009年中下旬，该片区陆续被拆迁改造，云南连心在此过程中连续搬家超过3次。

集的学校、菜市场周边开设儿童中心，通过建立图书室、功课辅导室、集体活动室等，为儿童提供图书阅览、功课辅导、儿童个别辅导、文娱和周末兴趣小组等服务活动，基本形成了一个为儿童提供学习、文娱、校外教育的安全活动空间。在此基础上，机构通过与学校建立关系及外展服务，逐步深入社区及家庭，熟悉新的社区，了解并回应服务对象需求，逐渐被社区所认同。特别是在此期间，还通过学校与布依族社群建立了良好的信任关系，获得他们的认可。

初有点样子的时候，2008年昆明城中村改造大规模推进，改造范围涵盖了我们所工作的伍家堆社区，被房东告知3天内必须搬走，团队措手不及，被迫四处找临时工作地点。在没有活动中心的情况下，我们的工作策略也不得不做出调整，工作者用背包、自行车，随后发展到用三轮车以外展的方式走村串巷，将图书、玩具带到流动儿童聚集的社区。通过加强社区外展服务，对发现的儿童个案开展深入访谈并建立与家庭的关系，使外展工作逐渐成为中心接触和服务社区儿童及居民的重要平台。结合拆迁的现状，我们也和流动社群一同面对和经历着搬家问题，在持续家访、与学校保持合作的过程中，通过学校平台开展儿童功课辅导、个案辅导、兴趣小组和教育专题小组等活动，不断丰富并积累在流动人口社区儿童工作的实践经验。

我们跟随社区的变动而变动，跟随孩子的改变而改变……这条路虽充满不确定性，但总会遇到很多的惊喜，充满着无限的探索可能。

二　坚持探索实践

（一）拆迁－搬迁－重建

云南连心经历了近11年的流动儿童服务探索，社区儿童活动中心经历8次的地点拆迁－搬迁－重建，承载了很多工作人员的思考、实践、提升，孩子们不断成长、返乡留守、返城就业……这一路伴随着流动儿童和工作人员的共同成长和经验积累。活动中心的儿童工作在每一个参与者的努力下，衍生出了学校社会工作、外展社会工作、困境家庭陪伴工作等板块，从而搭建了社区的儿童安全保护体系，系统地服务于流动儿童的成长与发展需求。机构成立至今，以儿童需求为本，结合他们家庭开展工作，并延伸出社区其他服务的项目，逐渐发展为社区流动儿童校外时间可以自我服务，自我管理的娱乐、学习与成长空间。

（二）肩负责任，重新出发

每次新的开始我们都踌躇满志，却也不知所措。开始以每天关门开门，看着孩子们在中心活动，不知道从何入手；接着思考如何让孩子在中心活动能够学到更多知识和能力；后来，找到感觉，轰轰烈烈地行动，开展了很多兴趣小组，设计了许多集体游戏带孩子们一起学习。我们时常在想，做这些工作究竟能给孩子带来什么样的改变？社区孩子的现状如何才能得到改善？伴随着一次次的行动、纠结与反思，后来才逐渐意识到孩子们最主要的两个学习成长场所是家庭和学校，怎样让这些服务与孩子的主要成长点相结合？要在思索和探索中找到出路，从单一工作视角逐渐看到儿童生存的大环境影响。

从以人为本出发，很多事情需要思考，但如果耗费过多精力埋头做事，就会束缚更多思考的空间。因此，在专业能力提升和琐事之间应该如何找到突破口，需要探索研究。

三 社区儿童保护机制的体系化过程

2010年，机构搬迁至昆明市五华区普吉街道王家桥村，儿童活动中心、学校工作、家庭探访及外展服务等结合更紧密，基本覆盖了社区流动儿童各方面的需求。特别加强了与学校的活动开展，并通过参与校务会，与老师做深度沟通交流，在跟进个案上形成更为紧密的支持和协作。在服务内容、范围及方式上摸索儿童服务的更多可能性；在广度上进一步将中心儿童服务扩展到昆明其他社区，如船房、张官营等流动人口聚集社区，为更多的城市流动儿童提供服务；社区层次的服务思路更加清晰，从儿童意识的提升到社会层面的倡导，内容上开始聚焦到儿童的生命安全以及生活技能等方面。此外，机构通过义工平台及社区活动、宣传展览进一步吸引更多社会公众关注与参与，共同关爱社区流动儿童。

虽然此阶段服务内容及广度上有了进一步的拓展，但仍只满足了流动儿童的部分需要，在服务活动的质量，特别是针对有需要家庭的跟进服务方面还做得很不够。从机构层面看，围绕家庭所开展的活动涉及家长与儿童工作，有必要将家长工作和儿童工作进行有机整合，将机构资源盘活以有效回应流动人口社区的重点需求，这就需要团队不断思考、努力研发探索。

该阶段的核心工作是把流动儿童面临的安全议题融入各工作板块中，运用专业方法回应流动儿童面临的安全问题。主要通过三种方法和策略开展儿童工作，即社区儿童活动中心、社区外展服务、联动学校及基层单位，为孩子们营造安全健康的生活环境。越来越多的儿童认识连心机构，知道机构为他们提供了安全健康的文娱活动空间。当问及孩子们如何看待连心儿童活动中心时，有些孩子说"中心有喜欢的志愿者哥哥姐姐"，"能和别的小朋友认识"，"有温暖的感觉、亲切（小朋友、工作人员、志愿者）"，"可以找到需要的资料"；当问到如果没有连心会怎么样时有不同的回答，如很孤独、很寂寞、不能看书玩玩具、不能认识朋友也不能够了解他们、不能认识大哥哥大姐姐、不会变得那么懂事、不知道去哪里、不敢在很多人面前说话等。

四 儿童自组织管理模式

社区儿童活动中心面向社区能够接触更多的儿童和家庭，不断吸引着他们来到中心。通过中心的平台，提供儿童参与机会，在此过程中工作者看到了他们的需要、看到了他们的能量，他们心中的希望也不断被点亮，培育儿童形成自助互助团体，在他们成长的道路上，延展出他们生命的多样性和丰富性。通过不同服务的推动，去发现一个个独特的生命个体，并提供多元的参与和学习机会，为流动儿童营造安全、温暖、娱乐、学习、参与、自主、互助的成长空间。

我们相信每一个孩子都是一台发动机，他们缺少的只是一点燃油或者一个火花塞，我们所做的仅仅是提供一个点火的动作。我们也相信每个孩子都是火炬，每个孩子如果能得到一些能力的增长机会，他们以后不管在什么地方都可以给身边的人带来正向的能量。活动中心通过正向的参与和引导，协助孩子们看到自己的能力和价值，提升自信。尤其是一些调皮捣蛋的孩子，只要提供多点空间和机会，他们一样可以有很大改变。活动中心是孩子的中心，推动孩子自己来管理，帮助他们培育拥有感和成就感，逐渐让他们找到快乐和成长的力量。

（一）小跟班，协助帮忙

活动中心是流动儿童的地盘，来来去去总有一些孩子留下。渐渐地，孩子们熟悉了这里的一切，放学来一趟，和社工哥哥打声招呼成了他们的习惯，有时候来了只是为了说上几句话。有孩子缠着说要帮忙做点什么，于是就交给他们一些力所能及的活，如整理图书、擦门窗、修凳子之类的事情。实在没有事情可干，孩子们仍然不走的情形历历在目。于是社工大脑里突然闪出一个念头，"原来都是社工哥哥姐姐在组织活动，要不你们自己也组织一次活动来服务这里的小朋友？"他们听了后，一下就来了热情。经过商讨，最后他们确定要举办一个智力大赛，社工就协助他们拟了一个大概的框架，并提供后勤支持，让他们自己完成各项工作细节，并在一周后的周末成功组织开展了这个活动。如果按照一般评估标准，这次活动是一个现场分工混乱、主持流程无序，参加活动的孩子不断哄笑打闹的过程。但对孩子而言，却是一次最有收获的活动，因为他们有机会自己设计、亲自参与、亲身经历、亲身体验、亲身感受，有自己的努力在其中。孩子们觉得有意义也促使社工思考，将孩子的参与融入工作的方方面面，并培养他们成为中心的骨干志愿者，进而实现中心自我服务与管理的目标，突破传统高校志愿者培养费时费力还不稳定的瓶颈，这正是大好机会。

（二）做小主人，参与管理

2012年底，看到几个在社区居住较为稳定的孩子，我们开始尝试让他们在中心参与整理玩具、图书，在这个过程中通过给予一些适时的奖励，引导孩子们正向行为的持续发生。与此同时，发展儿童骨干稳定地参与活动中心日常管理、维护工作，为此设置了儿童管理员岗位，如总管理员、图书室管理员、玩具室管理员、清洁员等，设置岗位职责后，孩子们按照指引参与管理过程，学习与同伴沟通协作。结合活动中心的实际采用"积分制"，提前制作了标明分值为1分、2分、5分、20分的小卡片（为防水和长期保存，还为小卡片塑封），在孩子按要求完成岗位职责，并为其他孩子提供服务后就可获得相应积分。积分可以在每周六下午4点进行奖励物品或服务活动的兑换。

（三）做主人，组织策划活动

有一次，几个小朋友找到社工说希望能够协助他们完成一个心愿。这几个小朋友都是来自周边一所我们经常合作的民办学校，近期有一位该校老师要辞职，因此他们想送一把吉他给这位老师作为纪念。这个时候社工就在思考是否能够让这些孩子来为其他孩子做一些不一样的事。在完成一定服务任务基础上，活动中心提供给相应的积分，在孩子们获得足够积分时到中心兑换吉他，完成他们的心愿。恰巧当时临近六一儿童节，社工就和孩子们说，如果他们能够组织一个六一节的文艺活动，中心会根据活动的效果情况给予50至100个积分，当他们累积够300个积分时就可以兑换到一把吉他。以该事件为契机，活动中心儿童自组织服务逐渐开展起来，并开始形成一整套体系。

五　儿童活动中心定位

（一）日常玩具陪伴之安全照顾、健康娱乐：游戏、玩具、图书、电脑、体育；

（二）兴趣陪伴之儿童特长、能力发展，释放儿童自我内心能量：种植、密室逃脱设计、合唱团、尤克里里、合作游戏等；

（三）自我陪伴之儿童自我服务能力提升：我的童年、生日会、烧烤会、文艺表演；

（四）心灵陪伴之困境儿童支持：发现、关注、交流、家访、支持；

（五）自然陪伴之野外探索拓展视野：猎奇、自然教育、参观学习、动手实践；

（六）社会陪伴之链接资源：整合政府、高校、基金会、企业、爱心人士等不同资源为中心儿童提供校后服务，推动更多社会人士关注、参与、了解流动儿童的需要和服务。

儿童自身具有一定潜在的能力，在活动中心这个多元的平台，通过工作人员的催化、引导，可逐步将儿童的能量挖掘、释放出来，对其正向能力加以鼓励、强化，即可提升儿童自身的自信心、增强应对逆境的能力，同时也成为好的正向榜样，进而影响其他的儿童的正向成长（类似同伴教育），对其负向的能力、压力用引导、控制等方法疏通、化解，避免负向能力的扩大走向极端，预防儿童青少年犯罪。

"儿童自我服务模式"的创新即是充分发挥儿童作为主体参与的一项成功探索。此模式从小事入手适时引导儿童，为儿童提供展现才能的平台，激励并对其赋权，使其在做"小管理员"的过程中综合能力得到锻炼，使他们变得更加自信。同时，儿童自服务模式能较好地以儿童的视角策划更多为儿童所接受及喜爱的服务活动，进而影响更多儿童由服务享受者转变为服务的参与者、提供者。经过一年多的探索，我们认为该模式在满足儿童自我服务需求的同时，可以解决志愿者季节性流动较大带来的服务不持续的问题。采用以大带小的方式培养儿童骨干，让已经熟悉儿童中心的高年级儿童为低年级儿童做出榜样，形成效仿的氛围；儿童骨干也形成阶梯型，保障当高年级儿童离开社区后也不影响儿童活动中心的管理。

六　儿童活动中心运营的关键要素

（一）儿童活动中心小管理员的发展

（1）中心服务＋管理的需求：人手不足→志愿者流动→儿童有能力参与→可解决实际人手不足→儿童能力得到提升→儿童服务儿童可更加贴近儿童的需求→正向能力互动→共赢。

（2）自问假设：活动中心提供什么服务给孩子是可以让他们带走，并且是可以继续陪伴、帮助他们今后的成长？

（3）信念：每个孩子都是一台发动机，都有能力参与到服务自己服务他人的活动中，服务他人本身也是发现、提升孩子能力的最好途径。

（二）中心管理员的分配

（1）准备工作：提前准备好每日服务签到表、管理员值日记录表、玩具/电脑使用登记表、星星卡办卡申请表，清洁桶内装入盐水，排除不安全因素（如门锁损坏、水管漏水、大件物品乱放等）。

（2）选小管理员：引导孩子自觉在大门口排队，选出相应的儿童管理员、总管理员、玩具/图书/电脑管理员。儿童人数超过60人时，每个岗位配2名管理员，儿童人数少于60人时，玩具管理员配2名，其他每个岗位管理员各1名，发放管理员值日胸牌，让儿童进入中心。总管理员要巡视每一层的情况，了解孩子的行为，确保孩子的安全。

案例：婷婷刚来中心的时候6岁，个子瘦小，第一次想要当总管理员，同学们哈哈大笑，"你那么小能当得了总管理员"，社工说"当管理员需要什么样的能力？给她一个机会，她也许就能告诉我们是不是适合"，几次之后，她已然比其他同学都要熟悉每个管理员的职责，还可以大方地站到人前做总结。只是刚开始很吃力，需要给她时间，多等她几次，相信并鼓励她，甚至手把手教她打扫卫生、当管理员，多次尝试后，熟能生巧，其他同学不得不对她刮目相看。

（三）管理员工作内容

（1）签到：排队签到，小管理员要到自己的岗位值日。

（2）中心开放：每个小管理员按部就班地值日，孩子们根据自己的爱好借阅不同的玩具、图书（十分钟后，中心自然呈现不同内容的活动区，这桌玩三国杀，那桌玩拼图，这里玩乒乓球，那里玩电脑）。

（3）功能室开放：（以下为各功能室儿童管理员职责及积分说明）。

玩具室：

①排队用星星卡登记借玩具，玩具室使用"以卡取具"的方式管理。需要玩具的同学选好玩具后拿星星卡到玩具管理员处登记，登记后即可玩玩具；

②玩玩具期间星星卡由玩具管理员保管，退玩具时领取；

③每人每天最多可换6次玩具（上午3次、下午3次），玩的过程中可跟其他同学交换玩，但所还玩具必须是自己借出的玩具；

④由于玩具室空间有限，一次最多允许5名同学进入玩具室选玩具，其余同学排队等候或暂时选择其他活动；

⑤提供外借，外借玩具回家每次需交1个积分，借期为7天，超期一天罚1个积分；

⑥玩具管理员负责登记、整理玩具。

电脑室：

①每人每天可玩一次，每次30分钟；

②暂时不玩电脑的同学，围观罚1个积分；

③电脑管理员负责登记时间、提醒同学、维持秩序、协助同学及简单电

脑维护。

图书室：

①保持安静、互相尊重；

②图书管理员负责发隔书板、整理图书、协助同学、维持秩序。

公共空间：

①互相尊重，共同维护；

②总管理员除负责协助其他各管理员外，检查公共空间安全及不文明行为，向社工提出改进意见。

（4）周末集体活动——团体/竞技游戏。功能室的空间不能满足孩子需求，社工与孩子会根据不同的情况，开展团体活动。增添趣味活动，如抢凳子、踩气球、撕名牌等。培养团队合作意识，如你比我猜、孤岛求生等。传递知识的活动，如安全系列活动、环保旅行等。也有通过游戏孩子获得临时积分、兑换物品的活动，如写你所需、吹乒乓球。在团体活动开展游戏的过程中，社工逐渐与孩子建立更加紧密的关系。

（5）每日总结。活动结束前半小时，总管理员及社工提醒时间，各管理员负责整理好相应物资，准备集合。选小主持人，主持当日总结环节，非管理员给管理员提出成长建议，管理员有权解释，并由非管理员给管理员评分，社工负责协助主持人，补充建议，近期活动预告及当天活动学习（如安全知识、学会尊重）。

每天活动中心选出儿童管理员，参与各功能室管理，服务结束后对当天的小管理员表现做出总结。每个孩子都可以参与到这个过程中，孩子们积极争当做总结的小主持，通过集体的民主评议，所有小朋友对管理员给予表扬和建议。在这个过程中所有小朋友都有机会表达，敢于表达，敢于协调大家讨论；非管理员既帮助其他同学提出成长建议，也对管理员职责更清晰化，主动为自己发声。从自我管理中发展出更优秀的骨干，为儿童自我服务模式的推动奠定骨干培养基础。

活动室开放主要以儿童自我管理为主，发挥儿童管理员作用，参与中心日常管理，为中心的开放建言献策，每日管理员由相对应的小主持人带领其他同学总结当天的服务，给管理员打分，为中心的服务提出自己的建议，发出儿童之声。工作人员协助儿童针对中心问题制定相应的解决方案，并公示决议，从儿童的视角去看待中心的管理。周末及暑假策划近期主题的集体游戏活动，在游戏中让孩子做到相互尊重，学习安全知识，学会与人相处，形成团队合作精神。

（6）收尾工作。选清洁员4名，打扫卫生，整理物品并归位，检查门窗水电。

（四）社会工作者的工作和角色

（1）开放功能室前的准备工作。

（2）观察一些不太熟悉中心环境或者行为胆怯的儿童，给他们做一些指引，有时也会让常来中心的孩子去做小讲解员，带领其他孩子融入中心环境，鼓励新来的孩子参加体验活动。

（3）安全员。负责整个中心的安全，及时发现安全隐患，遇到安全问题时，组织孩子集中学习和讨论，寻找具体的解决方案。

（4）工作计划者。收集中心议题，协调计划好中心的阶段重点工作，计划开展活动。

（5）协助者、引导者。协助儿童管理员及其他儿童的日常活动和空间布置，功能室开放时儿童基本都可以自己管理，工作人员不需要花太多时间，只是针对管理中的问题或者中途管理员想要离岗，给孩子做一些开导，了解他们不想做管理员的原因。他们通常不想继续做管理员的原因有：孩子没有太多耐性，1个小时后开始厌倦，看着其他同学玩，自己也想要出去玩；服务人数太少，管理员坐在岗位上太无聊；被家长中途叫走。针对这几个原因先问孩子为什么不想做，根据情况，给管理员支持，可以允许他们在不影响自己值日的情况下借玩具或图书，如果实在不行的话，还是会尊重孩子的想法，让孩子自己找人替代他值日，这时候原先的管理员就不能得到积分，如果没有合适理由，经过开导还是要半途离开的，不仅没有积分还会被罚值日或相应积分；这是希望让孩子明白，他们需要为自己的行为负责任，管理员是自愿当的，既然选择了就要承担相应的责任，而不应半途而废。

（6）协助儿童处理矛盾，对孩子正面引导教育以及给他们传授知识。

（7）观察及陪伴者。观察儿童行为，陪伴儿童及特殊个案的跟进与疏导。

（8）通过活动中心这个平台去发现社区儿童的问题并回应其需要。

（9）物资管理者。接收、清点、收拾、整理、归类中心物资，合理使用物资计划。

（10）实习生、志愿者管理，带领、协助、督导实习生、志愿者服务；接待员，作为机构开放窗口，接待来访人员及团队，负责讲解和宣传。

（五）实践反思

用生命的情绪与感觉去拥抱孩子的生命，即使当下大人会觉得很烂、很糟，但孩子是可以投入地享受、感知到当时的状态；储备多样的小游戏是一个儿童工作者必不可少的能力，游戏是最能走近孩子的工具；发挥儿童、志愿者与实习生的作用，专业的事情交给专业的人做，让儿童参与中心的管理与服务；在孩子面前示弱也并非坏事，给孩子空间与机会去发挥自己的特长，肯定孩子擅长的，看到他们优秀的一面。平时孩子们之间互相打小报告，或者发生口角，男女生分成明显的小团队，个别孩子把中心的物品拿走，需要很多时间与精力来处理这些日常问题。

进入青春期（大部分是5年级及以上）的孩子不知道如何宣泄自己的情绪，在中心大声吼叫、说话语气急躁，很容易产生情绪，有时候甚至会出现暴力行为如拿着小刀玩或对着别人，打架等。对特殊儿童的处理需要花时间去陪伴他们，还需兼顾大部分孩子的需要。有时候在处理事情的时候经常会被其他孩子中途打断，就很快很急地在当时的场景下阻断问题，但没有解决根本的问题。

活动中心的硬件环境（如场地）需要开阔，可控。活动中心的场地分为新旧楼两部分。新楼分在两层楼上，旧楼的一楼是整个机构的大门，不管什么人员都会经过，偶尔也会在一楼堆放物资，分属两栋不同楼层的管理工作，增加了中心的管理工作量，并涉及中心儿童的安全问题，偶尔也会有孩子玩捉迷藏游戏，故意在中心关门时间躲在某个房间或者卫生间，这要求中心每个时段结束服务时全面、认真检查每个房间和所有空间，同时需要借助某些小行为让孩子学习安全知识，让孩子注意到每一个可能存在安全隐患的角落，如上下楼梯、穿过通往后院的巷道、陌生人或者行为目的不明确的人进入中心等。

案例：

小宇，11岁，在王家桥某民办学校上四年级，性格开朗有正义感，时而犯浑吵闹，时而帮助其他小同学要回东西，外表看上去不太乖巧的他，却有着一颗正义、助人的心。刚开始在活动中心，他总是抢别人的东西，甚至私自把中心的东西带回家。周日的一个早晨，小宇要玩滑板车，发现3个滑板车都坏了，社工也修理不好，小宇主动说他会维修，社工给他找来维修工具，他和另一个小伙伴开始了维修工作，边修边说"我很喜欢修理的，我经常在家里自己修单车、打气"有模有样把自己的兴趣发挥出来，40分钟左右的时间，3个滑板车真的被这两个孩子修好了，社工自叹的同时被他们的动手能力和毅力所打动，从一点一滴感受他们的快乐与成长中，找到可以提供给孩子的机会，给他们创造一种可以发挥、表达的安全、轻松环境。

七 儿童活动中心的业务板块与实务操作

（一）功课辅导

1. 社区需求

一方面，在社区中，大部分家长下班晚不能辅导孩子写作业，无法辅导孩子完成作业。尽管亲子教育缺失，但家长仍持有传统的观点，认为学习成绩好坏是评判一个孩子好坏的标准。孩子却因为回家后没人辅导，学习成绩并没有提高。

另一方面，家长对社区照顾中心以往的服务内容不了解，认为孩子来到中心就是玩，会影响学习成绩而不让孩子来参加活动。中心希望能够通过家长关切的学习问题，以亲子教育为切入点，拉近与家长的关系，共同关注每一个来中心的孩子的成长。

2. 服务过程

招募学生：通过社区、学校、活动中心、电话等不同渠道报名，为持续稳定地服务，参加课辅的学生每人交50元押金，开具正规收据给家长，一学期结束后，请假不超过（含）5次者，全额退还押金。

辅导：每周二至周五下午4:00~6:30，超过5:30还没来到中心也没有请假的孩子，工作人员给家长打电话落实情况，有事情不能来的同学，家长需要提前向社工请假。与高校社团合作，招募至少能坚持一学期的大学生，辅导作业、检查、签字，维持室内纪律。

志愿者交流会：每学期1次志愿者交流会，总结现状及困难，商讨辅导计划，社工给志愿者做关于与孩子沟通的培训。

家长会：每学期2次家长会，结合节日活动设计亲子互动环节，反馈课辅情况以及家长期待。

3. 服务现状

功课辅导在每个学期开学前1个月开始功课辅导报名，每个报名的孩子需要交50元押金，并开具收据给家长，在学期结束的时候，如果孩子每个月请假不超过（含）5次的话，全额退还押金。功课辅导基本交由志愿者负责，工作人员偶尔会去教室巡视，跟高校志愿者在上一学期结束的时候基本对接好这学期的课程辅导，高校开学时恰好能与孩子上学的时间衔接上，主要辅导内容为小学阶段内容。每个学期开学和结束的时候，会召集家长及志愿者开家长会，主要目的是让家长多了解一些孩子的情况，志愿者与家长之间多一些互动与沟通，让家长进一步了解中心工作，通常会借着当月的节日活动来做交流会。

学生方面：有专门的功课辅导室，但个别孩子会因为说教室太吵到一楼写作业；有2个男孩子加2个女孩子讲话特别多，总是会影响其他人写作业；个别孩子不能写完作业，家长对这里的期待较高，觉得已经给孩子报过名就全权由中心负责，所以有家长觉得这里的辅导不能完成作业，会让孩子中途退出；目前参加课辅的孩子不多，对于志愿者或者工作人员的积极性也会有所打击。

志愿者方面：志愿者对于孩子的秩序管理存在困难，孩子熟悉中心工作人员，对志愿者的管理不会很支持；志愿者更多负责辅导功课，对于孩子的情绪疏导存在困难；志愿者需要参加更多与儿童相关的培训。

家长方面：家长对中心期待较高，他们认为在这里就需要把作业全部写完，学习成绩也要有所提升；对于中心的工作，家长的了解还是太少，需要让家长参与进来，而不只是辅导孩子写作业。

4. 困难及挑战

部分家长期待孩子在中心完成全部作业，否则就认为这里的辅导不到位。孩子熟悉社工的管理，在没有形成良好的文化氛围前，志愿者管理秩序存在挑战。目前参加课辅的孩子少，社工的积极性受到打击。传统的完成作业任务和养成良好的学习习惯冲突，孩子在不同环境中接受不同的教育方式。

（二）兴趣小组

1. 社区需求

孩子现状：社区流动儿童没有机会去表达自己内心的感受和需要，多数时候在家中看电视，在社区打游戏。他们背负父母的学习期待，无法平等地与父母对话，表达自己的需要和感受，也没有外出学习的机会；对外面世界的渴望，想体验外面世界的时候会与父母发生激烈的冲突和矛盾。从日常服务中发现孩子有一些共性的需求，他们喜欢音乐、种植、涂鸦绘画、运动、冒险挑战等。对于即将进入或已进入青春期的孩子，他们想要找到一种宣泄内心情绪的方式，当这些需要没有得到满足时，他们可能会做出一些破坏行为来发泄自己的情绪，如打人、拔毛……如果不及时干预，很多孩子辍学、厌学、偷窃，加入社会团伙，极有可能构成犯罪行为或导致其人身安全得不到保障。

兴趣是孩子最好的老师，通过兴趣激发孩子的创造力，提升孩子自信心。

在日常服务的过程中，孩子们的需求不一样，单一的日常服务不能满足孩子们的成长需求，对于流动儿童来说，他们更需要丰富的娱乐、兴趣生活，小组活动持续，相对系统的服务更能观察记录到孩子们的成长变化，同时在流动社区中形成支持的小伙伴。兴趣小组通常会在周末和寒暑假开展，根据季节，孩子们的需求以及当下的资源来设计小组活动，包括成长类小组（如儿童骨干小组）、兴趣特长小组（如尤克里里小组）、共性问题小组（如儿童涂鸦绘画小组）等，小组工作通常会请专业的志愿者或者实习生来带领，工作人员会协助维持秩序，及时掌握孩子的情况，但这些小组的开展都需要工作人员在日常工作中发现需求，把这样的需求和问题以及自己的大概想法告诉孩子们，让他们再来设计计划书，开展小组活动。

在原有功能室的基础上，新增音乐室，前期工作人员协助儿童管理音乐室，开展小组两周后发挥儿童主体性，儿童骨干自己管理、运行音乐室，在音乐室中，大孩子带小孩子、新来的孩子。如果遇到专业志愿者临时有事，儿童骨干带领组员一起来排练节目，计划音乐室的发展，外出表演时，大孩子帮小孩子化妆、准备；考虑到音乐室的发展，孩子们一起策划属于音乐室自己的基金，主动发挥带头作用，把钱存入基金，计划发动其他孩子的力量来筹备音乐室的基金，基金不经过工作人员的手，由孩子们商量共同保管、使用。其中比较明显的变化是，3名之前在中心参加活动特别捣乱、调皮的孩子，当进入尤克里里小组之后，不但能够很快学会基本指法，还可以给其他同学当"小老师"，从中可以看到孩子们对音乐的热爱以及音乐对他们的熏陶效果。

2. 工作手法

针对共性需求，设计不同兴趣内容，社工＋专业志愿者介入，社工负责了解孩子的需要、链接资源、设计活动、陪伴，专业志愿者负责教授兴趣内容。

案例一：

小琴和维维是好朋友，都是13岁的小女孩，小琴脾气爆发的时候会拿着小刀对着人。维维不太喜欢低年龄儿童的游戏，在中心表现得很积极，要找事情做，总是闲不下来，开始积极当儿童管理员，获得不少积分。两个月后，爸爸告诉维维不要再当管理员了，获得那么多积分又不能换家庭用的东西，后院的花花草草早已被她们看中，希望社工给她们一盆带回家。社工想，仓库的玩具、文具最多，其他的家庭物资很少，是不是要募捐一些衣物或者生活用品，这样也可以把家长工作做起来，可对于积分少的同学换不到怎么办？怎么样把他们的兴趣跟这些物资结合起来呢？后院的残枝败叶、苍蝇蚊虫也是一个问题。最后决定把后院交由这两名爱种植的女孩打理，负责浇花、除草、清洁、秩序工作，也不发积分，每两周可以到仓库选一个她们喜欢的物品。之后的日子里，她们每次来到中心都很认真地照顾花草，跟它们对话"哦，今天这里又多了一颗小芽，哇！这里又开了一朵小花，啊！这盆土又被哪个'坏蛋'弄倒了……"在楼上的办公室可以听到她们在跟植物窃窃私语，社工引导她们想到生命教育的层面。每一棵植物都有生命，需要用心地照顾，如果长期不来看它们，它们就会枯萎。通过劳动换到了想要的书包、洗衣粉，小琴的性格开朗了很多，也没有出现用刀指人的现象，维维也找到了自己的兴趣。

案例二：

小飞，13岁，是活动中心典型的"熊孩子"，不喜欢中心的玩具，觉得太幼稚，喜欢逗小朋友；要么就是踢门、爬窗子，往中心扔沙子，撕毁门口通知，反正就是搞破坏，想要走近跟他多聊聊都不可能，看到中心社工就跑，晚上中心关门后就开始在门口捣乱，无奈之下只能暂停对他的服务。可是趁社工不在他又跑进来拿走别人的玩具……抓住机会跟他聊天、哄他也不行，看到捣乱的他，气得想赶走他也不行，令人头疼。一次家访中，到门口就被父母阻拦在外，父母并不喜欢我们去他家家访，小飞和弟弟也被父母严厉、粗暴地骂了一顿，看得出他们平时是在怎样的一种环境中成长，再结合考虑他正处于青春期，便能理解他的暴力与捣乱行为了。

一个周日的早上，尤克里里小组快开始了，工作人员看他在一楼，便问是否要学尤克里里，他不耐烦地说"去看看"，怀着忐忑的心带他来到音乐室，担心他打扰其他孩子的练习，其他组员已了解他的坏习惯，看到他有些不开心，经过一番询问，征得组员们的同意后，让他跟着练习了一节课，下次再决定是否正式加入音乐团。他不会，社工让之前的儿童骨干教他，羞涩中透露出喜悦，慢慢地舒展开眉头。眼看一节课快结束的时候，小飞基本入门，社工为他的成绩感到高兴，边鼓励他边让他教同来的小伙伴，显然在音乐中，在组员的陪伴下，在社工的鼓励下，他找到了一点成就感，说要继续参加音乐小组。下午他又借了尤克里里来练习，回去之后他自己找了简谱来练习，每一次的鼓励与陪伴都让他多了一点自信。从那之后，他不再逃避工作人员，门口的通知能贴多一些时间，扔沙子、在中心欺负同学的情况减少了，但社工知道，对他还需要更多观察与陪伴。

3. 困难及反思

持续地陪伴需要过硬的专业知识及实践积淀，对于年轻社工来说，自身学习、督导及团队支持很重要。

服务对象较为特殊，流动性很大，小组的持续开展很难保证，进行到一半的小组会被打断；做到真正服务好对象，并给他们流动的空间不容易。

社工与专业志愿者需要紧密配合，志愿者与孩子沟通有困难，社工在其中要发挥润滑、观察、协调的作用。

目前的小组活动开展后对孩子的影响是挺大的，在小组中，很多问题也会凸显出来，虽然问题不能完全解决，但至少可以多一些跟孩子建立关系、沟通的机会，同时孩子之间在小组内形成互相支持的团体，增强了对中心的归属感。但是对于志愿者来说，有时候工作人员不在的时候，开展小组需要边维持秩序边开展小组活动，会有困难；对于工作人员来说，还要同时开展中心其他服务，没有办法全程做观察和记录，只是开始跟结束的时候会多些时间让孩子与志愿者建立关系，互相认识，把小组活动开展起来，并提供物资及简单的问题支持。小组活动通常会持续两个月或者一个学期，但是对于流动儿童来说，在开放的空间里，组员流动性大，人员更换快，这对于实际带领的人也存在挑战，对于已有的孩子也会产生影响。通常发生这样的事情时，工作人员会先跟家长联系几次，但是如果还是不能来的话就尊重家庭的选择，尽量保留已有的意愿较强的孩子，重点抓这些孩子，对于新加入的孩子，当他们提出申请时，根据当时小组的进展、人员及其他组员的想法决定是否让他们加入。

（三）儿童自组织服务

1. 组织目标

提升儿童综合能力，如表达、沟通、组织协调，能够自信地展示自己的能力，同时实现社区儿童的自助互助：让他自己有能力学习组织自己感兴趣的活动，展示自己的能力；带动他人共同学习，学会与他人合作一起完成更大的任务；能够组织更多的人一起开展服务，有展示自己能力的机会。通过参与中心的建设和服务，设身处地明白社工组织活动的过程，能够理解社工。

通过平时的日常管理员服务、小志愿者服务，儿童能力得到提升，孩子们自己组织针对中心其他孩子的活动，从活动的计划到总结都由孩子们完成，儿童自组织活动的效果对于儿童本身能力的提升及朋辈学习作用都有很好的体现。除了计划形成的自组织活动之外，中心引导孩子自组织游戏活动带给身边的同学，让孩子不仅可以在中心参与服务，也能够把自身具备的能力带到生活的环境中与他人分享。

活动中心开展儿童自组织活动 8 次（烧烤会、拜拜我的童年、生日派对、快乐暑假、环保手工、圣诞活动、元旦聚会、乒乓球比赛），每次活动服务 60 人左右，大部分儿童都是第一次自己组织策划活动，整个活动的计划、准备、物资购买、场地布置、主持、活动开展、总结由工作人员协助儿童自己完成，组织活动的儿童服务他人的同时自身能力也得到锻炼，催化身边其他的儿童参与自组织活动。

为了让策划书更具可操作性，社工会对策划书做一些点评。同时为了鼓励更多的孩子，他们只要能把这个策划书给写出来的，都会给 10 个积分。如果他们能够将这个活动真正实施起来的话，那他们可以获得 50 到 100 个积分。因为这个活动不可能他一个人做，他是需要去组织一个团队，然后大家一起来做 3 套策划宣传。同时通过这个活动可以锻炼孩子的组织协调能力、现场的把控能力。如果在活动中心的这几年他的能力得到提升，那么他回到老家就可以自己的能力去帮助其他同学，同时当他的能力增长以后，对他将来的职业生涯也会带来一些正向的影响。

2. 工作手法

借助节日活动或者孩子当下提出需求的契机，社工引导孩子产生组织活动的意识和信心，以儿童的标准看待孩子，整个过程全由孩子自己完成，社工最大的角色就是担任引导者和协助者。

3. 服务流程（见图 1）

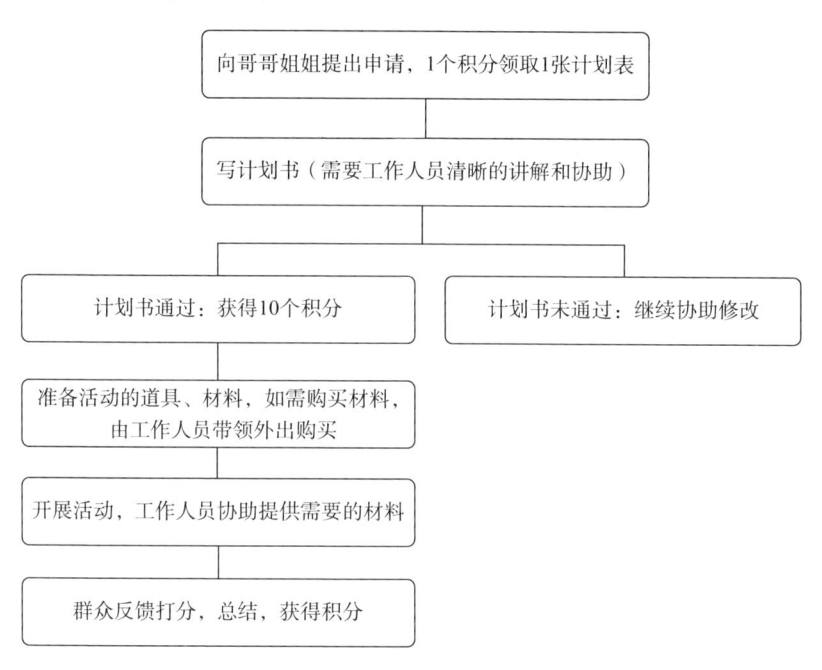

```
向哥哥姐姐提出申请，1个积分领取1张计划表
            ↓
写计划书（需要工作人员清晰的讲解和协助）
            ↓
    ┌───────┴───────┐
计划书通过：获得10个积分    计划书未通过：继续协助修改
    ↓
准备活动的道具、材料，如需购买材料，
由工作人员带领外出购买
    ↓
开展活动，工作人员协助提供需要的材料
    ↓
群众反馈打分，总结，获得积分
```

图 1　儿童自组织活动计划表、总结表

案例一：儿童自组织烧烤会

小志是民办学校5年级的男生，开始在中心只是和其他同学打乒乓球，很少与人交流，到时间就走，经过一段时间熟悉中心的服务后，他想要尝试给同学们组织一个烧烤会。在拿到计划表之后，几经修改，尽管困难重重，还是阻挡不了他迫切的心情，在社工的引导下，经过两周，申请表终于修改通过。每一件事情他都自己完成，很久没用的烧烤板，提前一天需要清理，他带着好朋友在后院洗刷，刷得很干净，经过他的一番观察，特地画了一张活动当天的位置设计图，看得出他是在很用心地准备。就在活动前一天他跟同学出去买食材的路上，他的妈妈来了两通电话，坚决不让孩子在这里做活动，怕耽误学习，担心被骗。这时候社工才知道，白天父母都不在，他出去玩，父母也不知道，对我们的工作完全不了解，只是来过门口找孩子，这对小志和社工都是一个打击，社工跟他回家，在家门口等妈妈回来，几经解释还是没能说服妈妈。社工看到自己工作的局限，孩子的努力虽然不能顺利组织活动，但经过一番前期准备，他的表达能力得到锻炼，对于计划性也有了认识。社工认为，很多儿童自组织活动，活动最终做得多顺利、多漂亮都是其次，更重要的是孩子们在这个过程中的参与以及能力的提升，无数次失败经验的尝试，不断地积累对孩子和社工都是很重要的。

案例二：能力小组

这是一个由8~15岁的12名儿童在暑假组成的小组，他们取名为"能力小组"，中心日常服务中发现这些孩子对中心有很强的认同感与归属感，熟悉中心服务，积极主动，想做一些事情。中心希望把他们组成一个小组，在组内形成合力，将他们培养成一批小骨干，去服务更多儿童的同时，以小组的形式提升他们的能力。第一、二节的小组活动，先让他们形成团队凝聚力，找到团队合作感，通过游戏互动环节，把他们联系在一起。第三节的时候，开始引导他们组织活动，他们因为自己是"儿童骨干"的称号而努力着，给其他孩子做出榜样。通过两次活动的讨论，确定了服务的计划和内容，接下来中心四周的集体活动全部由儿童自己完成，经历了排斥、矛盾、混乱、反思，到最后一次，他们的团队合作能力和活动组织能力都有很大的转变。他们组织的活动更接地气，孩子们更愿意参与，成为了中心一批得力的儿童小骨干。

4. 小结反思

前期的协助和引导，需要社工花费很多耐心和时间，同时社工也要做好以儿童标准衡量活动的准备。服务落地于家庭，活动开展前期取得家庭的支持和与家庭建立关系必不可少，给儿童赋权的同时，避免儿童滥用权力以及他们公平地对待其他同学。

（四）外出主题活动

外出游学的经历让孩子们在课余时间能够开拓眼界，实践体验学习不同的知识，了解不同时代的民族文化知识，激发、培养孩子的爱心，对于城市儿童来说，不足为奇的博物馆到了流动儿童眼中，是那么地新奇。社工希望从农村来到城市，生活在城中村的孩子们能够更好地融入城市，了解所生活城市的样子，开拓视野、有多元发展的可能、接触不同的人、了解不同的职业、亲近自然、学习地理知识、团队合作等内容。不同类型的活动，能弥补父母因忙碌缺失的户外体验机会，如外出去动物园。体验不同的教育知识，增强动手能力，如安全教育、自然教育、文化教育、地理知识、动手操作等，如外出捡板栗、参观体验印刷厂、参观博物馆等。

社会工作者也通过整合资源，让不同部门、单位一起参与服务，探索多元发展的可能，如与省直机关工委、王家桥居委会合作开展冬/夏令营。

（五）假日营期

丰富寒暑假儿童生活，预防儿童因单一生活带来的安全事故，如溺水、车祸等。利用连续的假期开展主题活动，有针对性地提升孩子的能力和自信心（如动手操作、安全教育等）。

2015年夏令营名为"奔跑吧，小young"，中心通过众筹方式筹得资金13294.48元，获得多家企业和私人赞助，为来自不同家庭的38名流动儿童开展了为期四天三夜的禄丰五台山儿童成长露营活动。此次露营活动的效果体现在以下几个方面。

1. 社区关系

活动中设计了学生报名需要有家长陪同，活动开营仪式要求家长必须参加，活动的结营仪式家长参加，并安排退还押金等，在开展活动的过程中也建立了一个家长微信群，可以随时关注每天活动的动态，加上社区的孩子从未参加过离开父母四天三夜的活动，家长都比较重视。因此通过本次活动和服务对象并与家长建立了较好的社区关系，为未来开展活动奠定了良好的基础。

2. 孩子的成长

参加活动的孩子都是流动儿童，更多的是单亲或孤儿，在成长的过程中缺乏父母的陪伴，接受的支持和引导不足，在放养中成长。这次的活动，我们通过一系列的设计，围绕梦想主题，为他们的生活注入能量和希望。活动分成4个小组，每个小组有导师及志愿者哥哥姐姐，每天贴身陪伴，在活动过程中如果有冲突或是情绪及时处理，并让孩子们在每天丰富的游戏中学习认识自己、感受自己，学习表达，学习如何与他人相处。或是在不同的环节，找机会让不同的孩子能够发掘自己的天赋，并提供平台让他们去展示自己，建立孩子的自尊和自信。

3. 传播及影响力

从开始到结束，都在大力推动传播，募款众筹150多人参与，招生宣传包括儿童活动宣传、海报宣传、连心社工宣传、社区电影宣传等。活动设计由工作人员牵头统筹，实习生参与，小组导师负责，充分调动参与人员的积极性。实时播报，每天将夏令营的内容通过微信公众号向家长群及社会公众推送，让更多公众了解。家长会的方式让家长看到孩子参与活动的成长和改变，加深社区对机构的认知。本次活动是一次大胆尝试，离开社区，离开父母，让孩子们全身心投入到活动中，这样的活动具有魅力也很有挑战性，整体的成效也非常大。这次活动让连心的工作人员对于类似活动筹资募款更有信心，为未来筹集不同资源奠定基础，作为机构的品牌活动，逐渐扩大了影响。

4. 营期套餐

套餐一：功课辅导+兴趣班+野外素质拓展，招募全国各地志愿者开展"类支教"服务；

套餐二：主题教育活动（如安全教育、自然教育等），由社工带领志愿者开展；

套餐三:"奔跑吧,小 young"儿童成长营,社工+志愿者+家长模式开展。

案例一:

2015年7月,经过近两个月的筹备,益心全体工作人员和8名志愿者带领38名孩子外出到禄丰五台山,开展为期四天三夜的"奔跑吧,小 young"儿童成长露营活动。此次活动通过众筹形式向社会爱心人士共筹集资金一万四千多元,旨在为流动儿童创造一个不一样的假期,在营期里学会生活、学会与人相处,学习团队合作。社工及志愿者用生命陪伴,吸引不同的单位、家长见证孩子的变化,短短四天里,孩子们有过哭闹、离开、打架、置气,社工和志愿者带着孩子们做饭、搭房、捡垃圾、玩游戏、体验生命障碍等。回来后很多孩子焕然一新,大家看到孩子们在自己的留言本上写下的成长语录,孩子们的坚持、包容、合作,再多的辛苦与付出都值了。相信这样一次体验对社区的流动儿童来说,会是他们生命历程中重要的一段。

案例二:

2014年12月,来自世界各地的18名志愿者相聚昆明,为流动儿童带来了一个温暖的"五彩童年"冬令营,上午补习功课,下午开展美食、手工、绘画、书法、舞蹈、地理等兴趣班,外出观看"云南印象"演出,到郊外公园开展素质拓展体验。整个寒假下来,孩子们的功课做完了,想学的东西也学到了,和不同地方的哥哥姐姐相互交流,最后自信地站在舞台中间,进行了一次社区汇演,父母看到孩子的表现和变化为之开心,社工和志愿者也为孩子们安全、愉快、有收获地度过一个寒假而感到欣慰。

(六)接待与同行交流

1. 目标

同行及热心人士相互交流、学习,分享经验。影响来访者,让更多人了解流动儿童的生存现状。探索介入的行动政策倡导,影响相关部门,推动更多类似的空间产生。

2. 接待类型

①个人及爱心团队接待,以参观、介绍为主,视时间而定,主要介绍具体服务内容和目标;

②同行交流、实习,以参与式服务、提问式介绍为主,主要介绍具体服务内容和目标;

③政府部门来访,以座谈、介绍为主,主要介绍服务背景和现状,以及未来的期待。

3. 申请来访及接待流程

①提出申请,来访者向机构负责对外宣传同事提出申请,告知来访时间、参访地点、目的、人数;

②对接相关团队及同事,确定主要接待人和行程计划;

③准备材料,准备PPT和其他材料、场地;

④中心负责人向来访者介绍背景、已开展的服务、成效及困难,若是服务学习团队或同行实习团队,总体介绍中心环境及服务内容,让其提前准备相应活动,直接投身到服务中,感受中心工作。

八 活动中心工作挑战、不足及思考

拆迁、改造给工作带来了巨大影响,因拆迁,机构被迫搬迁多次,2014年又因房东改建房屋,儿童活动中心3~6月被迫迁出了4次,服务地点被迫更换,新场地受环境限制,部分原有服务及正计划实施的服务活动无法开展,也导致部分原有的儿童流失。工作人员积极改变服务策略,通过王家桥小花园外展的形式保持与王家桥的连接,继续维持服务关系,使更多人获得继续服务,同时也培养了一批社区服务志愿者。

(一)儿童流动性大,工作人员、流动儿童、志愿者的流动带来的挑战

开展各类活动导致活动中心行政工作成本增高,工作人员压力增大,需要应对各种突发和不稳定的状况,必须探索社区志愿者及儿童的参与。儿童骨干流动性大,在昆明培养几年的骨干,因升学等各种原因返回老家(比如在鲁甸地震时通过档案迅速联系到灾区的小骨干,通过灾区社工的联动,小

骨干积极参与到灾区儿童工作中，以音乐的形式帮助更多儿童），活动中心必然要面临不断地培养小骨干。在多重挑战中不断创新工作方法以应对变化。由于家长更多关心成绩，认为孩子到中心玩会影响学习成绩，导致儿童的流失及间断性接受服务，所开展的小组活动儿童参与度及持续性也不高。因此将尝试以功课辅导为基础，增加周末常规服务及外出或小组活动，邀请家长参与中心活动，关注孩子成长，改善亲子关系，稳定服务效果，使所服务的儿童得到最大限度的受益。

（二）社区工作深入的复杂性和及时性思考

扎根社区工作要深入家庭，直面各种困境问题，每天必须面对社区各种突发状况，在情感支持、专业能力提升、工作价值感、成就感提升方面对机构来说必须积极回应。否则工作的孤独感、个人能力的瓶颈就会对服务工作创新有所制约，也可能导致人员流动影响服务的持续性和服务的专业性。

（三）活动中心工作事无巨细，人力不足，配置方面的总结与思考

活动中心每一项物资的管理和整理，每一份档案的录入和整理，每一个孩子的询问，每一项活动的组织安排都要做到事无巨细，别人休息，活动中心都要上班，晚上、周末、节假日均开放。每一个细节步骤都会给活动中心功能的发挥造成影响。这是活动中心持久的挑战和压力。

附件一　活动中心值班员及积分说明

中心每日值班岗位由到中心参加活动的同学自愿报名承担，除特殊情况外，社工不做特别指定。

愿意做管理员的同学请按时参加每天活动结束时的管理员报名活动，在获得资格后将自己的名字写在值日表相应的地方，作为服务登记。

结束后未按时到岗服务或服务中不尽职，被同学投诉，情况属实视情况处2~5个罚分。被社工及协助的哥哥姐姐提醒达2次，并无正当理由者，当天无积分，并将视情况处2~5个罚分。

总管理员职责	积分
1. 巡视、维持一楼及新三楼活动中心的秩序 2. 以身作则,为同学树立良好榜样 3. 向新来的同学介绍中心服务、办卡流程 4. 检查服务签到,电脑室使用记录,借阅图书、玩具登记等信息 5. 及时发现、制止同学的不良行为 6. 协助其他的值班员处理遇到的问题 7. 向社工及协助的哥哥姐姐提出相关改进建议、意见	暑　　假:周二至周六,下午岗1人,得5分 上学期间:周三至周五,下午岗1人,得2分 周　　末:上午岗1人,得2分 　　　　　下午岗1人,得5分 服务时间 暑　　期:周二至周六,13:00~17:00 上学期间:周三至周五,16:30~18:30 周　　末:上午岗10:00~12:00 　　　　　下午岗13:00~17:00
玩具室值班员职责	积分
1. 整理玩具室的物资,保持整洁、有序 2. 向取、借玩具的同学讲解玩具使用要求 3. 以身作则,为同学树立良好榜样 4. 耐心服务同学 5. 向社工及协助的哥哥姐姐提出相关改进建议、意见	暑　　假:周二至周六,下午岗2人,得8分 上学期间:周三至周五,下午岗1人,得2分 周　　末:上午岗1人,得2分 　　　　　下午岗2人,得8分 服务时间 暑　　期:周二至周六,13:00~17:00 上学期间:周三至周五,16:30~18:30 周　　末:上午岗10:00~12:00 　　　　　下午岗13:00~17:00
图书室值班员职责	积分
1. 整理图书室的图书,保持整洁、有序 2. 向同学讲解图书阅读要求 3. 以身作则,为同学树立良好榜样 4. 管理学习机,做好使用的登记 5. 耐心服务同学,及时纠正同学的不良习惯 6. 向社工及协助的哥哥姐姐提出相关改进建议、意见	暑　　假:周二至周六,下午岗2人,得8分 上学期间:周三至周五,下午岗1人,得2分 周　　末:上午岗1人,得2分 　　　　　下午岗2人,得8分 服务时间 暑　　期:周二至周六,13:00~17:00 上学期间:周三至周五,16:30~18:30 周　　末:上午岗10:00~12:00 　　　　　下午岗13:00~17:00

附件二　儿童自组织活动计划书

活动名称		活动日期	
活动地点		活动申请人姓名	
活动目的			
活动对象(参加人)		计划人数	

"流行社工"路

续表

<table>
<tr><th colspan="2"></th><th>时间</th><th>事项名称</th><th colspan="2">内容说明</th></tr>
<tr><td rowspan="15">活动流程</td><td rowspan="5">前期准备</td><td></td><td></td><td colspan="2"></td></tr>
<tr><td></td><td></td><td colspan="2"></td></tr>
<tr><td></td><td></td><td colspan="2"></td></tr>
<tr><td></td><td></td><td colspan="2"></td></tr>
<tr><td></td><td></td><td colspan="2"></td></tr>
<tr><td rowspan="5">活动当天</td><td></td><td></td><td colspan="2"></td></tr>
<tr><td></td><td></td><td colspan="2"></td></tr>
<tr><td></td><td></td><td colspan="2"></td></tr>
<tr><td></td><td></td><td colspan="2"></td></tr>
<tr><td></td><td></td><td colspan="2"></td></tr>
<tr><td rowspan="5">活动后</td><td></td><td></td><td colspan="2"></td></tr>
<tr><td></td><td></td><td colspan="2"></td></tr>
<tr><td></td><td></td><td colspan="2"></td></tr>
<tr><td></td><td></td><td colspan="2"></td></tr>
<tr><td></td><td></td><td colspan="2"></td></tr>
<tr><td rowspan="5" colspan="2">组织者分工</td><td>序号</td><td>职责岗位</td><td>负责人姓名</td><td>负责的内容/事项</td></tr>
<tr><td>1</td><td></td><td></td><td></td></tr>
<tr><td>2</td><td></td><td></td><td></td></tr>
<tr><td>3</td><td></td><td></td><td></td></tr>
<tr><td>4</td><td></td><td></td><td></td></tr>
<tr><td rowspan="7" colspan="2">活动所需物资</td><td>序号</td><td>物资名称</td><td colspan="2">单位　　数量　　用途/备注</td></tr>
<tr><td>1</td><td></td><td colspan="2"></td></tr>
<tr><td>2</td><td></td><td colspan="2"></td></tr>
<tr><td>3</td><td></td><td colspan="2"></td></tr>
<tr><td>4</td><td></td><td colspan="2"></td></tr>
<tr><td>5</td><td></td><td colspan="2"></td></tr>
<tr><td>6</td><td></td><td colspan="2"></td></tr>
</table>

<table>
<tr><td colspan="7" align="center">活动费用预算（需要花钱的地方）</td></tr>
<tr><th>序号</th><th>支出项名称</th><th>单位</th><th>数量</th><th>单价（元）</th><th>合计金额（元）</th><th>备注</th></tr>
<tr><td>1</td><td></td><td></td><td></td><td></td><td></td><td></td></tr>
<tr><td>2</td><td></td><td></td><td></td><td></td><td></td><td></td></tr>
<tr><td>3</td><td></td><td></td><td></td><td></td><td></td><td></td></tr>
<tr><td>4</td><td></td><td></td><td></td><td></td><td></td><td></td></tr>
<tr><td>5</td><td></td><td></td><td></td><td></td><td></td><td></td></tr>
<tr><td>6</td><td></td><td></td><td></td><td></td><td></td><td></td></tr>
<tr><td colspan="6">本活动预计需要支出总金额</td><td>元</td></tr>
</table>

续表

其他补充		
序号	事项名称	内容说明

活动申请人姓名： 申请日期：

督导/批准社工签名： 批准日期：

附件三 儿童自组织活动总结表

活动名称		活动日期	
活动地点		活动组织者	
活动目的			
活动计划参加人数		活动实际参加人数	

本次活动实际的流程是：

本次活动实际的情况与计划有什么不一样的地方？

在这个活动中你们最满意及最不满意的是什么？

"流行社工"路

续表

在这个活动中你们是否遇到什么困难？你们是怎么处理的？

通过此活动你们有什么收获？

对今后组织的活动，你们有什么建议或意见是可以告诉其他小朋友或连心中心的？

活动组织团队成员签名：

直面生命的脆弱

——流动困境儿童家庭陪伴的社会工作实践

陈正艳　姚秀霞*

进入社区,我们一头扎进城乡结合部社区为流动儿童提供服务。这里居住着大量流动人口,状况不断,听同事说,社工协助儿童的重病父亲就医,协助儿童的单亲母亲办理后事,协助单亲母亲探望入狱的大儿子,协助隔代照顾孙子的爷爷奶奶,跟进青春期孙子的叛逆校正。这是一项陌生、全新,又充满挑战的工作,机构老同事忙着应付各种困境,受保护的新同事只能看着同事们忙前忙后,学习老同事如何帮助复杂的家庭。

2009年7月,由爷爷奶奶抚养的小发在烂尾楼河沟溺水身亡,后来听同事讲述他跳进改造的河沟里把孩子捞出后,进行人工呼吸,最后孩子小小的冰凉的尸体躺在他的怀里。在一个寒风瑟瑟的凌晨亲临车祸现场,吵闹的大桥下,货车轰隆隆来回过往,不知道是因为夜黑,还是因为血肉模糊,还是因为害怕?孩子就躺在我前面的车轮下,样貌模糊不清,不能相信这是前不久参加活动的孩子。短短的一个暑假,4个孩子的意外死亡,一些同事穿梭

---

* 陈正艳,2007年毕业于中南民族大学,毕业后入职香港苗圃行动云南项目办,任项目助理,2009年入职云南连心至今,从事流动儿童及困境儿童工作,2016年开始返乡从事留守儿童及农村社会工作;姚秀霞,毕业于云南财经大学社会工作专业。大学期间一直在公益机构做志愿者,主要服务流动儿童和青少年,同时做志愿者的招募和管理工作。2014年3月进入云南连心实习,跟随督导陈正艳介入困境儿童青少年及其家庭的综合服务。2014年10月全职进入云南连心工作,执行项目"大爱之行——困境儿童及其家庭陪伴计划"(项目周期为2014年7月至2015年12月)。

于救护车、警察、殡仪馆、聚集的老乡之间，协调赔偿、缓解冲突、经济援助等一系列危机干预。一些同事忙于社区安全宣传、学校家长会、安全夏令营等准备工作。一些同事忙于走访派出所、居委会、学校、教育局、河道改造施工单位进一步调研造成意外伤害的源头。

当时正在为一个个消逝的小生命忙个不停、相互通报情况的我们，还没有来得及整理危机事件带来的冲击，也来不及与这些破碎家庭相互交流安慰。却被告知所办公的城中村要被改造，工作生活了3年的城中村被连根拔起，我们被迫满世界寻找新的土壤。找地点、收尾工作、搬家、新点启动，所有的事情都赶在了一起。2010年搬迁的机构在王家桥落地，重新与乡亲认识、与民办学校建立关系……从头开始的我们并没忘记那些消逝的生命，他们时刻提醒我们，去关注那些最弱势的孩子，1个、2个、3个……越来越多的困境儿童出现在我们的眼前。

死亡的代价是沉痛的，也刺痛着每一个社工努力寻找方法避免这样的悲剧再发生。

一　困境儿童：从看见到理解有多远？

2012年困境儿童越来越多，单亲父亲家庭成为很独特的一个群体逐渐展现在我们的工作中。单亲父亲家庭多数为孩子年幼时妻子离家出走，少数是离异或妻子病故。这些单亲父亲独自带着年幼的孩子，上工地、下田，甚至将孩子锁在家里。这些孩子长期处于封闭状态，身边没有人照顾、没人说话、没人支持，他们遭遇着生存的困境、发展的阻碍，包括吃穿用行、教育、个体心理发展。

（一）从案例中看到困境

单亲父亲案例1：

妻子离开时，女儿才8个月，给孩子把屎把尿这些事情都是自己来。没人带孩子就自己带着孩子去田里、工地上干活。实在不行就把女儿一个人锁在家里面，在家里放点吃的，屎尿都拉在家里。不去上班不行啊，有时候屎尿这些都拉在床上，只好回来再洗洗晾晾。

单亲爸爸案例2：

有活儿的时候就把孩子一个人锁在家里，从早上出去，到下午下班才回来。孩子在家里哭得厉害，想想我也心疼。说好老板的女儿中午送饭来给孩子吃的，可我回来发现其实都没送过。我就买些粑粑、包子这些食物丢在家里面，回来看他也不吃，把这些东西揉在地上。孩子被关在家里面，屎啊、尿啊这些都只能在家里解决。因为没有什么玩的，他还会把洗好的衣服拉在地上。我下班回来看见，本来就很累了，再看到地上被拉乱的衣服心情更会糟，就会狠狠地打他一顿。娃娃身上的淤青，就是拿筷子或拖鞋打的。说实话我打了他后，我也心疼，可是我实在控制不住。

孩子现在三岁半了，还不会说什么话，我也没得心思教他。下班后，买瓶几块钱的白酒回家，坐在床前的地上，喝着酒想着自己的心事。慢慢地，我睡着了，等我醒来后，看见娃娃自己会把衣服裤子脱了盖着被子自己睡。看看他也觉得还是很可爱的，有时想想也还是很懂事的。

和他们一起，你或许就没有充足的理由指责照顾者。

最初在路边看到单亲父亲喝醉酒躺路中间不省人事时，当看到单亲父亲喝醉后或心情不好粗暴打骂孩子时，当看到他们远离孩子到更远的地方工作时，孩子因无人照顾而饿到面黄肌瘦时，内心抑制不住对单亲父亲的不满。孩子无时无刻不需要父母的照顾，父母怎么能如此不负责任。这份简单粗暴的关怀和指责，迫使我们去认识这些家庭，让我们有机会与这些单亲父亲有更多的交流。访谈过程中，单亲父亲虽然面对千难万险，但面对眼前的家庭，拼尽自己全力甚至牺牲自己的健康来为孩子支撑一片天。父爱如山的那份坚持、那份努力、那份坚韧不拔感动着、融化着我们内心曾经的冰冷和指责。他们在面对重重困难的情景下依然如此坚强。

单亲父亲案例3：

只要娃娃不哭就可以了，几个月就能长大点儿，再过几个月又大点。小娃娃饿了嘛，使劲地哭啊，小娃娃哭，自己也想哭一场啊，心头真是不好过，晚上还要把她背起来跳，真的！要背起来跳才哄得乖啊。

单位上的人看到我带着娃娃上班,叫我给他们养了。我怎么舍得送人啊,我能混一天她就能混一天,就像养小猫小狗一样。不说什么,再悲观再劳累,不管怎么样一定要把她带大,只要把娃娃抚养成人。就算不能养老起码还可以送终,这样我就心满意足了。

这些单亲及困境家庭按社会期望承担起家庭经济、生育、教育、抚养、赡养等功能,也努力支撑起一片属于自己家庭的天地,努力维持着家庭的运行。在流动的处境下,原有公共服务仍依附于户籍制度的二元结构也影响着流动家庭在城市的生活及困难应急,长期在城市生活的困境家庭不仅失去国家赋予其在农村的公共服务,也失去了传统的家庭及社区支持网络。

多数单亲父亲从小缺失家庭的支持,年幼就经历着原生家庭变故或家庭缺乏温暖的贫苦,年幼即开始学着依靠自我的力量察言观色,未成年就远离家乡外出自谋生路。在城市不断变换工作的过程中,他们遭遇着来自单位、政府、社会的各种限制和困境的影响,就业一波三折已属不易,还要必须照顾年幼子女,必须不断平衡就业与照顾子女,维系家庭的运行,担忧未来的发展。

(二) 困境儿童陪伴的案例启发

宁宁是2013年初从老家来昆明的,那时他10岁,到昆明后在王家桥一所民办小学就读,喜欢来连心活动中心玩。他聪明有想法,动手组织能力强,很快成为了活动中心的小骨干,是社工的小帮手,对活动中心归属感很强。对这个能干的小子我充满了赞赏。

2014年7月,宁宁要在"大爱之行——困境流动儿童及其家庭陪伴计划"项目启动仪式上表演木琴。表演之前,他讲了一个故事,去年(2013年)暑假夏令营期间,实习生A教会了他演奏木琴,离别时赠送了他木琴,他说很想念A,说到这里泣不成声,没办法演奏,默默走到了活动中心没人的房间。我跟了过去,他静静地坐着,趴在桌上,一直流眼泪,整个仪式到结束,他都没有去表演,我就静静地坐在他旁边,他时不时重复说着很想念A的话。活动结束,我说:"我送你回家吧?"他默默地点点头,于是我送他回家。我想陪他回家也是对他的一种支持,同时也到家里看看这个孩子成长的环境。一路上看他情绪低落,我们也没怎么说话。到了他家租住的出租房大门口，他很有礼貌地说："这次就不请你去家里做客了，下次邀请你。"这个家伙果真不简单呀！我只能欣然答应，并重复说"一言为定！"他回头告别，露出了笑脸，我的心放下了很多。

这算是正式结缘了吧。

几个月后，我正式入职连心，实现了我做一名社工的理想。我担任了困境儿童陪伴的负责人，执行"大爱之行——困境流动儿童及其家庭陪伴计划"项目。一天，宁宁在活动中心因为不遵守中心规则，工作人员制止的时候，跟工作人员发生了肢体冲突，这是很严重的事件。根据中心规定，他被限制三个月不得来活动中心参加任何活动。对于这个处罚，他极度不满，情绪很大。

对他的陪伴，从这里开始。

家访时了解到他跟爸爸一起生活，租住的房间七八平方米，一张床，一个衣柜，一张折叠桌，一张大桌子是全部的摆设，整个房间略显拥挤，不过很干净。他的爸爸才三十多岁，略显腼腆，第一次见面，话不多，基本是我在引导整个对话，不过他很欢迎我去他家。在爸爸面前的宁宁，很温和，话不多，跟在活动中心很活泼好强的他形成强烈对比。我提到他在学校、活动中心的优秀表现，他经常露出害羞的表情。爸爸告诉我，在宁宁一岁多的时候，他跟宁宁的妈妈分开后，宁宁被送回了老家，来昆明前一直在老家跟爷爷奶奶和一个未婚的叔叔一起生活。

这以后，我差不多每周去一次他们家，跟宁宁和他的爸爸越来越熟悉，拉家常，聊他爸爸的工作、宁宁在学校的事情，辅导宁宁作业，一起去玩。

寒假来了，已经过了三个月，宁宁回到了活动中心。冬令营，从全国各地来了很多实习生，B是其中一个实习生，半个月的营期，宁宁和她建立了深厚的感情。她离开的那天，天快黑了，宁宁来机构找我，说很想去机场送B，问我可不可以陪他去。机场不近，天黑了，带孩子突然单独外出，无论如何，似乎都不该去，看着他认真、恳求的眼神，我没办法说不！迅速联系了一个同事，她愿意跟我同行，于是我们去了机场。在机场大巴上，坐着坐着，他忽然问我"你知道饿是什么感觉吗？"他慢慢打开了话匣子，讲起了老家的生活。他的老家在很偏僻的山区，每天上学要走两个小时的山路，早上四点多起床去上学，下午三点多放学。他每天必须做的事情是割猪草，家里几头猪的猪草都是他负责，周末放牛和羊。他的叔叔要求他每天下午四点半必须到家,两个小时的山路,三点放学的他必须跑着回家才能准时,偶有耽搁,回家迟到,叔叔就打他,打得很凶很凶,好几次迟到了就不敢回家,跑到山上躲起来,晚上睡在草堆里,曾经在山里待了两天,实在饿得不行了才回家。他说在村子里,有人欺负他,他一定要打回去,不然会继续被欺负……他说得波澜不惊,我听得心如刀绞。原来他的情绪化、遇事用武力解决问题的方式,答案的一部分在这里。

时间真快,转眼陪伴宁宁已经一年了。

2015年暑假,一个针对陪伴10多名孩子的小组正在进行中,我是小组带领者。宁宁语气不太好地说了一个女孩,女孩的哥哥小声骂了他一句,他一下子跳起来,掐着那个哥哥的脖子,把他逼到角落,打倒在地,都没放手。我速速跑过去,好不容易才把他们分开,他愤怒得脸色发青,紧紧咬着牙齿,拳头紧握,看样子冷静下来需要很久,解散了小组,只留下我跟他。我是真的生气了,他刚刚的行为伤害了那个男孩,很危险,也迅速影响了整个小组,而且,那么久了,他的脾气没有一点改变,我十分生气,我想,我需要让他知道我的底线和不满。于是我大声教训他,问他知不知道他那么凶狠打人的后果是什么?为什么这么久还是那么容易冲动?吼着告诉他,我多么在乎他,无论他怎么犯错都从来没想过不管他,多么想跟他一起去改变情绪化、容易冲动、动手打人的习惯(我知道他在乎我们的关系,无论我怎么责备他,一定要告诉他,我爱他,不然他会真的受伤,以为我不接受他)。他没有反驳,拳头慢慢松开,态度温和了下来。我平静了下来,静静坐着,他也在我身边坐了下来,都没有说话,过了很久,我说:"我们去吃饭吧?"他说:"我不吃,我陪你去。"我心里偷笑了,一方面来自感动(他说陪我吃饭),一方面或许这是又一次打开他内心的一个机会。请他推荐小吃店,知道他肯定会带我去他爱吃的店,到了店里,我请他吃米线,加一个卤蛋,他高兴坏了。

吃着吃着,他讲起了对妈妈的记忆,我很惊讶两岁多的他记得很多跟妈妈相处的事,尽管模糊。他说妈妈从不来看他,他非常恨她。原来这孩子心里装着这么大的委屈和怨恨。说到今天的打人事件,他说他当时真的没办法控制自己,他已经努力控制了,不然打得更凶。还很认真地说,他观察了自己,觉得冬天不太容易发火,可是一到夏天,就特别容易发脾气,只要一开始发火,接下来就控制不住自己。还准确说出了这个夏天第一次对别人大吼的事情，说吼出来的感觉很好。我开玩笑地说因为夏天太热了，冬天冷，所以脾气冻住了。我低头，差点把眼泪掉到碗里，心里暗暗责备自己，他这么努力了，怎么还忍心责备他呢！我们约好，下次想发火，迅速数数，深呼吸，数到10。晚上回家把让他发火的事情记下来，回想一下值不值得生气，控制住的要记录，没控制住的也记录，这样慢慢肯定会进步的，他很认真地答应了。

随着关系的深入，他的爸爸也越来越信任我，最开始的见外和腼腆慢慢减少。

年底一次家访，他爸爸给我讲了另一个故事。说他之前是在老家的城里打零工，没活的时候用自己的摩托车干"摩的"生意。他一年也不回几次家，见不上几次宁宁。他们的老家冬天特别冷。2012年的冬天，那天下大雪，雪快到膝盖了。傍晚，天快黑了，他在客运站拉客。远远看到一个小孩在雪地里走，走近了，才看出来是宁宁。他穿了很薄的外衣，脸上脏兮兮的。他慌忙把宁宁抱在怀里，第二天就决定带他离开，带着卖了摩托车的钱来到了昆明，没办任何转学手续，这也是现在宁宁上小学，毕业就面临辍学的原因。那以后，除了宁宁爷爷去世，他回去过一次，再没回过老家。他说不知道孩子怎么找到他的，要是天黑还找不到，肯定冻死了，也不知道孩子在家里怎么了，要这样来找他。至今宁宁还没有告诉我，那个冬天，不到10岁的他，经历了什么……

在整个陪伴中，我跟宁宁的班主任也成了朋友，我们常常沟通宁宁在学校的情况，这对于及时知道宁宁在学校的人际关系、学习生活情况非常重要，我可以更加全面地了解宁宁的现状，及时制定和调整陪伴计划。班主任也很用心，特别关照宁宁。

2014年六一儿童节，宁宁是学校六一文艺汇演的主持人，我特意到学校看了他的主持，看着穿着礼服站在台上自信满满的他，总觉得心里有很多很多感受，无法言说。下台后，他远远朝我挥手，笑得灿烂。他现在脾气好了很多，朋友越来越多，成绩一直稳中向上，现在已经是班上的前几名了，上学期还上了学校的表彰光荣榜，他高兴得第一时间跑来向我汇报。

小学毕业，宁宁又再次面临返乡，但直到宁宁小学毕业学籍仍然未解决，我再次发动朋友圈，联系孩子家乡的爱心人士，协助孩子解决学籍问题和学费问题。

一个孩子的成长需要太多用心和陪伴，我们唾手可得的一切，却是他们遥不可及的梦想。他们是被遗落在角落里的珍珠，选择拼尽全力努力生活，却无法改变命运。社会力量可以改变出生环境，为他们点亮一盏灯，不让他们在黑暗的角落里独自面对困难。改变"不是我不努力，而是这个世界太陌生"的困境。

二 不是个案：困境儿童及其家庭的共性

截至2016年5月统计，云南连心/五华益心通过民办学校社工站、社区儿童中心、社区外展等途径做初步筛查的超过150户，约110户为困境儿童家庭，与300多个困境儿童建立关系，困境未成年儿童约占80%，其中10岁以下的儿童约占39%。这些家庭主要来自昭通51户，贵州23户，昆明11户，曲靖6户。

家庭结构呈现多种状态，包括孤儿家庭，父母死亡，跟随亲戚生活；单亲父亲家庭，母亲离家出走、离异、意外事故死亡、病故；单亲母亲家庭，离异或父亲死亡；双亲家庭，父亲服刑，母亲独自照顾；隔代（外婆、爷爷等）照顾，父亲服刑，母亲离家出走；收养家庭，因无子女或无儿子收养；重大疾病及残障家庭；重组家庭。其中单亲父亲照顾的30户，单亲母亲照顾的30户，单亲照顾比例为54.5%；双亲照顾但因经济贫穷、疾病、多子女等现状无法获得良好照顾的家庭为26户，占23.60%；由奶奶、爷爷或爷爷奶奶照顾的有12户，由外婆或外公外婆照顾的有3户，占13.6%；由养母或养父母照顾的有3户，在重组家庭中不能获得良好照顾的有2户，其他由大伯、姑妈、姐姐、叔叔照顾的有4户，占8.2%。

这些困境家庭多面临经济困难，因此他们第一要务就是赚钱生存，其次考虑子女照顾，最后才考虑孩子的教育和发展。单亲父亲照顾养育困难，单亲母亲照顾经济困难，隔代照顾两者兼具，重大疾病家庭就医和照顾困难。重组家庭亲子关系冲突大，但也不仅限于重组家庭，由于照顾者身兼数职，给孩子的陪伴和爱极为有限，普遍存在冲突。

1. 经济困难

就业困难、收入低、经济来源单一，一个人要养活2~5人，要承担学费、生活费、房租费、水电费等一切费用。

2. 养育困难

照顾者长时间不在家，与孩子接触时间少，与孩子交流几乎更少，饥饿、受凉、生病、孤独、危险等常常伴随着这些孩子。对陷入脑瘫、瘫痪、智力障碍、自闭症等困境的儿童家庭来说，长期的养育和照顾更是其面对的极大挑战。

3. 人际交往困难

长期独自相处导致孩子语言表达、与人沟通、与人合作等方面存在压力和障碍。

4. 个别成长支持

连心在流动人口工作中发现，约40%的流动儿童在6岁前留守在老家，上小学开始进入城市随父母生活，小升初时约10%～30%回老家上学，初中毕业约5%回家读高中，此过程陆续有孩子辍学离开家乡返回城市打工。所以在城市化、工业化过程中由于农村劳动力转移进入城市带来的流动，造成很多农村籍儿童不断经历留守—流动—再留守—再流动的不稳定处境，困境流动儿童面临缺乏照顾、缺乏交流、缺乏支持。

综合原因造成孩子在变动中的就学成就感低、辍学甚至离家出走、就业困难，情绪化、易发生冲突、落户困难，经历亲人离开、离世、服刑、家暴、性侵的创伤。

三 系统性回应：困境儿童支持体系建立

经过长久的个案和社区工作辨识，我们发现困境儿童所面临的"困境"并不只是通过单一的某个手段就能够应对，更不能通过简单的个案或家庭社会工作就可以解决。尤其是流动人口社区的困境儿童，家庭功能和社区功能可能同时都失灵时，社会工作者必须回到整个社区和家庭系统的层面上，去协助孩子。基于此，连心/益心在摸索推动建立流动人口社区的"困境儿童支持体系"，试图将儿童个体、小家庭、大家庭、邻里、学校、社区、社会等层面的力量都挖掘出来和培育起来，共同协助孩子健康成长。

（一）建立了一套及时发现困境儿童的筛查机制

通过依托民办学校、社区中心、社区走访等方式建立发现社区潜在困境儿童的机制，通过多渠道、多层次的发现机制，减轻困境儿童遇到困难无法求助的现状，减少因陷入绝境的意外伤害事件的发生。

1. 民办学校开展在校学生筛查

民办学校教师流动大、教学任务重、以分数为主的现实导致困境边缘儿童成长需要被忽视。云南连心与辖区内的3所民办学校和1所幼儿园建立合作关系，通过提供困境儿童名单进行初步入户家访筛查，及时有效把握在校困境学生现状。

2. 社区儿童中心开展社区儿童筛查

作为社区儿童的公共空间，针对来社区儿童中心的儿童建立儿童数据库，通过儿童的基本家庭信息了解其家庭现状，发现潜在困境儿童后进行家访，及时把握困境儿童现状。

3. 社区外展及走访开展困境儿童筛查

由于城郊社区人流量大，居住密度高，困境儿童难以寻找到求助渠道。通过流动活动中心服务，通过观察参与对困境儿童进行基础筛查；同时与社区居委会开展楼栋社区工作，通过打扫卫生及日常社区观察接触未入学、辍学或残疾的困境儿童。

（二）建立了一套较为专业的困境儿童需求评估方法

由于社区困境儿童面临着家庭发展困难、社会背景复杂、城乡二元结构等现实问题，其需求涉及基础社会福利保障的提供及权益的维护，长期依靠单个家庭及个体去应对而无法获得突破。而需求评估的准确度影响社工的介入方法和介入持续度。

第一，针对在校学生，第一步通过学校的筛查名单了解大概状况，第二步通过社工家访进一步了解困境儿童的家庭现状，第三步通过与班主任沟通孩子之间、孩子与老师的互动情况以多方位把握困境儿童的现状。

第二，针对校外儿童，第一步通过家庭探访了解困境儿童的家庭状况，第二步了解校外困境儿童的日常活动生活计划，第三步通过了解校外困境儿童的交流情况，初步确定困境儿童的风险情况。

第三，需求评估调整。通过上述评估方法，在实际介入中仍然会出现评估处于较浅层次，因此在服务过程中会深入了解家庭更多的处境和问题，因此需求及跟进计划也会在服务过程中根据实际情况做调整。

（三）建立一套困境儿童干预服务机制

1. 建立"社工+义工"的一对一陪伴个案服务方法

培训义工通过功课辅导、做家务、玩耍、游戏、玩具、故事、绘画、手工、音乐陪伴孩子，同时链接资源为困境儿童提供外出机会，以提供困境儿童缺少陪伴、缺少日常的照顾、缺少与人交流的基础为回应，以此建立义工与陪伴儿童及家庭稳定的心灵陪伴关系。如"妈妈"般同在的陪伴发挥着重要的作用，弥补困境家庭功能不足的需要。

社工将服务对象需求分层次，以社工培养带动一批热心义工，深入家庭、接触孩子、建立关系、理解孩子、陪伴更多的孩子，并在此过程中不断提升回应孩子需求的能力。

社工充分发挥专业角色，扎根社区，与困境儿童建立关系，协助义工，做个案辅导、小组工作，推动公众关注、链接整合资源，探索困境儿童陪伴经验总结及服务策略框架。

2. 探讨激发困境儿童及家庭互助的小组工作方法

社工在面对困境儿童一日三餐无人照顾、用餐时间不固定无法保证营养的问题时，思考通过厨艺小组推动孩子团队合作，学习做菜，营养搭配，同时促进亲子沟通。厨艺小组解决平时孩子爸爸忙碌不能照顾孩子晚餐的问题，孩子们行动起来一起做饭等待忙碌的父亲回家，围坐在一起像家人一样共同就餐。厨艺小组提供亲子沟通的平台和空间，跳出原有单线紧张的沟通，促使父子彼此看到，有具体温情的互动和爱的表达，彼此更有力量面对生活困难。厨艺小组让社工更清楚地看到了困境儿童及家庭的核心需求。

除厨艺小组外，社工根据困境儿童在学校、在家里独处，没有倾诉、没有支持的现实，通过音乐小组，学习尤克里里，以音乐促发情感体验表达的能力。孩子们创作歌曲和故事，传达感受，从而建立自信心。最终让孩子学会弹、学会创作词曲，将音乐变成孩子内心的朋友，使音乐陪伴孩子们的成长。

3. 建立在城中村以社区楼栋为单位的邻里互助体系

营造楼栋互助氛围、丰富楼栋生活以打破孩子们窝在家里看电视、足不出户的状况，促进孩子参加户外活动，接触身边的人，建立楼栋互助，发展社区邻里自身促进改变的力量不可小觑。以传统节日为载体，社工联合房东并协助义工在端午节、中秋节,大家一起包粽子、吃月饼,楼栋里的资源逐渐呈现,围坐在一起像大家庭一样其乐融融。孩子们唱歌、表演相声,吸引了周围好多的大人和各年龄段的孩子。

邻居大哥哥说:"你们在这样一个节日里,给贫穷的孩子带来快乐,真的很好"。刚上初中的宏宏说:"我希望连心姐姐以后可以经常组织这样的活动,给我们更多的表演机会,让我们有机会可以展现自己。"孩子们需要一个有人当观众、自编自导自演的舞台,也许他们在学校根本不敢表演。有发现的眼睛和展示的舞台,相信孩子们会具备改变自身处境的能力。

(四)探索有效的公众倡导及政策建议,引发公众及政府对困境流动儿童的关注

结合不断爆发的困境儿童死亡或权益被侵犯的社会问题,并非公众没有情感也没有行动,而更多的是无能为力,问题太大又没有资源、没有团体、没有方法和经验可借鉴。云南连心决定扎根社区与最基层困境人群在一起,从最基础的家访和陪伴开始,通过个案、小组、社区工作等方法积累推动社区互助的经验,从而进一步有效改善困境儿童的处境。

大量困境儿童的迫切需求让直接面对的个体和社工都显得力量微弱,困境儿童存在数量大、问题复杂的社会现实,因此,更应扎根社区探索直接回应的经验和策略,同时运用网络、媒体、探访、培训、政策建议等方式推动社会公众、公益同行、相关政府部门对困境儿童的关注,提供落实实践的渠道和经验借鉴。

四 项目实施中的困难或问题

(一) 困难与挑战

1. 困境流动儿童的问题分类的复杂性,影响社工设计回应策略的挑战

需通过扎根社区实践中不断总结困境儿童不同的需求类型,每种类型设计不同的回应策略,充分发挥社工+义工模式探索的经验。

在流动过程中因父母或其他监护人一方或双方入狱、死亡、离家出走等因素导致很多困境家庭及困境儿童生活在城市的边缘,这些困境儿童面临多重困难,如日常照顾、人际交往困难、学习困难、亲子关系冲突、辍学、离家出走、重病、残疾、非正规就业。除流动、家庭结构不完整所面临的困境之外，流动儿童还面临着来自文化政策制度的限制和影响。

（1）被迫辍学。学业压力、家庭照顾不足等原因使这些儿童无法应对来自老师、来自同伴的无形压力，辍学躲避在家或面临新的社会挑战。在"黑户"解决政策未出台之前很多孩子因为"黑户"辍学，导致他们失去除了家庭之外的第二道保护屏障，进入社会面临更大的风险。

（2）游离于家庭学校之外。对于辍学或离开家庭的困境儿童，游荡于社区，没有固定的居住或工作地点，社工很难再有持续的跟进机会。

（3）"陌生"社区的支持困难。面对家庭、孩子、身边的人所遭遇的困境，多数人习惯于自己解决，或者无能为力，或者视而不见，社区里多数人没有主动求助的意愿和动力。在人人自顾、人人自危的文化中寻找突破口需要时间。

2. 机构社工的专业服务能力有待进一步提升

社工专业能力，从分类需求到回应策略的模式需要专职人员和项目推动，救助、转介、能力和技巧等专业能力需继续加强。专业困境儿童服务的社工机构数量少，机构之间形成相互转介的机制尚未建立。

刚开始社工觉得孩子需求量大，有使不完的力气，期待照亮这个家和孩子的心灵。看到每个困境家庭和孩子都在努力地活着，穷人家的孩子早当家，努力协助家庭甚至自己成为又当爹又当妈的照顾者，社工发自内心地想帮助他们。但孩子仍然面临很多的困难，照顾者的情绪不稳定，孩子独处时间长、内向、不愿意外出、上学费用高……这给社工和义工带来了很多的挑战。进入他们生活的场景，无法视而不见、听而不闻，社工要协助义工满足家庭的迫切需求，和战胜在陪伴过程中所面临的困难和挑战。

3. 政府及社会对流动困境儿童的认识不足，投入资源有限

目前政府及社会的资源更多是投入到了农村，关注农村留守儿童救助与帮扶工作。但依据我们的调研发现，农村大量儿童跟随父母流动到了城市，变成了流动儿童。特别是在户口、学籍、福利等二元资源分配制度下，这样一个群体并没有得到政府及社会各界的足够重视，投入的资源十分有限，而关注此项工作的社工机构也较少。比如项目就仅能支持一名社工的人员费用，虽然机构同时配备了管理及社工督导人员，但远远无法满足社区较大规模的困境儿童的需求。困难儿童人数多且跟进干预与服务的时间周期长（一般为一年左右），对机构和负责的项目社工都是非常大的挑战。

4. 专业困境儿童服务的社工机构数量少，机构之间相互转介的机制尚未建立

云南的流动儿童整体数量庞大，流动中的困境儿童也占到非常大的比例。这就需要大量的专业社会工作服务机构及专业社工人才投入到该项工作中。但目前，全省仅有40余家社工机构从事儿童青少年工作，而且大多处于初创期，专业社工人才数量和服务质量都亟待进一步提升。此外，困境儿童有残障照顾、就学帮扶、职业训练、心理康复等复杂多元的需求，这就需要各个机构之间形成相互的转介，各机构的专业经验还没有建立为整体困境儿童的支持提供相互转介的机制。

5. 公众倡导的目标需更加聚焦

项目从初期埋头实务工作，到中期开始加强传播倡导工作，在项目开始前期没有制定具体传播倡导计划，特别是面临着有关困境儿童的相关政策法规与实际需求的差距不小的问题。因此团队应该加强政策研究及实务经验的总结，推动更大范围的影响。

让民办小学的孩子也享有全人教育的机会
——城市流动儿童学校社会工作实践

白娅娟[*]

一 背景介绍

云南连心社区照顾服务中心成立于2005年，一直关注流动人口问题，致力于与社区弱势群体一起共同努力，在切实回应该类群体需要的同时，力图联动多方力量推动社会朝公正、包容、关爱的方向发展。民办学校是流动儿童最为集中的地方，连心关注的对象就是流动儿童的成长，因此学校工作是连心开展儿童工作的一个比较重要的载体。2014年之前流动儿童工作主要是由连心的儿童团队来负责开展推动，2015年初，学校工作从连心独立出来，单独注册成为一家专业服务流动儿童的青少年儿童发展机构——益心，继续负责推动。

二 学校需求和意义

儿童、青少年正处于社会化的关键阶段，学习、校园生活以及所处年龄阶段的人际关系、同辈群体互动、生理和心理的变化等都是现阶段的儿童、

---

[*] 白娅娟，哈尼族。1982年出生于云南墨江县一个偏远闭塞的小山村，大专学历。在昆明读卫校时开始勤工俭学，也在这时候开始接触社工这一职业，2004年至今一直从事青少年社会工作，先后服务过流浪儿童、流动儿童及服刑人员子女。

青少年所要面对的重要事情。学校作为儿童、青少年最重要的学习、生活以及聚集的场所，除了教授书本知识外，更重要的是如何成为孩子能够信赖、有归属感、认识自己、与社会连接的一个重要场所。但目前民办学校教育资源投入不足，现有教育政策严格执行居住证制度及流动式的学籍制度，都使流动儿童很难实际享有所在地公共教育资源。民办学校办学者多以投资营利为目的，以教育部门的底线要求为准，教师少、水平有限且流动性较大，教学设施简陋，教学科目较少且质量低下，流动儿童的学习成绩往往较低，儿童自卑的情况普遍。在这样的教学环境下，学校较少关注或是没能力关注学生中普遍存在的厌学、辍学、行为偏差及单亲家庭儿童健康等问题。2011年7月，机构针对流动少年开展升学辅导的行动研究与服务项目，以回应其无法正常完成从小学到初中九年义务教育的需求。过程中发现流动少年存在着更多的问题需求，如无法安全度过青春期、回乡失教与适应、辍学（16岁以下，未完成初中教育）导致的社区街角青年聚集犯罪、无培训就业、童工问题、拐卖及吸毒。面对错综复杂问题，学校社会工作的介入与开展显得意义非凡，主要有以下几点：第一，社工可以整合社会力量，针对学校资源匮乏进行资源对接和整合；第二，提升教师教学水平及应对困难学生的能力，提高教学质量；第三，丰富学生的课余生活，增强学生的抗逆力，提供学生上学的基本保障，助其顺利完成学业及成长。

目前，云南连心社区照顾服务中心开展和推进的学校社会工作，主要在五华区远洋学校、五华区方正学校、五华区博华学校、五华区尚艺小学、官渡区理想学校及西山区理想文武学校共6所。针对不同的学校我们开展的活动有所不同，深入程度也会根据学校方面的支持程度而有所不同，本次的经验分享以远洋学校为基点做更深入的分享。

三 学校工作目标

连心在流动儿童民办学校开展的工作，主要目标有以下几点。

（1）弥补流动儿童在教育方面的一些资源分配不足，提供丰富多彩的课外活动资源和机会，丰富学生精神文化生活；

（2）从学校个案切入家庭和社区，联合其他板块，推动流动人口家庭服务；

（3）培训民办学校教师团队，提高其能力和意识，共同提高流动儿童教育水平。

四　学校工作经验总结

（一）学校情况简介

学校位于观音寺菜场后面，周围环境较差，旁边是臭水沟和垃圾场，每周五会清理垃圾场，整个学校充满垃圾的恶臭，社工刚进入学校的时候，学校教学楼主要由两层楼组成，教学楼面对操场，操场被蓝色小平房包围着，这就是老师们的宿舍，电费水费都由老师自己出，冬天的时候宿舍较为阴冷，下雨地上会渗水，屋顶会漏水。教师流动也比较大，一个学校12个老师，一个学期会流动三到四个。但2015年初，学校将之前的教师宿舍及学校厨房改造成新的教学楼，这样教学空间就相对多了好几间，学校的外观及整体舒适感提升了不少。但也意味着学费从原来的300多元逐年增加，这给家长带来更大的经济压力。但学生活动的空间依然较小，学生又很喜欢玩耍跑动，一下课所有学生跑到操场上，挤在一起做游戏玩耍，在打闹中很容易造成学生跌倒摔倒以及发生因为被撞倒而打架的事件。学校共有九个班，共有十一位老师，包括校长等。

（二）建立关系

社会工作在中国还处在发展初期，很多人对社会工作的认识不够，包括民办学校负责人、老师以及很多家庭。通过前期的合作，学校逐渐信任了连心，也看到双方合作的可能性，为此双方达成共识在学校开展驻校社工服务。学校社会工作无论是对于连心还是学校，都还处于摸索阶段。当社工带着书本理论进驻学校，个案辅导、小组工作、青春期课堂活动应有尽有，而学校则用传统视角期待社工扮演学校训导师的角色搞定学校老师搞不定或没时间搞定的特殊孩子，双方的期待不在一个点上，彼此关系之间产生了张力。驻校社工通过观察，将活动进行调整。

（1）在学校寻找自己的角色定位。作为新员工，刚进机构就被派驻学校，学校对于我这个外来人，没有表示欢迎，只是见面点头的陌生连心人。经过一番观察，我决定和学校讨论一个活动——组织学校老师进行团队建设，通过组织全校老师的活动，社工得以在学校与每个老师有亲密接触的机会。之前的活动都是吃喝玩乐一条龙，老师们都很不喜欢，但团队一起合作，并为此承担后果。户外活动是老师们的人生第一次，还有前卫的攀岩、断桥等高空活动，很多老师重新感受了团队的力量，领导重新认识了他的员工。这个活动让我在学校重新找到了自己的角色定位，他们也将我列入他们中间，邀请我参加校务会，校长在开会时强调所有老师要支持我的工作，校长的爱人以身作则并推动老师们中午参与我组织的操场舞蹈等活动。

（2）把活动做在老师们的面前。之前的个案、小组工作让学校老师不知道我们在干什么，我就把活动做在老师们的眼皮底下，让他们可以看见。活动是可以参与的，例如"午间操场舞"，让学生午间有事做，还可以培养兴趣，同时也减少了老师的执勤压力；学校"图书室"中午开放并培养学生自我管理的能力，因此中午除了学生疯跑外还可以跳舞、看图书，大大丰富了学校的课间活动，让学生慢慢喜欢上学校。

（3）要更好地了解学校、理解老师，除了自己开展服务外，也要考虑如何将自己放在学校的角色定位。从不同角度去感受，因此我自己会参与学校的教学，例如"青春期课程"、"幼儿故事课"等学校的课程。这样更能明白老师的限制和挑战，明白他们为什么要这样和孩子互动，他们的需要在哪里，这样有助于未来在设计活动时更贴合老师们的需要。

（三）提供服务

服务主要从学生和老师两方面来看，通过前期的关系建立，学校工作主要开展了以下的服务。

1. 学生层面的工作

（1）开设信箱活动。信箱活动是连心开始入驻学校就开始做的，主要是通过让学生写信，社工回信的方式和学生互动，建立关系，让学生有心里话可以大胆自由地表达并寻求帮助。但由于学校老师过于保守和担心，认为孩子不能有秘密，总是谈情说爱不健康，这个活动没有持续太长时间，但很受孩子们喜欢。因此建议未来要开展此类活动的时候要和学校有充分的沟通并达成共识。

（2）开展小组活动。由于民办学校本身资源很有限，老师教学压力大，在学校学生基本无平台发展兴趣，因此英语兴趣小组、图书管理小组、音乐小组及操场舞都很受学生的欢迎。由于社工的精力比较有限，因此在开展这类活动的时候要充分运用社会资源或是实习生资源。兴趣类的活动比较考量技术，因此社工的重点应该放在对接的沟通及组织学生，同时也要考虑把除了技术外的学习目标放入小组的设计里，让学生有更好更全面的发展。

（3）社会实践。在学校工作的两年中我们很看重学生的社会实践活动。流动儿童由于家庭情况和成长环境，他们虽然生在昆明，学习成长在昆明，但他们的视野很窄，每天生活的空间就是家庭、学校和社区，很少有机会和外界互动或是增长见识。我所服务的学校从来没有组织学生外出活动，因此我也争取资源让他们能有机会到金魔方职业体验馆进行职业体验。他们平时只能看到父母或是社区的工作，菜市场卖菜、卖炸洋芋或是环卫工或是自己的老师，因此，这样的活动能够让他们更多了解社会上的职业类别，发展自己的兴趣，确定自己的奋斗目标。

（4）个案服务。这两年的服务并没有在学校做太多的个案，但重点是做个案筛查。主要通过紧急援助金发放的方式给资助名额。学校做第一遍的筛查，填报申请表，社工主要做家访确认。过去发放援助金可能会在学校，或者可能会把钱直接送到学生家里。但我们后来改变了这样的做法，很多家庭的家长不认识我们这个机构，不知道我们的服务，为此，我们会集中发放援助金。例如组织他们去公园以亲子为主题组织活动，在活动中顺带发钱或是组织他们来机构，为他们介绍机构情况及我们的工作服务，这样的关系建立对于未来开展服务可能很有效。因为我们彼此建立了一定的信任关系，如果孩子离开学校依然可以和我们保持联络或是可以到机构接受其他服务，紧急援助金的发放对象也是未来我们服务的重点对象。

（5）毕业生活动。小学对于孩子们来说是一个很重要的阶段，有很多很要好的朋友或是信任的老师。在毕业离别之际需要搭建一个平台让学生有机会表达内心的感情。通过活动来表达对彼此的祝福和对友谊的珍惜，帮助他们更好迈入下一阶段，在未来他们同样可以成为互助支持团体。在征得学校负责人同意的情况下，我们为六年级的学生开展"拜拜我的童年"活动，本着"学生主导、社工协助"的服务理念，让远洋学校的六年级毕业生以主人翁的角色发起和组织整个感恩活动，表达对母校和老师的感恩之情，抒发即将离别的情绪，积极迎接马上到来的小学毕业考试。另外就是"毕业拓展活动",他们在团队中学习彼此协助、分享感受及鼓励,增进感情,建立友谊,为小学生活留下一段美好的回忆。

2. 教师层面的工作

学校教师的工作主要从教师团队建设、教师尤克里里小组工作及教师培训三个方面来开展。

(1) 教师团队建设。与学校建立关系就是从教师团队活动来找突破点,第一次的教师团队活动让参加的老师有了一次不错的体验。因此在计划之后的活动时学校领导很支持,教师积极参与。每次活动前我们谈好各自的角色、分工,包括活动费用如何分摊,学校也很乐意支付能力范围内的开销。但我认为活动除了可以玩得很疯的内容外也可以考虑把团队合作以及工作反思的部分很巧妙地加上,在玩中学习,而不是传统式的说教。

(2) 教师尤克里里小组。学校的工作很枯燥,除每天六七节课的课程外还有堆积如山的作业要批改,整天吵闹的校园环境让老师一天下来都很崩溃,很多社工一心想着服务孩子而忽略老师的需要。但老师是孩子一天中对孩子影响最大的人,如何让他们可以有发泄情绪、搞点小娱乐的机会很重要;另外学校没有专职的音乐老师,音乐老师都是语文、数学老师来上,上课的方式就是带录音机,让孩子们跟着唱。为此我们组织了一个尤克里里音乐小组,共有11个老师参加。在小组中我们彼此交流、鼓劲儿、学习简单的乐理知识,一起学习弹奏一首曲子再一起创作。我认为这个活动的重点不是学习尤克里里,而是在活动中帮助老师减压、寻找自我、建立团队感和自信。

(3) 教师培训。刚进入学校的时候,我对很多老师的行为态度都有很多的不解和质疑,我无法站在他们的角度去理解他们。后来我参加学校的校务会,明白一个学校的运作和管理不易。再后来站在讲台上,去上音乐课、上青春期课以及幼儿故事课,开始明白作为老师的辛苦以及面对调皮孩子的无力。开始反思和了解老师们的需要,知道了很多老师从未认真地了解过一个人的成长需要经历哪些阶段,每个阶段的需求是什么?作为成人我们要如何与各阶段的儿童互动?很多老师也没有受过专业的训练,可能是中专生或是其他专业的老师,在设计培训时找了一个在幼儿教育上很有经验的蒙台梭利的老师进行为期三周的培训。一方面是协助他们认识孩子,一方面是教他们设计课程符合孩子的特点,从老师们的反馈中看到很大的收获。我们也请北大附小的资深老师进行教学示范培训，让老师们可以拓宽视野，多一些可能的尝试和思考。学校每月都会做示范课和听课的学生交流，这是一个很棒的方式，但如果能够邀请外面的老师进行督导就更好了，因为本校的学习比较容易落实。

（四）资源整合

由于所在学校是民办学校，教育资源比较有限，学校需求相对多，社工精力能力也都相对有限，为此学校工作很大的一个板块就是做资源的整合。

1. 联动社会资源

为改善学校教学质量，丰富学生课余生活。在民办学校教师少、学生多、课时多的情况下，往往会缩减所谓的副科。学生在学校往往只能上主课，学习内容更加枯燥乏味，个人兴趣难于发展。为此我们向社会和高校招募志愿者，由志愿者来承担学校的副科教学，特别是艺校类的志愿者。因为本身他们的专业就是音乐、美术和体育，在上本专业课时更容易上手，对他们来讲也是不错的实践机会。志愿者的管理有一个志愿者统筹来负责，统筹负责志愿者的招募、筛选和排课及教学跟进，社工进行双方的沟通以及再寻找资源给志愿者进行培训和支持。副科教学的活动深受孩子们的喜欢。之前提过的金魔方体验活动，还有六一儿童节的大型游园活动以及志愿者进入学校开展的各类主题活动，都让学校的孩子沸腾，他们不仅见到了外国人，还可以和志愿者学习英语，了解不同国家的文化；被志愿者哥哥姐姐关注的奇妙感受以及收获节日活动中丰富的游戏，还有得到奖品的快乐；培养在主题活动扮演队长的自信，还有学习对父母表达感恩的幸福感受。我相信这样的活动不仅给学校带来很大的帮助，也给孩子们带来了不一样的视觉刺激和生命触动。

2. 营造学校的文化氛围

学校 11 年没有校服，主要是学校担心给家长造成经济压力所以一直没有做校服，但我们觉得校服对于保护儿童以及营造学校文化都是很不错的选择。因此通过众筹为学校筹集了每人一套的校服，整个学校的精神面貌就出来了；另外从操场舞逐步演变成了学校的课间操，后期通过与省直机关的合作，在学校推动啦啦操，让枯燥的课间操变得很有趣味和节奏感。

四　工作反思和建议

连心和益心在此之前从未开展过驻校社工工作，对于驻校的很多工作都是新的尝试并且具有较大挑战。对于学校社会工作，在国内也没有可以照搬的模式。每一天都是新的，刚进入学校彼此之间不了解，如何找到契合点是刚进学校的关键所在，很多学校工作都要靠学校校长的支持和老师的配合才能得以开展。为此，进入学校开展工作的初期，重心应该放在关系的建立上，但所有的关系建立应该立足于共同关心的问题上。因此要用心发掘学校最关心的事是什么。作为社工我们要让学校看到我们不是去帮倒忙的，而是可以成为学校很好的助手，对于学校对于孩子都是有益处。但有些对孩子有益的活动，如果老师们没看见效果并不会觉得是好事，例如我们开始尝试做的个案小组工作，虽然对孩子有益，但老师们未必认同，因此要找到双方都能接受的方式。

过去两年的服务我们花了较多的时间在普惠性的工作上，例如学校副科教学、兴趣小组或是课间服务以及六一的大型游园活动，还有筹集校服等，我认为对于学校工作这是非常必要的，如何在学校建立机构的形象，建立社会工作者在学校的可信度至关重要。这个信任一方面来自老师和孩子，就像之前讲的如果老师对你的工作不是很了解，他如何支持你的工作呢？还有孩子，如果孩子不太信赖你，需要帮助的时候他不知道可以找社工。信任的另一方面来自家长，我们开展的很多工作例如外出或是课后的服务，需要得到家长的支持，这一切的信任都需要在学校不断地宣传，而最好的宣传方式就是做普惠性的工作。但普惠性的工作由于需要的财力和物力比较大，因此联动社会资源也是很重要的。

过去两年我们在面对学校特殊儿童，例如学习、人际关系或是家庭处境面临困境的儿童方面的工作做得不够深入。学校社工只有一个，精力较多地花在普惠性的工作上，但过程中看到这样的学生还是比较多的，但开展特殊儿童的个案跟进本身就比较耗时耗力，没有处理好就很容易使社工觉得无力。因此今后在开展驻校社工人员配比上要考虑充分，整个团队在学校里是发挥集体的力量而不是放一个社工在学校单打独斗。当社工抗拒开展个案工作的时候要予以督促，因为学校工作的核心还是边缘的特殊儿童。

刚去学校的那两个学期，觉得学校的教师流动是最大的，但经过大家的努力，教师的流动逐年减少。这不仅是我们努力的结果，也是基于学校和教师对我们的信任而共同协作的结果。特别是近两个学期，学校教师基本没有流动的情况，反而更加团结，很有团队感。基于此，我们相信只要有足够的培训和成长机会，学校是有能力应对其面临的困境的。在过去的服务中我们也看到所服务的学校每一步的成长。首先在教师的薪金上做了很大的努力。我刚去学校的时候教师每月最高工资1800元。其次，学校开始从改善校园环境做努力。学校虽然小但整体很舒服。老师们表面上看似对学生严厉，但每个老师对学生都很用心。校长也没有架子，很有亲和力，来学校办事的家长，还有在学校有问题的学生，都喜欢找校长。即便在工资不高的情况下还是有好几个老师一直跟随校长做好教育的工作。这些我觉得是这个学校能够持续开办的核心要点。后来学校开始增加学费，但相比本区域的学校来说还是最低的，再后来开始增开"四点半学校"（放学后的补课），每个参加上课的孩子都需要重新交费，虽然看似增加了家长的负担，但家长是可以自愿选择的。我们从多个家长那里了解到，这样的方式解决了很多家长没时间带孩子、没能力辅导孩子做功课的困难。我们机构也曾多方努力想要做放学后的功课辅导班，招募志愿者为孩子补课但效果一直不佳，招不到学生。因此我在想学校本来就想办好这个事，为何我们不助力他们一把，对学校和家长都是有益的，只是需要在合作上再多思考一点，让这件事变得两全其美。

在过去的两年中，我确实想做很多事情，开展青春期教育课程、上幼儿故事课，还办了很多的兴趣小组以及开展教师的团建和培训工作。在关系建立到一定基础，学校已经开放到你可以自由来开展服务的时候，我们还是要围绕一个核心活动，是青春期课程，还是副科教学？一个活动在学校做出品牌，就能优质服务到学生，当然作为社工也更明白自己的核心工作内容，也清楚明白工作的方向在哪里，这样在向外界阐述学校工作的时候，我们就能更清楚地介绍。

开展流动儿童服务，学校是孩子们最为集中的地方，也是流动儿童问题最为凸显的地方，如何能够和学校合力，在学校这个平台上更优质地服务好这群儿童，这就需要中国的学校社会工作在不断的探索中找到属于我们这个国家具有中国特色的学校社会工作模式，让更多的儿童受益。

孩子也能塑造自己的社区
——流动儿童参与式影像发声的社会工作实践

张耀炜　杨　丹　陈正艳　兰树记[*]

一　背景介绍

随着农村流动人口以家庭形式进入城市的比例增加，云南省流动儿童的数量也在不断增多。据不完全统计，截至 2011 年，仅云南省昆明市在义务教育阶段的流动儿童就超过 18 万名。这些流动儿童在城市的生活与学习虽然一直受到政府及社会各界的关注，但在近年昆明城中村大拆迁背景下，大部分居住在城中村及城郊结合部社区的流动儿童因拆迁导致的一系列意外事故明显增多。拆迁导致儿童频繁换校带来的学习困难甚至辍学等问题凸显。而城中村社区治安状况不佳，社区基本公共服务体系不健全，导致社区儿童被拐卖的现象也较为普遍。

流动儿童作为新生代的城市市民，他们若无法获得良好的照顾和教育机会，无法享受与城市均等的社区公共服务，就容易导致他们成为城市的边缘群体，难以真正融入城市生活，而缺乏家庭管教、辍学、家庭贫困等因素也容易增加他们被拐卖的风险。如何激发社区以儿童为主体，多方共同参与的社区治理模式，需要社会工作机构和社会工作者在传统社会工作方法基础上

---

[*] 张耀炜，详见前文；杨丹，毕业于云南大学社会学专业，昆明市西山区云创－服务学习发展研究中心主任，中级社会工作师。自 2014 年起从事服务－学习及青年公益人才培养相关工作；陈正艳，详见前文；兰树记，云南连心社区照顾服务中心主任，北京大学－香港理工大学社会工作硕士学位，专职从事社会工作 12 年。长期致力于城市流动人口社区、农村及少数民族社区服务与发展工作的探索与研究。

进行创新和突破。云南连心社区照顾服务中心作为云南首家民办社会工作机构，在多年社区工作的过程中，探索了通过社区开放日、社区论坛、社区参与式设计及社区组织发育等手法，建立社区多元参与的治理模式。该题为"社区治理——你我同参与、流动儿童影像发声"的小组工作案例，即是我们在流动人口聚集社区组织的儿童参与社区治理的项目活动之一。该活动由专业社会工作者推动，流动儿童共同参与，针对城中村社区普遍存在的安全、拐卖、儿童基本公共空间缺失等问题进行的持续关注和行动。

二 需求分析预估

流动儿童居住的城中村社区缺乏安全的社区活动空间，儿童在家庭和学校都缺乏参与社区事务的机会。传统福利性的社会工作方法认为，流动儿童需要被照顾和服务，更多工作开展停留在对他们的心里健康、城市生活适应、兴趣发展需要、娱乐等方面的关注，而对于儿童基本权益特别是影响流动儿童安全、身心健康及基本教育等方面的关注较少，对如何影响公众和政府决策考虑得就更少了。发展型社会工作的视角除了关注儿童基本福利及照顾服务外，还关注有关影响儿童发展的环境、社会结构及相关政策的议题。基于此，社会工作者提出如下预估和假设。

首先，只要提供流动儿童参与的机会，他们就有能力获得多种能力的提升，并有意识和能力参与社区的治理工作，如关注社区的环境、安全等方面。

其次，只要提供一种发声的渠道，流动儿童也有能力去告诉公众和政府他们所面临的问题和困难，并呼吁环境及政策的改变。

最后，社会工作者有责任在社区工作中通过小组工作的手法不断催化社区各种自助互助组织的产生，真正达到社区的自我管理与服务。

三 服务计划

（一）工作理论

1. 儿童基本权益视角

联合国《儿童权利公约》明确规定，儿童拥有生存权、受保护权、发展权及参与权四大基本权益。因此，不管是城市儿童、留守儿童还是流动儿童，他们的权益是一样的，都应该被同等对待。但流动儿童在流动过程中，由于城乡基本公共服务体系不健全等原因，他们往往面临着诸如入学困难、缺乏家庭管教、被拐卖、女童被侵害以及无法享受相关社区基本公共服务等方面的问题，他们的权益很容易被忽视，更谈不上他们参与社区公共事务的权益。因此，该小组即是希望通过搭建流动儿童参与的平台，以儿童为主体，共同关注他们在流动过程中面临的各种权益受损的问题。

2. 增能理论

增能理论不把服务对象看作等待救助的、可怜的一群人，而是认为个人和群体出现的问题并非他们自身的缺陷导致，而是由于环境的排挤和压迫造成，社会工作者可以设法激发或提升他们的能力去努力应对各种困境，进而引起积极的改变。社会工作者在服务过程中担当着资源链接、协同探究的伙伴角色，注重与服务对象共同制定服务的计划并实施。因此，我们相信流动儿童也是一群充满着各种能力的人，只是缺乏参与和提升的机会。因此，该小组即是希望能通过简单的摄影知识培训，以及小组工作的分享和互动过程，充分激发流动儿童关注社区议题的能力，并引发一系列的行动，进而促进社区环境的改善。

（二）工作目标

（1）希望通过影像展、社区儿童论坛、公众论坛等方式，把摄影师及流动儿童拍摄的照片向社会公众进行展示，以提供流动儿童综合能力提升及参与发声的机会。

（2）促进流动儿童与城市市民、媒体、官员等不同群体之间的沟通和互动，引起政府及社会公众对流动儿童群体的关注，推动政府制定有利于流动儿童发展的政策。

（3）通过专业社会工作的小组，打造儿童参与的社区平台，为相关社会组织提供工作方法上的借鉴。

（三）组建小组的基本情况

小组性质：开放式小组。

小组对象：流动儿童。

小组时间：2012年4~10月，每周一次小组活动。

小组人数：15人。

（四）工作程序

整个小组工作周期持续了近6个月。作为一个注重儿童为主体参与公众及政策倡导相结合的小组，社会工作者制定了详细的小组工作程序，具体如表1所示。

表1　小组工作程序计划

	时间	内容
第一阶段：前期准备	2012年4月1日至5月25日	1. 组员招募及筛选 2. 培训及相关小组活动 3. 照片的拍摄、筛选及照片背后的故事分享 4. 倡导活动的策划与准备
第二阶段：具体实施	2012年6月1日至9月30日	1. 完成系列影展活动 2. 影展过程中的公众互动与对话 3. 小组组员的组织、表达、沟通等能力提升活动
第三阶段：评估总结	2012年10月1日至30日	1. 内部自评，组织组员的内部总结回顾 2. 外部评估：搜集公众的反馈 3. 举办一次项目总结会，邀请政府部门、民办学校、高校研究机构及社会组织参与

四　服务实施过程

（一）前期准备工作

活动1：2012年3月1日至10日，在云南连心社区照顾服务中心儿童活动中心通过海报宣传的方式，招募了30名年龄7~14岁的流动儿童报名参加初步面试，最终以年龄、性别、民族等为综合方面考虑确定了15名成员参加小组。

活动2：2012年3月10日至3月31日，邀请云南大学艺术与设计学院摄影专业学生作为指导，为小组举办了3次摄影专业培训，使小组组员掌握了基本摄影方法和技术，并开始在社区进行主题拍摄。

活动3：2012年4月1日至5月20日，通过小组系列活动，激发组员对城中村社区环境、卫生、拐卖、家庭等议题的讨论和关注，以此为基础让小组组员分为4个小组，在机构所在的王家桥、林家院等城中村社区分别以"劳动""社区环境""教育""预防拐卖""家庭"为主题拍摄了近2000张照片。

活动4：2012年5月20日至5月28日，小组组员一同从2000张照片中挑选出近150张照片，并对照片进行了故事分享及文字描述，在此基础上最终制作完成38张用于举办摄影展的展板。

（二）小组过程组员能力提升

活动1：从2012年4月至小组工作结束，针对流动儿童面临的普遍问题，社会工作者每周组织小组组员举办一次专题讨论会，运用参与式的方法，通过讲故事、绘画、头脑风暴等方式，让儿童对自身面临的问题如就学、居住空间、歧视、防拐等问题进行讨论。

活动2：2012年8月1日至30日，由社会工作者为小组组员举办各种专题如预防拐卖等的主题培训，并通过带领组员参与对被拐卖儿童家庭访问，提供给儿童能力提升的机会及搭建社区参与的平台。

（三）小组中期的公众及政策倡导工作

活动1：2012年5月31日，以儿童节为契机，开展了由云南省妇联主办，连心与昆明西山区后秀文物学校、昆明市西华公园管理处共同承办，借助国际劳工组织项目经费资助，题为"共享蓝天，社区流动儿童摄影展"的活动。该活动邀请了来自妇联、综治办、教育局、民办学校、社会组织、高校等不同部门的领导近30人参加，吸引近千名观众观展。云南省妇联主席出席了活动并做了重要讲话。该活动引起了云南电视台、昆明电视台、《春城晚报》、《云南政协报》、《云南信息报》等多家媒体的关注并进行了报道（详见附件）。

活动2：2012年7月26日，结合云南连心社区照顾服务中心在昆明市五华区观音寺社区举办的暑期系列活动，小组策划举办了主题为"关注流动儿童暑期安全"的流动儿童摄影展活动。参加本次活动的本地社区居委会干部5名，以及居住在该社区的市民特别是本地儿童近60人。活动以现场观看影展及举办公众论坛两种形式开展，由流动儿童对照片进行介绍，并呈现流动儿童面临的主要问题，进而与城市社区本地儿童进行互动。

活动3：2012年9月1日，小组共同再次策划了在昆明市西山区政府广场举办的主题为"共享蓝天，社区流动儿童摄影展"大型活动。活动邀请了云南省妇联、西山区妇联以及一些社会组织及广大市民参与。活动由儿童做主题照片介绍，包括市民观看影展、进行公众论坛和留言等内容，并结合开展了机构志愿者招募、妇女工作平台宣传、旧物回收等工作。活动吸引了近500名市民的参与。

活动4：2012年9月14日至15日，项目组与云南师范大学及云南农业大学爱心协会进行合作，在两所高校针对大学生举办了两次摄影展活动。现场观看影展活动的大学生人数超过500人，引发了大学生对流动儿童相关社会问题的热烈讨论。

活动5：2012年6月10日至9月25日，小组分别多次策划了在机构所服务社区的两所民办学校以及接待来访的机构活动中心举行的影展活动。整个社区超过2000名流动儿童、500多名家长，以及近200名来机构访谈的政府部门、高校、社会组织相关人员参与了影展活动。

五 工作总结和评估

2012年9月25日至10月30日，社会工作者推动，小组组员共同参与，通过内外部总结会及召开研讨会等形式对项目进行了总结和评估。

（一）总结和评估活动

1. 评估的方式

（1）小组内部评估：社会工作者召集小组全体成员，以绘画及讲故事等方式，就活动回顾、组员参与过程中的收获与不足以及小组自身存在问题等方面进行了分享。小组组员分别从收获、不足和期待三个方面提出了近30条想法。

（2）公众反馈评估：在每次的影展活动中，小组通过个别访谈及填写反馈建议等方式进行评估。整个小组活动过程中，共搜集公众反馈的想法和建议近100条。

（3）召集相关合作方举办会议进行总结评估：2012年10月24日，由社会工作者组织策划，从机构层面上与云南省妇联流动妇女儿童服务示范工作站、云南大学设计与社会发展研究中心共同举办以"流动人口服务与管理创新工作研讨会——以推动多部门合作的预防拐卖"为主题的研讨会。参加研讨会的有机构所在街道办及各个居委会干部，各级妇联、派出所、民办学校及社会组织等近20个单位和部门。通过研讨会，小组工作取得的成果与经验得以分享至政府及相关部门。

（二）取得的成效

通过小组评估，社会工作者认为，该小组不仅提供了流动儿童参与的机会，使他们的综合能力得到提升，更为重要的是通过影展发声这种儿童较有兴趣并能持续参与的方式，直接引发了公众、政府及媒体对流动儿童安全及教育议题的极大关注，在公众及政策倡导方面都产生了明显成效。

1. 提供了流动儿童成长和发展的机会，使他们的综合能力得到提高

小组系列培训活动如各种讨论会、培训、社区宣传活动、外出探访以及摄影展活动，给孩子们提供了综合能力提升的学习机会。在小组内部评估总结会上，组员们反馈说，参加摄影小组可以让他们"学会拍摄，学会做摄影展""可以学到一些道理""能见到平常见不到的人，如博士""可以交许多好朋友"。从这些反馈中可以看到流动儿童在参与小组活动过程中的收获。

2. 使流动儿童小公民意识得到培养，激发他们关注更多社区公共事务

在小组实施的整个过程中，社会工作者有意识地组织各种讨论会及社区宣传活动，进行适当的引导，给予儿童充分参与的空间。如以参与式讨论的方法引发儿童对社区议题的分析与讨论，同时通过以他们为主导的社区防拐宣传活动，以及对被拐卖家庭进行探访和帮助，激发儿童关心他人、关注社区公共议题的意识，提升他们参与社区公共事务的能力。

3. 提供了流动儿童发声的重要渠道，使社会公众、媒体及政府能够更多地从流动儿童的视角出发关注他们面临的困境

在摄影展上，有市民反馈说"小朋友们的作品是一组最真实的写真""希望有更多的人来关心这些孩子的生活和学习环境，关注他们，爱护他们。他们在童年若是能得到关爱，他们将来就可能造福社会，反之，则可能给社会造成负面影响"。经过努力，最终还推动形成1个有关儿童安全及社区基本公共服务的政协提案提交云南省政协会议。

4. 提供了市民走近流动人口现实生活的机会，促进了城市不同群体之间的沟通与融合

摄影展真实呈现了流动人口的家庭、劳动、孩子教育、居住环境等方面的内容，使得城市市民近距离了解流动人口家庭生活，一定程度上消除了他们对于流动人口的误解和偏见。另外，公众论坛方式，使流动儿童与城市儿童及市民彼此间有互动，促进了相互间的沟通与了解。

5. 小组过程，使专业社会工作者及实习生和志愿者得到了专业能力上的提升

小组工作的实施，从小组组建，到小组活动过程，再到照片拍摄及摄影展系列活动开展，包括最后的小组总结和评估，社会工作者不论是在协调小组内部关系、协助组员成长、联动多部门参与，还是在邀请媒体报道等层面上都获得了很大的专业实践机会，在此过程中大大提升了专业能力。这种专业能力包括如何组织策划小组工作，如何从小组工作转到社区工作，如何进行公众与政策的倡导等。

六 工作反思

小组虽然取得了一定成效，但同时也存在诸多的问题与挑战，主要表现在以下几个方面：

首先，影像只是一种策略和媒介，如何通过该手法更好推动儿童与家庭及社区各职能部门之间的参与，促进社区安全网络的形成，对社会工作者提出了很大挑战。小组希望更多推动儿童关注社区公共议题，特别涉及他们权益的议题，但组员更喜欢拍摄的是城市的美丽景观，不太愿意面对现实生活中不好的一面，工作人员的引导还需要更多的耐心和方法。与此同时，如何通过照片，引发儿童所在社区不同部门积极关注反映出的议题，还需多方努力，单靠参与项目的儿童及工作人员是很难引发这些关注的。

其次，小组的可持续问题。小组希望最终可以转为社区的自组织，但这需要专门的社会工作者进行跟进和协助，但在面对机构各种项目压力及巨大的社会服务需求面前，如何割舍与选择是社会工作者面临的又一大挑战。再加上由于社会工作者及志愿者自身能力及经验的不足，在推动儿童参与的过程中会出现较大的困难。

最后，在推动和触及政策层面的变化需要时间和耐心。小组本身对于推动和促进流动儿童相关政策出台方面的影响力还有待进一步增强。小组的系列活动虽然引发了媒体及社会公众的关注，也召开了多部门参与的研讨会，但如何更准确地反映流动儿童面临的困境，进而形成更为详细的资料反馈给政府相关部门，并促使政策的改善和出台，这些方面还需要找到更加合适的方法及途径。

与底层劳动者走在一起

——非正规就业社群社会工作实践

严云颢　王显琼[*]

一　从工厂到社区：我的劳工社会工作脉络

关注劳工这个群体刚开始要追溯到2004年在深圳的那个春天。那年我刚好大学毕业，凭着自己对公益的理解，义无反顾地来到深圳投入了社会服务的领域。当时工作地点是在深圳横岗的工业区，第一次看着这个巨大的城市我有点茫然了，走在"189"工业区的街头我仿佛来到了一个独立的小镇，天南地北的口音，琳琅满目的小摊，光是一个鞋厂就有上万名外来务工人员。工友宿舍里的收音机天天唱着"年年打工年年愁，天天加班像只猴"……那一年，作为一名一线社工的我与一群打工者共同度过了2个月的时光，看到了工人群体和资方之间种种的矛盾、冲突。

2011年，我获得了一份到某大型劳动密集型工厂从事企业社工的工作，

---

[*] 严云颢，社会工作师，2004年进入社会服务领域，先后服务于广东省汉达康福协会、云南连心社区照顾服务中心、深圳富士康、深圳市妇联阳光家庭综合服务中心等机构。在农村社会工作、流动人口社区工作、企业社会工作及社会工作督导等方面有丰富的实践经验。2012年至今担任云南连心社区照顾服务中心副主任，负责与政府关系事务、服务开发及一线团队管理工作；王显琼，女，工业工程专业毕业，一直梦想着通过工程师职业实现劳动致富的梦想，因此曾经在产业部门工作，兢兢业业耕耘。后因职业病工伤的问题结缘公益机构，并于2014年7月进入连心，主要负责机构工人服务工作，致力于通过法律等途径维护外来打工者群体的劳动权益。

使得我有机会再一次前往深圳,以一个行动者的身份投入到工业区的服务探索中来。作为一个企业社工,我开始了围绕工厂网吧、商店、食堂、宿舍等地方的外展走访。同时借助企业社工日常服务所开展的小组、社区活动/员工问题反馈会议等不同场合下的接触机会,我逐步认识了很多工友,他们中间有生产线组长、生产线作业员、采购员等,其中有些员工因为各种需求成为我工作中的案主。这个过程中,我期望自己可以在短短的半年里能更多了解生产业线上到底发生了什么,并且尝试把这些问题呈现出来。

工厂每天发生的一切和我想象的差不多:无休止地加班,低工资,条件很差的集体宿舍……但是这里的一切又比我想象的更复杂更微妙。工人刚到工厂的时候需要签订一份有 57 个条款、布满密密麻麻的细小文字、看了半天也没弄明白的保密协议。好歹大学我还学过法律有点儿基础,我看都感觉很吃力,那么多工友几乎只是初中文化程度,面对工厂聘请专业律师团队制订的复杂合同即使看不懂也只得认命签字。除了这个保密合同,但凡涉及生活、工作的方方面面,厂里都有自己的规定,这些规定一般会张贴于电梯口或食堂的公告栏中。最让我诧异的是发到手中的总裁指示和总裁语录小纸片,涉及工厂的方方面面并明确地写着要求所有人会背诵,年底厂里还会举办总裁语录大赛,着实让我开了眼界。

总之,从迈入工厂的那一刻起就会有个声音时刻提醒你:在这里,一切绝对服从。

作为全球化的大型电子工厂,该厂主要生产某品牌手机,其中工厂的角色是"代工生产"这一环节,企业希望员工能够不间断地、不犯错地工作,从而加快生产效率、提高生产量,以帮助企业获得最大的利润。然而,相对于机器,人总会有累的时候,为了解决这样的矛盾,于是就有了各种限制员工的规定以确保生产现场员工不停地、机械地、精准地重复简单的劳动。例如:上班期间不允许交谈、上厕所时间不能过长等,更有甚者把机器的控制和机台前操作的员工分成两条线,各自为战且彼此之间相互竞争,上班期间机器不停,在机台前操作的员工就必须不停地做事,上厕所、喝水等限制次数并且要快去快回,以防未被加工的产品流入到下面的工序中。为了维护此类的制度,管理方通过如记过处分、扣工资、增加产量等方式控制员工行为,这些违背人类自身需求的规定在实施过程中不免增加了基层管理者和员工冲突的可能性。因此工厂冲突往往发生在底层线长与产线作业员之间。而经验老道的管理者往往利用这些游戏规则把矛盾转移到底层的员工之间，而且员工一旦被处分几乎失去升职的可能。

在厂区，商店里最好卖的饮料就是红牛，很多时候厂里工友之间串个宿舍打牌什么的都会带着几罐红牛去，女孩们也会经常给心仪的男工友买红牛。下班间隙看着席地坐在花台边几乎人手一瓶的"红牛大军"，不得不让我回想起藏区各种徒步、骑行的"红牛岁月"，因进藏路线特殊的地理环境，骑行、自驾、徒步的人面对崎岖坎坷的旅程需要像红牛这样的功能性饮料来增加身体机能，逐渐地红牛成了进藏路线上大家最好的打招呼交朋友的媒介。但在工业区红牛要应对的是另外一个"青藏高原"般的疲劳和艰难险阻。尽管管理学的理论实践在不断地发展，但国内劳动密集型企业的基层管理者仍然采用着十年如一日的"叫骂"式管理，他们认为员工是不听话、服从性差的，只有采用这种方式，员工们才能够顺利地较快地完成任务。许多年轻的一线员工每天在高压的工作情境中精神紧绷，特别害怕出差错生产出不良产品，而紧张的情绪却导致频繁出错，并在出错后被线长骂，结果再做错事，再被骂，精神便更加紧张。这个压力循环的过程让大部分工人都会出现失眠、体重下降、情绪低落、肠胃不适等情况。

除了以上种种情况，对于工厂的年轻人最可怕的还是你浪费了最宝贵的青春却什么都学不到，工人再也不是能工巧匠。在厂里，流水线上所涉及技术的信息都是工人们无法接触的，大家年复一年重复着同一个工序，即便调换部门所从事的工作永远让你学不到任何生存的技术。比较一下过去自然经济的结构，从事一个行业3年或者5年的工人至少能够熟练掌握一门技术，例如木工、铁匠等可以养家糊口。但在机械化流水线的结构里，只是重复着同一个简单工序，一旦脱离了流水线之后工人就什么都不是了。把青春献给流水线的工友们大多已经失去了农耕的知识，不晓得什么月份该种些什么，这么多拥有着农民身份的工人，徘徊在身份与个人发展的双重矛盾情境中，不知何去何从。

由于工厂产量与市场挂钩，就存在旺淡季之分，旺季厂区大量的招募工人，多的时候每天可达上千人的规模。而新员工试用期6个月，试用期内工资是被压缩的，大部分员工熬不到6个月就已经离开了工厂。不算正式工人，工厂每年光靠试用期的工人就贡献了足够的劳力。而当工人变为正式员工之后又要面临其他问题。正式工工资报酬主要源于以下几部分：基本工资、加班工资、绩效工资和职级工资等。基本工资、加班工资和职级工资都

"流行社工"路

是有着明确规定的,如基本工资(即底薪)在劳动合同中会明确规定出来;而绩效工资是根据每个月的表现由基层管理者为员工评定出来。实际操作层面企业的绩效考核只是在一个框架结构中让基层管理者去评判员工的表现,这使得考核中有很强的主观判断在里面。而员工面对结果存有异议时,大多被看成是无理取闹,如果员工反应过激一些,就会被看成是不服从领导,厂方可以从众多的规章制度里随便找个理由开除员工,面对这样的情况大多数员工敢怒不敢言,最终以离职收场。

面对压力大节奏快的生活与工作,厂里也有让大多工友感兴趣的福利,比如"工会网购乐园——飞虎乐购",这也是工友们在厂里除了工厂网站唯一可以打开的网页。每当工余的时候工友们高兴地前往厂区提货站,兴高采烈地取回花费了大部分工资购买的各种商品,有的直接寄回偏远的老家回馈亲人。而实际上这个购物网站的投资方与工厂的投资方都是同一个人,大部分人辛苦加班的收入又再次回到了同一群人的口袋里。

以上更多是我认为看得见的压迫,但在企业中还有些隐形压迫几乎让人无法察觉。大多时候工人要在其中对现状做出反思与反抗,不是一件容易的事情,大家的精力被维持生计所需的日常所占据,日复一日地面对人生苦乐。即使能接受对现有制度的诊断与批判,更自然的反应却可能是一种宿命观,认为自己无法真正改变什么。但也并非所有员工都会选择沉默,如今珠三角的打工队伍中,改革开放后成长起来的"80后"、"90后"新鲜血液渐渐成为打工者的主力军,与之前的打工者在成长环境方面有着明显的差异。相较于20世纪的打工者来说,"80后"、"90后"更加强调自我的权利、注重自我的感受,他们对于工作除了工资报酬方面的要求,还在娱乐、发展空间、福利等方面有诸多需求。他们在面对环境挤压的时候,也更容易选择用斗争来回应。

我在厂里负责管理一个宣泄室,里面放置了许多橡皮人和沙袋,厂区保安们把这里当成了训练室,所以几个队长、组长与我也都非常熟。在厂里的工友眼中保安就是资本的帮凶,在厂区保安权限大到可以横着走路,经常传出谁谁又被保安打了的事情。但这一次我看到了和想象中不一样的一群保安,当时厂区向八十多名保安发出通知,推行保安外包,并要求现在的保安选择其他岗位或者离职。然而,公司并没有主动将员工们辞退并依法发给补偿金,而是一直玩拖延术,逼员工自动辞职。随后30多个保安团结在一起爬上行政大楼楼顶,用集体跳楼的方式发起了抗争,要求厂方按辞退标准给予他们补偿，双方僵持十多个小时直至深夜，在当地政府调解下厂方同意展开协商。最后这场保安与工厂的抗争以温和的方式结束了。

但同时期在厂内发生的另外一场抗争却让一个年轻的工友付出了生命的代价。那是 8 月一个炎热而诡异的早上，原本我约了某个社工机构一起交流工作经验，刚出来到工厂大门就看见保安、厂领导站在正门，原本不让通行的道路改为了临时通道，厂门外是联防在维持秩序，路边的人们都似乎朝着同一个方向张望，直觉告诉我一定是出事了。这样的感觉和 2009 年的那几次一模一样。

那些日子里我尝试着从我的知识结构去理解当下我经历着的一切，当年政治课本里认识的马克思主义、社会主义等理论，在这个机器轰鸣的工业区发生了共鸣，于是我重新找来了《资本论》、《毛泽东选集》和相关的书籍。这一次的阅读再也不是老师逼着我考试背书的场景了，而是一次用理论对照实践的探究。

无论如何，半年多的工厂生涯使我看到了发展巨人势不可挡，但又能感受到打工者的顽强生命力。我清楚地意识到，很多时候工友被认为是等着被救助的弱势群体，但事实上，劳动者绝不是任由资本摆布的躯体，他们也会在夹缝中公开或隐蔽地展开反抗，有时甚至将现有的规则和纪律体系打破，但现实中很多反抗也往往以一场沉重的悲剧收场。

2012 年 5 月 1 日，我选择回到了云南昆明，这几年辗转于不同领域的服务实践之后我明白，如果我真的要选择社会服务这个领域，自己必须行动起来，和劳动者阶级站在一起，并成为他们中的一部分。

二　比法律底线还要低：非正规就业社群社会工作

我们的工作地点是昆明市较大的一个城中村王家桥，早在 2009 年的时候我跟随一群来自贵州的布依族老乡，在去小谷堆村和尹家村外展的时候就探寻过王家桥村。2010 年 3 月连心经历了伍家堆村社区拆迁后决定搬迁到王家桥。此时处于西南边陲的昆明也正加大步伐奋力朝着现代化大发展目标加速奔跑着，华丽的机场、越来越高档的商场在向人们展示着城市发展的面貌。相对于城市，当时的云南农村经历了 5 年干旱的自然灾害，生活在农村的人们越来越发现家乡很难满足谋生的需要，都陆续来到城市里务工。机构选址的王家桥村正好是距离西北部客运站和市中心的中间地带，大部分从云南西北部来到城市打工的老乡往往会把王家桥作为打工生涯的第一站，久而久之形成了以王家桥为核心的普吉流动人口集聚片区。

云南连心在王家桥最初的介入还是延续过去困境妇女儿童等领域开展，直到2011年在进入王家桥社区开展社区服务的第二年才接触这样一个非正规就业群体。外展工作的时候我们看到临街的一块空地上，许多南来北往的老乡在等待工作，我们走近接触老乡们的时候他们就围过来聊天。老乡们大多是从昆明周边的县城来的，其中还有少量外省的。出于职业好奇我们开始观察和了解这群人。由于年龄、技能、文凭等原因，他们并没有像大多数年轻人一样前往长三角、珠三角等工业区打工，而是留在了离家不远的省城。他们无固定的职业，主要是按雇主的要求来干活，工作的时间、地点、内容、待遇都不固定，往往是干一天算一天、干一次算一次。他们从事着搬运、绿化、拆迁、建筑等劳动力强、危险性高，普通市民不愿意从事的脏、累、差的工作。这样的非正规就业是一种灵活的就业方式，能给需要短期雇工的雇主们提供需要，在一定程度上弥补了正规就业市场的空缺，有着巨大的社会土壤和需求。西南的大部分地区，人们把这种短期的非正规就业形式称之为"站工"，工友们聚集的地方叫做"站工市场"。当时在连心活动中心有好几个孩子的家长每天都会去站工市场找工作，我们当时回应社区问题的策略还是从孩子进入到家庭，所以经常要去家访或者约老乡们晚上去喝酒。这样除了跟老乡们聊孩子的事情，还时常会听到他们聊到关于在站工市场白天发生的事情，我从听来的一个个故事的描述中隐约看到站工这种非正规就业的形式，让工友面临着如劳资纠纷、工伤、诈骗等等难以通过正规渠道解决的困境及风险。

2012年5月我从深圳回到昆明，正好当年有中央财政经费的支持，加上长期的资助方乐施会也积极关注着这个服务领域，我决定与连心一同介入对这一群体的服务探索领域。

三 社群主要面临的问题与需求

多年的工作经验告诉我，要进入一群没有太多社区关系基础、和社会连接较弱的群体工作，前期的关系基础很重要，否则只能远远地观察。为此刚开始我带着几个实习生每天带着茶壶、茶杯、小桌子和几本杂志去到站工市场设立了最初的外展咨询点，想通过边喝茶边跟老乡们聊天的方式，跟他们建立关系，获取信息。最初的几天我们放下桌子和茶杯时，工友们都对我们的行为表示怀疑，不知道我们要干什么，于是他们有了各种猜想，说我们是卖茶叶的、打广告的、在茶中做手脚、喝茶要收钱这类的，我解释说我们是免费请大家喝茶，他们很难相信我们，记得有一个工友说，只要我们先喝茶，他们就敢喝，于是我和实习生们二话没说端起一杯茶就喝起来，之后就端一杯茶给说话的那位工友，他也就喝了，渐渐旁边的人就开始主动端起茶杯。也许是这个社会给了他们太多的创伤，使他们不敢轻易相信任何人，即使我们看上去是学生，我们常去站工市场，他们对我们还是不太信任，对于我们想要提供的服务一下子还是不敢接受。刚开始在我接触的工友中，除了认识的家长有些是属于过来闹着玩的"恶搞派"，言语间不是很友好，年轻漂亮的女性实习生经常会受到骚扰。但是我们觉得能说话就是一种互动，总比躲在一边什么也不说好，慢慢他们就会对我们友好了，我们可以把这个看作他们回应我们的一种比较特别的方式。在半年的时间里我们用完了2罐液化气，用坏了15个杯子，消耗了21袋茶叶，逐步形成了每周定点在王家桥站工市场提供现场咨询、报刊、普法、送爱心茶水等人人皆知的服务。通过这个平台的带动作用，连心建立了与服务群体深入的服务关系，累计服务站工大约3000人次，密切跟进了30多个工伤、劳资纠纷的个案。最开始我们还每天送茶水找共同议题聊天、挖掘潜在个案，到年底发现整个站工市场仿佛是个案仓库，有接不完的各种类型个案。2013年的时候我仔细整理了一年多来在工作中逐步窥见的种种问题和需求。

（一）生计问题

当时我到了昆明，自己需要装修一套房子，于是我找来了站工市场上的工友，工友忙活了两周，也尽心尽力，结果瓷砖全部贴废，后面请来的专业师傅说能把瓷砖贴到墙上不等于会家装，如果他们技术达到家装程度就不需要去站工市场等工作。他们大部分人的经验来自乡村的知识体系，面对城市五花八门的用工需求他们能选择的却很少，自然工价也很低，普通工价基本是100元一天，稍微有点技术的大约200元一天。大量的流动人口涌入城市也造成了竞争，老乡们不是每天都能找到工作，有时候几天都无法开工。当遇到工伤及劳资纠纷的事件往往就会陷入生活绝境。

(二) 普遍存在的劳资纠纷和工伤问题

外来务工者的工伤处理问题一直是流动人口面临的难题，但是对于短期雇佣工则更加复杂。仅2012年机构就接触了12起因工受伤的案例，其中还有2起是进城务工返乡回城时发生的交通意外。2012年的记录中总计发生38起工资拖欠。基本特征如下：无合同的短期雇工、工头之间的层层转包、小额劳资报酬纠纷居多（大都在60~1000元）、雇主流动性大，加上务工者法律及文化知识不足，导致解决过程十分复杂，同时纠纷金额涉及较少，维权反复多次又使维权成本过高。在面对这些情况的过程中，老乡们被边缘化的处境往往容易激化矛盾，时常发生斗殴、堵路、群体事件。

(三) 赌博酗酒严重

在站工市场每天都会有15~20人聚集在一起赌博，有时候站工1天的收入很快就输光，因为赌博还时常引发矛盾。酗酒行为也是站工市场特征之一，在收入低、生活压力大、家庭不和等这些不如意的背景下老乡往往以酗酒来应对，因酒精中毒发生的死亡事件时有发生，饮酒也时常引发斗殴等冲突，饮酒后前往工地开工也易发生意外，所以有的老乡经常因酗酒被雇主拒绝。

(四) 精神文化生活的需求

站工市场的老乡非本地居民，大多数来自城市郊区数百公里的县市，如禄劝。也有一部分来自更远的地方如曲靖、昭通甚至是来自省外，如贵州、四川以及重庆等。他们租住在王家桥以及普吉村周边社区里，白天在站工市场寻找临时的活计或者相对短期的工作，晚上又回到租住的地方，生活方式较单调。结束工作后大部分人会聚在一起打牌赌博，除此外很少有其他活动。王家桥站工市场经常有职业玩家利用动物骰子、猜铅笔、猜蚕豆、扑克、象棋等方式，在"托儿"的配合下，使用诈骗技巧引诱老乡上当，在接触中我们得知有不少老乡在几天内输掉好几千元的，犯罪分子正是利用了老乡们缺乏休闲娱乐来实施诈骗。

(五) 法律及制度等社会支持体系的需求

工作人员在前期的个案跟进中，接触和服务了近40个有工伤、拖欠工资、离婚的个案。其中有 4 个在工作人员的推动和陪伴下走上了司法程序。但是在过程中经历了律师难找、临时退出、证据难找、维权案主沟通能力不足等曲折。主要的问题是在法律证据的搜集上老乡缺乏意识和方法，语言表达能力较差，对于法律认识不足、对法律及执法机关不信任等。在大多数主流学者的视野里，社会支持主体包括各种正式的组织和关系网络，而流动务工群体等属于弱势群体，是社会支持的客体。作为社区工作者连心的立场认为社会支持应该是涵盖所有社会成员的，流动务工群体也应该可以成为社会支持的主体。

（六）社群关系疏离，社区公共空间的需求

城市化背景下随着农村生存空间进一步被压缩，特别是在云南连续四年干旱的背景下，到城市从事非正规就业的人越来越多。2013 年初仅在王家桥站工市场上的老乡就不断增加，有时候每天有近千人，而整个昆明类似的站工市场接近十个。众多的人群在一定程度上也形成了竞争关系，连心在处理工友个案的过程中遇到的因工友之间相互竞争带来的矛盾案例也不断增加，如 2013 年初总计有 5 起纠纷，在站工市场上也经常遇到工作竞争引发的斗殴事件。在生存压力下我们看到这个群体在共同的处境和困境面前相对容易形成群体凝聚力，这其中也会在社区公共空间缺乏的情况下引发紧张互动关系。就连社区唯一的篮球场都被改建为停车场，这个曾经承载了许多社区公共空间功能的地方就此离开了老乡们的生活。

（七）性别不平等的问题

流动群体中妇女不仅需要照顾孩子和承担大部分买菜做饭的家务，还需要在外工作赚钱。由于需要接送孩子上下学，好多妇女也没法找到固定上下班时间的工作，所以工地小工、保洁等临时工作成为她们找工作的热门选择。但是这些临时工作也存在男女同工不同酬的情况，同样的工作男性每天 100 元，女性只能拿到 80 元。另外，她们也同样面临被拖欠工资、职业安全等问题。

梳理完这些问题后我围绕整个城市又做了一次全面筛查，在昆明成规模的站工市场不光有一个机构所在地，全昆明共有 12 个点，每天上万人的劳动规模。对比我所居住的与王家桥一路相隔的地方就是昆明泛亚新区，和衣

着光鲜的那群人相比，会发现在一个城市的城中村里居住着多达上万的劳动者群体，既没有被纳入政府管理体制之内，也很少进入学者、新闻记者及社会组织的视野之中。

四 连心非正规就业社群工作的服务实践

第一个平台是五华区农民工维权中心普吉分中心暨农民工维权站，这是全省首家街道农民工维权站，是在街道和居委会合作推动下成立的。成立的当天简讯铺满了昆明各大报纸和网络，媒体认为，维权站的成立形成了区、街道、社区（社会组织）三级维权帮扶网络化工作机制，将真正实现为农民工说话，帮农民工撑腰，面对面、心贴心、实打实为农民工维权。街道维权站的成立，也将使农民工纠纷调解、权益维护等得到认真的对待，这是一种开放城市的开放姿态，也是开放城市应有的胸怀。我认为维权站的成立是一个很好的开始，至少让我看见在体制内并没有关闭对这个群体的端口，而且在这个平台里的确有许多在用心对待这个社会的人。

维权站成立后，我们把个案作为开展工作介入的基本尝试，尝试通过专业关系的建立和发展，针对外出务工者的特殊情况和需要，激发个人潜能，了解其与外在环境的社会关系，运用社会资源来改善或增强外出务工者及家庭应对困境的能力。

非正规就业的人员收入不稳定，大部分人处于为基本生活而挣扎的状态。面临紧急情况的工友，特别是因工伤无法工作而使生活无以为继的工友及其家庭，我们会结合中央财政项目，通过工友慰问金提供紧急援助，通过这些援助金解决工友暂时的生活问题，也建立了与工友密切的关系。后续还要提供多方面介入和支持，如协调和陪同工友外出讨薪、陪同开庭、医院陪护等，这些服务消耗时间多，也不一定是很专业的工作，但我认为很有意义。记得有一次4个大姐被无故辞退，我们介入后第一次开庭法官问名字，一个大姐由于紧张居然答不上自己名字，质证阶段几乎是不敢说话，我在边上看着干着急。回来后，我们与志愿者陪着她进行了模拟开庭训练，最终大姐坚持到最后拿到了赔偿。

短短几年，志愿者配合社工总计介入了80多个劳动维权的个案，这些接受服务的老乡具体情况不完全相同，但他们有一个共同点就是应对风险的能力很弱，一方面社会保障制度缺失，支持体系很薄弱；另一方面，个案主体自身有局限性，寻找资源和支持的渠道和能力非常有限。我们通过提供紧急援助金或物资、陪伴或转接等支持，协助工友处理面临的问题，但这些只能解决工友的部分困难，使工友的困境暂时得到缓解，大部分问题还是无法得到解决。

法律援助方面，老乡们如果申请工伤赔偿必须有劳动关系，非劳动关系不构成工伤，就只能走侵权赔偿司法程序。但侵权赔偿是民法上的义务，工伤赔偿是劳动保险法上的义务；侵权赔偿实行过错责任，工伤赔偿实行无过错责任；工伤赔偿必须经过劳动部门认定（调解私了除外），这样高的门槛对于非正规就业群体来说几乎是不可能。如果走侵权赔偿的司法渠道就面临"谁主张、谁举证"的原则，对赔偿的一切事实，权利人均须举证证明。我们所接触的大部分案例中，资方想方设法掩盖证据，甚至不惜买通医院篡改病历。这样的法律维权过程对于外来务工者来说极其漫长和困难，现实中几乎是不可能完成的任务。所以我们逐步把个案法律援助的比重调整至群体意识培养方面，不断进行资源整合，推动社会、公众、政府等的共同关注和支持，才有可能充分维护服务群体的利益。

随着工作的推进，我们渐渐得到了各级工会的认可。3年后的一篇报道又拉开了我们的另外一个平台。这一次我们在区总工会的支持下成立了"普吉街道办事处、云南连心社区照顾服务中心农民工联合工会"，后面更名为"流动职工工会"。这标志着五华区农民工集中入会和维权服务工作进一步延伸和拓展，在五华区辖区特别是西北片区工作和生活的农民工又有了一个新的组织，农民工有了"娘家人"。

对我们来说，工友群体的组织化工作就是完善社区非正规就业者社群支持体系最好的途径。为此，我们借助社区工会的平台，通过开展兴趣小组、学习小组等吸引工友的加入，采用小组的方式鼓励工友建立相互之间交流平台，发展工友互助网络，探索非正规就业群体建立互助组织的方法和模式。在工会这一平台下催生的小组有法律学习小组、摄影小组、电脑小组、电影小组、木工小组。摄影小组发展了12个相对固定的组员，我们期望这些组员中有人能拿起相机记录自己打工的历程，并能够参与年底举行的工人摄影展活动。通过摄影小组活动，工友掌握了基本摄影知识和技巧，学会了数码相机的基本操作，能自行拍摄出清晰的照片，培养了工友们的创作兴趣，并逐渐引导大家思考理解摄影与日常生活的关系。随着活动的连续开展，工友们的表达能力有了提高，敢于在大家面前表达自己的想法，增强了自信心，议题活动的讨论触动了工友对自身劳动权益、生活等方面问题的思考。还打造了一个普法小组，该小组是由过去外展时候的法律讲座发展而来，由于法律讲座往往内容单调，老乡文化程度偏低，在站工市场很难推行下去。所以我们的普法活动改为以小组的形式，让大家一起讨论学习生活中遇到的法律问题。同时我们在站工市场也发起类似的讨论活动，电脑小组开展了三期共计25次小组活动，以电脑/网络等基础操作为主，参与者通过这些小组，学会了通过网络查询就业、法律等各种信息，感受到了互联网信息时代带来的生活便利，学习的过程也慢慢建立起参与者之间的关系，增强参与者的归属感，到后期小组活动变得更加多元，学习之前有一些愉快放松的小游戏，学习结束后会有参与者组织跳民族舞。

在个案援助服务的基础上我们看到打造社区空间越来越发挥出连接社群的实在作用。经过几年的耕耘，王家桥站工市场从刚开始单一的非正规劳务市场，发展到一个社区的综合支持平台。如今每周一次的爱心凉茶及每月的康乐活动带动了社区文化氛围。夜幕降临的时候，工作了一天的老乡会带着孩子到白天等待工作的地方对山歌、跳广场舞。大家在这里认识了四面八方的朋友，各种劳务信息也在这里传递分享。这样的空间为昆明的外来打工者们提供了政府等正规支持体系无法涉及的服务，也弥补了流动人口家庭自然支持体系的不足。

另外，在机构办公楼提供了一间办公室，专门打造成社区工友活动室，提供茶水、棋牌、报刊图书、法律咨询、周末电影及小组活动等服务。工友活动室为工会小组活动、工友聚会、节日活动、讲座等各种工友活动的进行提供了固定的活动场所，个案接待也有了固定的谈话室，也有工友到活动室借阅图书。工友活动室已发展成为除了站工市场之外社区工友聚会的主要场所。

在经历了数年的探索服务之后，我们开始回顾经验并进行总结，仅从提供一些基础的社区服务来看，并不能完全覆盖流动人口服务的需求，还有许多根本的需求无法回应。流动社群的种种需求与问题的解决，需要由更多社会组织能够致力于与社区弱势群体一起共同努力，要切实在个人及家庭层面上回应服务对象的实际需求，并协助群体自身进一步自助互助；同时也要结合当前社会管理创新中所提出的加强对流动人口服务及融入城市的政策指导，从制度层面上谋求转变，推动有利于社群发展的制度出台，力图联动多方力量推动社会朝公正、包容、关爱的方向发展。

最重要的是，为了城市繁华而付出青春与血汗的这个群体，也是有梦想的，他们的劳动尊严和生存权利需要被这个社会看见。

在流动边缘追寻姐妹情谊
——城市流动妇女社会工作实践

陈喜纯　张　琴　陈韦帆[*]

2007年，云南连心在乐施会及多方资源支持下，一直扎根于昆明主要的城中村及城郊结合部社区，以儿童工作为切入点，建立了机构与家庭及社区的关系，并逐步探索以多元化的工作策略回应流动人口群体需求，取得了阶段性的工作成果。其中，针对流动妇女及其家庭的工作是机构最重要的工作内容之一。

一　流动妇女工作需求分析

云南连心机构目前所在的流动人口聚集在王家桥社区，社区位于昆明市西北部，隶属于五华区普吉街道办事处，紧邻普吉路沿线，是一个分布着工厂和村庄，工农交融的城郊结合部社区。该社区实有本地人口4281人，流

---

[*] 陈喜纯，毕业于华南农业大学社会工作系，2008~2013年就职于深圳市妇联阳光家庭综合服务中心，从事家庭、妇女、儿童社会工作；2013年至今就职于云南连心社区照顾服务中心，先后负责流动妇女工作、社会工作督导、培训及评估工作；张琴，成都信息工程大学社会工作学士，曾在成都爱有戏社区文化发展中心担任居家养老项目干事和参与式互助体系项目干事，后担任云南连心社区照顾服务中心王家桥工作站"绿领平台"妇女工作负责人，具有三年的妇女工作经验。目前在昆明市五华区华山街道社会组织培育中心任项目干事；陈韦帆，中央民族大学民族学硕士，云南大学社会工作研究所研究统筹及社工督导，社会性别专题培训师，曾在中国妇女报社、农家女杂志社、北京农家女文化发展中心等机构担任项目主管，具有十年的妇女与社会性别相关实务工作经验。

动人口超过 3 万人，本地人口与流动人口比例约为 1∶7。该社区便利的交通条件及相对完善的生活设施，吸引了大量流动人口和少部分大学生"蚁族"在此生活与工作。流动人口主要从事的工作包括打工、做小生意、搞装修、打零工、做建筑、废品回收及捡废品等。结合云南连心 2010 年承接云南省妇联关于城市社区妇女基本生存状况调查课题研究结果显示，流动妇女在城市生活面临着诸多困境。

（一）非正规就业为主，劳动权益缺乏保障

调查结果显示，流动妇女总体就业率不高，收入水平较低，就业缺乏基本保障。在参与调查的 727 位流动妇女中，仅有 61.1% 的人实现了就业。其就业类型主要以建筑工地零工、保洁、服务业等非正规就业为主，占到就业总人数的 60%；尚有 38.9% 的流动妇女由于需要在家照顾孩子或缺乏相应的技术技能而导致未能就业。问卷调查统计结果显示，有近 53.9% 的流动妇女每月收入在 830 元以下，流动妇女收入情况不容乐观。在这些实现就业的妇女中有 80% 的妇女未能签订劳动合同，也无法购买社会保险。

（二）居住条件差，居住权利缺乏保障

调查结果显示，有 98.1% 的流动妇女居住于本地失地农民建盖的出租房，居住的条件都相对较差。城中村社区中，平均每栋房屋有 6~8 个外来家庭居住，房屋大多为单间不带卫生间的结构，面积为 10~30 平方米不等，大多数家庭居住面积约为 15 平方米，按照一家三口计算，每人平均居住面积仅为 4.5 平方米左右。此外，由于城中村社区拆迁或者房租涨价，导致流动家庭经常需要举家搬迁，调查数据统计显示，流动妇女家庭在近两年内，平均搬家次数就超过 3 次。

（三）流动妇女遭受家庭暴力问题较为突出

调查结果显示，由于经济压力和社会空间挤压，流动家庭中男性酗酒、赌博、家庭矛盾以及家庭暴力的问题较为突出。在调查统计结果中，有 13.9% 的流动家庭男性经常酗酒甚至耍酒疯，有 17.1% 的家庭男性经常赌博，而有 14.7% 的流动家庭夫妻经常吵架，这些数据说明了流动家庭中男性酗酒、赌博及家庭矛盾的问题经常发生。而在另外一组数据中显示，有 45%

的妇女经常或偶尔看到邻居或亲戚家发生争吵的情况。这几组数据都说明流动人口家庭矛盾以及家庭暴力问题存在的普遍性。

（四）流动妇女缺乏基本卫生医疗保障，医疗费、分娩费成为家庭重要负担，大病致贫情况尤为突出

调查结果显示，流动妇女虽然在农村缴纳了新型农村合作医疗保险，但在其流动过程中，新农合还未能够较好实现异地就医报销，同时非正规就业难以参加社会保险，使得流动妇女无法在城市享受基本的卫生医疗保障服务。调查数据统计显示，整个王家桥社区仅有两家卫生所，每家卫生所的床位仅为4张，医疗条件较为落后，群众看病难的问题非常突出。有超过70%的流动妇女在近一年中没有做过基本健康检查，有22.5%和13.6%的流动妇女分别患有胃病和慢性妇科疾病而未能得到及时医治。同时，还有高达34.8%的流动妇女由于安全分娩意识不高和担心无法承担分娩费用而选择"在家找人帮忙接生"或"在社区小诊所分娩"，由此可以看到流动妇女因分娩而出现的风险很高。这些数据进一步说明，一方面是由于新型农村合作医疗还无法实现异地报销，导致流动妇女在城市无法较好享受到基本的医疗保障服务；另一方面则说明在无法享受基本医疗保障服务的情况下，高昂的医疗费用往往成为流动家庭的沉重负担，大病致贫的情况尤为突出。

（五）社区公共空间缺乏，妇女基本精神文化生活较为缺乏

调查结果显示，流动妇女来到城市，要么忙于生计，要么需要照顾孩子，闲暇时间较少。同时，由于社区缺乏基本的提供妇女开展活动的机会和设施，导致流动妇女精神文化生活单一，精神文化生活缺失。问卷数据统计结果显示，有21.2%的流动妇女对自己当前的日常休闲娱乐生活安排感到不满意，有46%的流动妇女认为可供社区开展精神文化生活的场所很缺乏。在深度访谈及焦点小组访谈中，流动妇女普遍反映社区较少开展各种文化、舞蹈学习及文艺活动，这让她们的业余时间安排仅局限于看电视及聊天这些层面上，精神文化生活十分单调。

（六）多元文化及社区融合问题突出

调查结果显示，城中村社区本地人口与外地人口数量比例失衡，外来流动人口远超本地人口。由于风俗习惯等方面的差距，本地人与外地人之间存在较大隔阂，相互排斥的情况较为普遍。在问卷及深度访谈中，很多本地妇女觉得流动妇女不讲卫生，有诸多不好的习惯，因此不愿意与之相处。超过40％的流动妇女认为本地妇女"瞧不起人"。可见，社区本地居民与外来居民的隔阂甚至相互排斥的情况较为突出。与此同时，申请流动人口中有近20％是少数民族家庭，如彝族、苗族、回族及布依族等，少数民族受到排斥的情况也较为普遍。从少数民族的角度来看，由于遭受主流文化长期的排斥，他们也较少与汉族交往，社区里自然地形成了以老乡为载体的组织网络。长时期的民族隔阂和城乡文化区隔及相互排斥不利于社区生活，族群之间的共融十分必要。

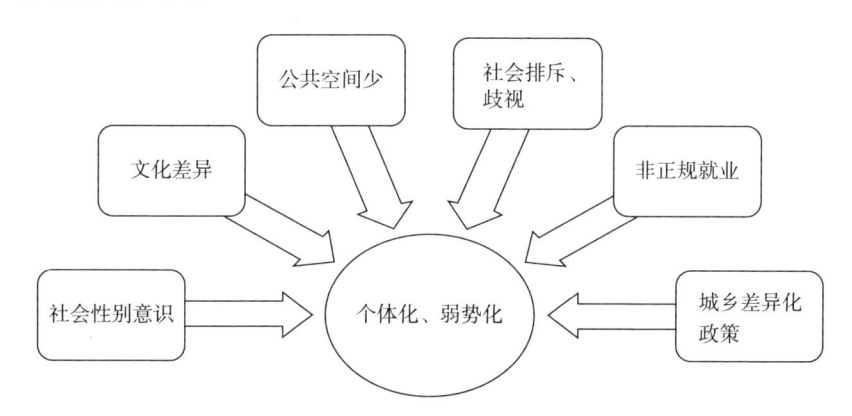

图 1 流动妇女所面临的核心问题辨识

在具体问题之下，连心对流动妇女所面临的核心问题辨识大致如图 1 所示。在城乡差异化政策和传统社会性别意识的双重作用下，离开了原有社会支持网络的流动妇女相较而言更加个体化、弱势化。而文化差异（城乡、族群）、非正规就业导致她们随时处于一种"流动"的状态，很难在现有社区中建立有效的社会支持系统，公共空间有限和社会排斥也助长了这个后果。在核心问题及不同层次原因辨识之后，连心流动妇女工作的目标和策略如下。

二 连心流动妇女工作的目标、策略和内容

连心流动妇女工作的主要目标是在社会性别视角和多元文化视角下，回

应流动妇女的各种需求，经由个案服务和小组工作，增强个体及其家庭的抗风险能力，建立个体之间的互助网络和自组织，并共同倡导社区共融，推动公共服务的均等化。

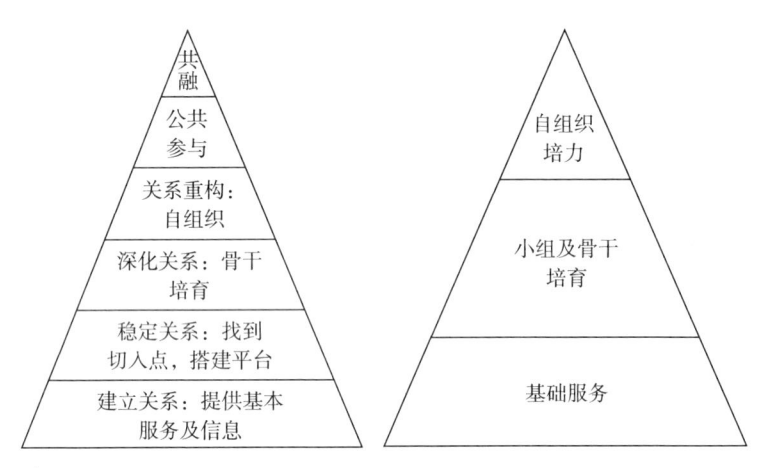

图 2　工作逻辑与策略手法

在这样的目标下，连心认为流动妇女工作需要紧扣该群体普遍面临的问题及需求，同时注重以优势视角整合社群及社区资源，与社群一起共同推动问题的解决。因此，连心流动妇女工作以如下策略开展。

（一）建立关系：提供基本服务及信息

社区工作的基础是要更好地建立与社区不同群体的关系。机构最初在社区开展工作是以儿童服务包括儿童活动中心、外展工作、学校工作及家访工作为切入点，深入家庭及社区并建立关系，在此过程中了解不同人群的困难与需求。如受暴妇女、身患重大疾病的妇女、没有就业的妇女等，工作人员以个案工作方法为这些妇女提供帮助。比如为受暴妇女提供紧急庇护场所与经济援助，为身患疾病的妇女提供医疗救助及友好探访服务，为没有就业的妇女提供就业技能培训及外出学习机会等。

与此同时，为了更大范围地接触流动妇女，连心妇女之家通过举办健康知识讲座、社区游园活动、晚会及交流会等，让流动妇女认识机构的工作人员，认识机构，逐步建立基本的信任关系。

建立关系的过程十分漫长。连心在将近十年的家庭服务中，尝试了各种议题和手法，从提供日常生活中所需要的健康、医疗、公共服务等信息，到反家暴一站式服务、劳工法律维权服务、技能培训和生计服务等。由于社区服务嵌入到日常生活中才能真正触及到社群,连心所涉及的议题看来似乎非常广泛,但工作人员工作所围绕的仍然是既定目标的核心问题。

除了以基本服务和信息提供来直接接触社群外,连心也摸索出借助社群网络来发布信息和收集信息的非正式渠道,同样也是日常工作中与社群建立关系的重要策略。

(二)稳定关系:选取工作的切入点并搭建不同层面平台

意识提升和组织培育都需要有充足的互动和厚实的关系,但不同于乡村相对静态和易于信任的人际关系特点,流动人口社区流动妇女群体的特点决定了连心的社区妇女工作需要更加主动和灵活。连心在广泛接触流动妇女,建立初步信任关系后,工作人员以定期走访及召集妇女会议等方式,进一步深入了解妇女共同关心和关注的议题,并通过参与式的工作方法,选取相应的议题开展工作,在一定条件下,也需要搭建一些平台,增加与社群互动的深度。连心在不间断地直接服务过程中,综合机构策略规划与社区整体工作,选择了生计支持、反家暴、劳动权益和少数民族文化等四个切入议题,并搭建了相应平台。

流动妇女自助互助组织培育是机构工作的中心,是可持续解决社区问题的关键。因此,机构从不同的工作平台及在社区多样化的活动过程中,由工作人员主动挖掘妇女骨干,并通过骨干带动,建立多样化的妇女小组。截至目前,机构推动建立的流动妇女小组有布依族文艺小组6个,妇女就业创业(绿领平台)小组1个,绣花姐妹小组1个,反家暴和谐天使小组1个。通过小组定期聚会及培训活动,推动小组在骨干及工作人员协助下关注社群共同面临的问题,如妇女受暴问题、妇女就业问题、儿童照顾缺失及营养改善等问题。

(三)关系重构:挖掘社区骨干并培育社区社会组织

社区为本和赋权为本的社会工作策略,尤其注重个体和群体自身力量的生长和发挥,将社工和社区之间的关系从服务-被服务关系转变为自我服务的平等关系。也是在这个过程中,个体才能真正摆脱弱势化和个体化的困境。连心在流动妇女工作中,也期望能通过平台的运作,让个体和小组都能逐渐成为社区工作的主体力量。鉴于此，连心从社区关系建立到社区平台的运作，都十分重视社区骨干的挖掘，并在此基础上培育出多个社区自助互助组织，以确保社区的主体性和工作的可持续性。

案例分享：以连心妇女工作最重要的平台之———绿领平台

从图3可见，绿领平台的主要目标是通过组织妇女小组进行二手物资的回收整理捐赠、二手店的运营和旧物改造手工坊的运作来赋权参与者，包括提升妇女的自信、自主、自立的意识和能力，建立流动妇女互助网络和组织，以及减少社区对旧物回收行业的污名化。

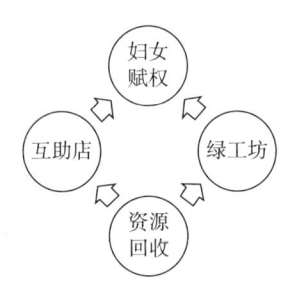

图3 绿领平台的基本构架

由于流动人口社群很难产生"扎根"于城市社区的归属感，社群人际网络也很难建立互惠关系，因此在社区工作中经常要面对的问题就是人员流动频繁。个案服务难以建立持续性的关系，小组也经常开展一次性的活动，深入关系的建立是最为考验社工的一个挑战。在此基础上，连心通过借鉴摸索，逐渐发展出绿领平台妇女小组。

绿领平台妇女小组核心骨干的人数一般维持在5~7人，主要承担平台日常运作和管理工作，如仓库管理、互助店经营、旧物改造产品制作和售卖等；也会担任一些妇女小组活动的协助者和大型活动的志愿者。除了相当于兼职水平的少许补贴之外，绿领平台核心小组也作为平台管理者，每年可以在社工协助下去外地学习1~2次，并优先参加连心的各种培训。基本上，绿领平台希望能以这样的责权利吸引一些有公益心和能力的流动妇女骨干相对稳定地参与到社区服务和公共事务中来。

通过每周一次的例会和每季度至少一次的学习，绿领平台核心小组在学习如何集体决议和共同管理外，也不可避免地触及了很多社会性别不平等方面的问题。例如工作时间与家庭责任的协调，女性自身空间与家庭责任的张力等，都被不断深入地讨论。同时，社会工作者也在这个过程中不断接受挑战,如怎样直面因经济利益而造成的骨干关系摩擦,怎样放下自身权威推动平等的关系等。在工作过程中,骨干和社工都有了彼此相对更深的了解,并有空间发展出更加平等的互为主体的相互关系。

另一方面,绿领平台自创始之初也承担了扩大连心妇女工作覆盖面的责任。并且,为了在流动性的事实基础上开展相对稳定的组织培育工作,绿领平台也需要不断地向外延伸,接触更多妇女,并挖掘和准备骨干。因此,绿领平台也通过各种技能培训、健康讲座等活动,来认识和纳入更多社区妇女。以目前来看,绿领平台的参与者结构如图4所示:

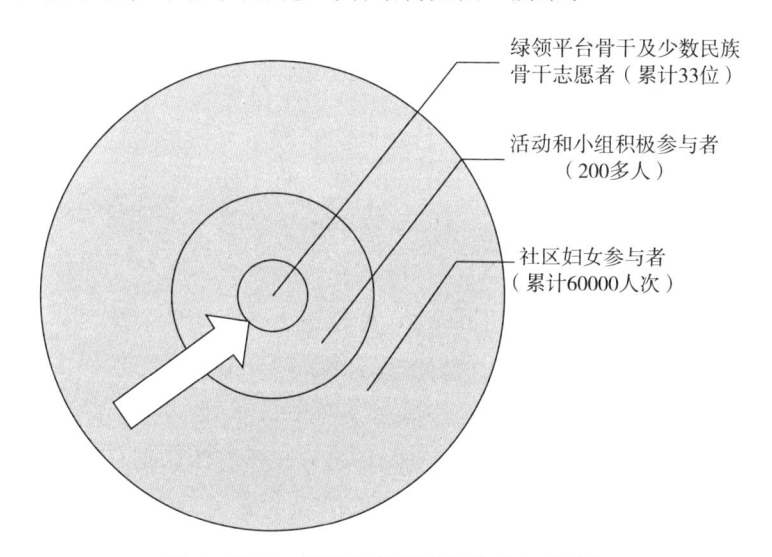

绿领平台骨干及少数民族骨干志愿者(累计33位)

活动和小组积极参与者(200多人)

社区妇女参与者(累计60000人次)

图4 2008~2015年绿领平台的参与者结构

绿领平台目前可算连心妇女工作中最具挑战性但也最有开拓性的工作平台之一,一方面它是连心推动社区妇女个体到自组织培力的重要实践,另一方面它也是妇女自我管理、自我服务的重要平台。

(四)三社联动,撑开公共参与和政策倡导空间

在问题分析中可以看到,城乡二元结构及相关政策同样也是造成流动妇女面临困境的重要原因,因此连心也结合自身优势,积极参与社会服务均等化的倡导。目前,连心的政策倡导通常需要两个路径切入,其一是公开场合向上级决策部门提交政策建议或提案,或参加政策咨询会等;其二是通过承接当地各级政府项目工作,在执行过程中进行资料提供和建议提交。涉及社

会服务均等化这样的大议题，连心发现需要从不同层面去倡导，既要通过与当地各级职能部门的合作以推动细微而切实的改善，也要通过将日常社区工作中发现的政策问题进行整合梳理，形成政策建议，推动更高层面的政策改善。两个层面结合，才能以日积月累的社区深耕服务去推动改变。

以此认识为前提，连心通过与云南省市区妇联建立合作关系，在社区建立了流动妇女儿童服务示范工作站、流动妇女之家、流动儿童之家、反家暴社会工作站，在此基础上探索建立了绿领平台（包括资源回收中心、绿色手工坊、公益互助店）、布依族妇女互助小组、公益小饭桌等提供给不同妇女参与的平台。这些平台都配备专门的工作人员，并培育专门的妇女骨干参与工作。以政府工作平台建立提升机构工作的合法性身份，并在工作过程中建立与基层政府关系。例如，连心与社区居委会建立了反家暴社会工作站，社区居委会主任任站长，连心负责人任副站长，将妇联、街道、居委会领导和干部都纳入工作团队，社工也加入了社区调解委员会小组，极大撬动了政府及基层资源投入工作。此外，机构与所在社区居委会共建"三社联动"工作站，整合了居委会各个职能部门工作人员与连心各个团队形成工作小组，共同就妇女维权、妇女就业、妇女健康等方面议题开展工作，形成工作的合力推动。

另一个层面，在扎根社区一线工作基础上，连心团队依托云南大学设计与社会发展研究中心研究团队，承接政府委托的有关妇女议题的研究课题，形成研究报告和政策咨询报告提交政府做决策参考。同时，连心依托机构理事长作为政协委员的身份，通过参与式提案等方式，每年在省两会期间提交有关流动妇女议题的政协提案，期待能够影响政府的政策制定。此外，机构还针对流动妇女工作的各个板块工作，通过在网络上发布宣传片，微信公众号自媒体传播等方式，争取政府、企业及社会人士对该项工作的支持。

（五）社区共融，不同群体之间的相互看见

连心的流动妇女工作也同样面向整个社区的共融。在个案及小组工作基础上，通过妇女骨干及工作人员牵头负责，连心以社区工作为工作手法，联合社区居委会，通过"三社联动"工作模式，在社区举办各种宣传活动，如妇女反家暴宣传、外展工作宣传等，激发社区包括本地居民对流动妇女议题的关注。同时，通过社区文化交流活动，本地妇女、流动妇女及少数民族妇

女可以以舞蹈等方式进行互动，促进社区不同妇女群体之间的相互沟通，增进了解。此外，通过社区营造工作，以楼栋社工为带动，撬动社区房东参与，将机构工作内容深入到社区的每个楼栋。

案例分享：社区"六月六"民族庆典

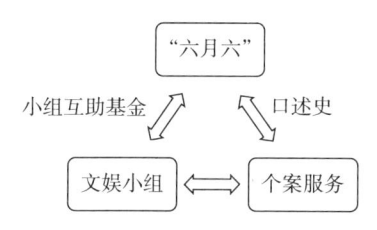

```
                    "六月六"
                    ↗    ↖
         小组互助基金        口述史
              ↓              ↓
           文娱小组  ⇔  个案服务
```

图 5　连心少数民族工作主要流程

"六月六"是布依族的传统小年，由于云南的流动人口中有相当一部分是少数民族，所以连心希望逐渐能将"六月六"庆典作为社区不同文化背景的居民相互关注了解的平台和机会。除了少数民族这部分的工作功能外，"六月六"庆典对于妇女工作也有其功能。

首先，少数民族妇女文艺小组在日常的排练和活动后，需要一个展示和激励的舞台。"六月六"节日庆典发挥了这样的功能。在每年的这个时候，平日蓬头垢面、忙于琐碎生计的妇女们可以穿上民族盛装，展示出完全不同的状态，对饱受多重结构挤压的女性个体来说也是一种放松。

对于女性来说，这样的公开展示需要更多的勇气和鼓励，而团体共同经历的这个过程，使每个人参与相对容易。通过共同登台的一次次尝试，也鼓励女性打破原有的小家庭小族群状态，逐渐敢于在社区公共平台中展示自我。

其次，除了现场的表演之外，前期的排练和准备过程也是一个组织化的过程，频繁的集体排练重新"加强"了团体的感觉。类似于妇女社会工作中，"运动"对于女性个体意识和能力的提升作用，庆典也是一个超越日常生活的时空，更容易培育集体感和归属感。

再次，民族节日的欢庆气氛也是这些妇女在城市打工生活中难以遇到的，参与者得以重温原有文化中的某些部分，并让城市中出生的第二代有了体验族群文化的机会。让迷茫于城乡往返中缺乏归属感的人们有机会重新联结自我与族群，找到自身认同。

最后，"六月六"也让社区城乡居民看到更多元的生活样貌。正如一个居委会干部所言:"在参加'六月六'之前,我都不知道这个社区里有少数民族,更不知道有布依族这个民族。"

与些同时,连心的工作人员也认识到,节日的凝聚力需要以平日深耕的动员和服务工作为基础,而少数民族妇女文艺队能够如何继续运作下去,则需要找到更深入的联结点才行。

三 连心流动妇女工作成效

综上所述,云南连心扎根社区实践近8年,在流动妇女工作方面的不断探索实践,总结起来取得了以下几个方面的成效。

(一)通过不断的社区走访和基础服务工作,服务和支持了一批流动妇女,并初步掌握了流动妇女的基本生存状态和需求

通过社区调研及一线工作积累,机构工作人员及研究团队能够不断掌握生活在昆明城郊结合部及城中村社区的流动妇女的生存状况及服务需求。如看到昆明流动妇女不同于东部沿海地区,昆明的流动妇女多是以家庭为单位进行流动,从事的大多是非正规职业,就业相对灵活,但收入较低。同时,流动妇女中的少数民族妇女数量较多,从事的职业为城市最边缘和底层,如拾荒等。家庭流动、非正规就业和多元文化背景等特点,成为云南连心探索此项工作的重要基础。

同时,随着国家政策导向与产业结构调整,未来中国中西部城镇将有越来越多类似昆明流动人口社群特点的"落脚城市",原有"城-乡"社会工作的视野也需要更多开拓。在此意义上,连心目前工作的议题和领域具有战略性,可堪未来借鉴。

(二)初步探索了一套针对流动妇女工作的方法

云南连心社区工作的普遍经验是:从建立与社群的关系开始,在巧妙借用政府及群团组织与机构共同搭建的工作平台基础上,将个案工作、小组工作、社区工作及研究倡导工作四方面结合在一起,共同回应社群面临的困境及需求。一方面是建立了与政府、群团组织特别是基层政府的信任关系,借助他们的优势资源开展工作;另一方面以挖掘社区骨干及培训社区自助互助

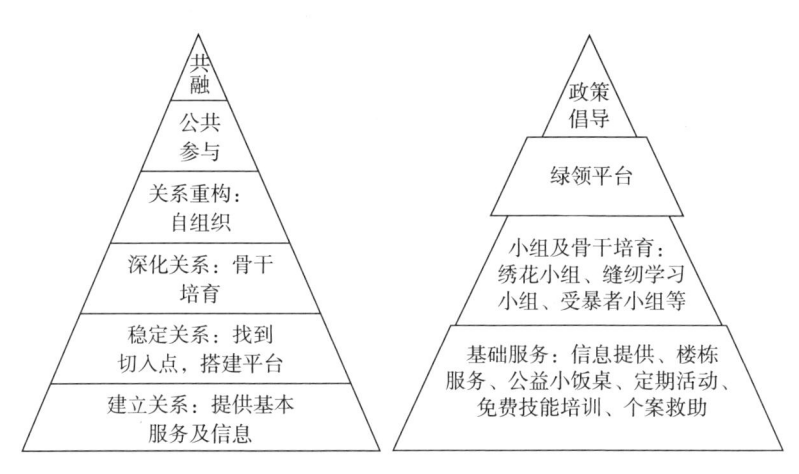

金字塔图（左）从底到顶：建立关系：提供基本服务及信息；稳定关系：找到切入点，搭建平台；深化关系：骨干培育；关系重构：自组织；公共参与；共融。

金字塔图（右）从底到顶：基础服务：信息提供、楼栋服务、公益小饭桌、定期活动、免费技能培训、个案救助；小组及骨干培育：绣花小组、缝纫学习小组、受暴者小组等；绿领平台；政策倡导。

图6　妇女之家目前工作内容

组织为策略，探索可持续的社区工作方法，其中特别注重机构工作人员能力的培养；再有，云南连心依托高校建立研究与倡导团队，能够较好在相关政策呼吁及服务开发方面开展工作。同样，流动妇女的工作思路也基本参照此原则进行。注重社会性别意识的分析，并注意解释框架的创新。很多妇女工作的模式其实都非常类似，从个体能力建设和意识提升培训开始，到公共权利意识和能力培训。但是在社区项目中，并不是一两次性别意识培训就可以达到改变妇女和社区旧有观念的目标，很多时候女性反而要面临"双重压力"的困境。连心在长期的社区日常工作中发现，不仅需要让妇女不断在日常交流和互动中一点一滴地接受社会性别意识的解释框架，更要让社工提升自我社会性别意识，方能将空泛的概念融入日常服务和互动中。连心的流动妇女工作，正是在从日常生活议题中不断挖掘社会性别视角的过程，让社工和妇女都在提高认识水平的基础上，获得更有说服力的解释框架，从而使工作慢慢有所推进。

（三）建立了与省内外伙伴机构进行广泛交流学习的机制

云南连心在乐施会项目支持下，建立了与北京、广东、贵州、甘肃等从事流动人口社区服务工作的机构之间的伙伴关系，定期或不定期举行交流及互访活动，促进该领域工作的互相学习，激发机构工作人员的不断思考和能力提升。同时，云南连心以此为契机，不断总结已经探索的经验，形成总结报告和案例，提供给同行机构作为参考。

四 连心流动妇女工作的困难与挑战

云南连心在流动妇女工作方面积累了一定经验,但同时也面临着诸多困难与挑战。

(一) 经验的传承、学习与累积不足

在全国层面上开展流动妇女工作的机构较少,可借鉴的经验不多,而且流动妇女面临的困难与问题也存在地区性的差异,较少有本地经验可以借鉴。

(二) 目标明确的前提下,资源需要进一步多样化

云南连心在妇女方面的工作大部分资金来自乐施会支持,少量资金来自政府及企业捐赠,但基金会和政府资源的不稳定,直接影响了工作推动的可持续性。整个社会对于流动妇女议题的关注较少,也给筹资带来了较大困难。而以绿领平台社会企业模式进行自我造血,在短期内打破原有市场规则非常困难,并且在中国公益界对于社会企业的暧昧态度下,也很难争取到外界项目的支持。

(三) 工作团队的能力培养和意识提升

由于连心非常强调社会性别意识需要和日常服务连接,所以需要工作人员不仅要了解概念,还要有对传统性别结构的不断认识和自我反思精神。同时,主流社会工作教育体系中,也普遍具有城、乡分隔,忽略多元文化背景等误区,因此工作人员也要在社区中学会不断整合视角,并拓宽自身的文化包容力。这些要求都需要工作团队有较长时间的自我学习与团队磨合,对于年轻社工挑战较大。

五 总结与思考

云南连心近些年在流动妇女方面的工作经验不仅让我们更明白流动社群在流动过程中面临的困难处境,同时我们也看到这种处境更多时候是由于制

度不完善及欠合理导致的。正是在这样快速城市化市场化的时代背景下，每个妇女对美好生活的憧憬与追求都是她们生活的动力。社工机构进入社区，与社区及社群建立关系的过程，也是相互走近了解的过程，与社群关系的亲疏程度直接决定了我们能够与社群共同推动什么样的改变。因此，很难用数据去说明我们这些年帮助了多少个妇女、多少个家庭，流动妇女发生了多大的变化，但幸运的是连心能够得到多方的支持，得以长期扎根社区进行探索，并因乐施会的信任而有更多空间可以探索开拓性议题。在各方支持下，云南连心的流动妇女社会工作的前路依旧漫漫，但希望仍在携手同行的姐妹情谊中！

编织身心灵安顿的休憩之网
——城市社区流动少数民族社会工作实践

毛友妹[*]

2008 年连心在伍家堆流动人口社区开展服务时,有上百户的服务人群来自少数民族拾荒群体,当时开展的服务内容主要以个案紧急援助介入的家庭服务和儿童安全健康教育服务为主。2008 年至 2011 年在城中村大规模拆迁改造的社会大背景下,连心同服务人群经历了几次被迫搬家,与服务人群患难与共、命运相连。因此,早在 2008 年连心就已开启了流动少数民族工作,为后续工作的开展奠定了重要的基础。

2012 年 6 月我以一名少数民族社区工作者的身份开始接触和了解社区少数民族群体的生活现状,老乡们多次向我讲起与连心共同经历的搬迁故事,以及跟连心工作人员相遇、相知、相识的过程。

一 云南的本土特点与发展少数民族社会工作的必要性

云南是国内拥有少数民族较多的省份,根据 1990 年全国第四次人口普查发布的数据,全国 56 个民族中,云南有 26 个世居民族,各民族分布呈大

---

[*] 毛友妹,彝族,毕业于西北民族大学,社会学专业,2012 年至今在云南连心社区照顾服务中心做全职公益工作,主要从事城市社区流动少数民族妇女儿童族群工作,流动职工联合工会工作以及社区营造。

杂居、小聚居的特点。中华人民共和国成立60多年来，经过各族人民的团结奋斗、艰苦努力，少数民族地区经济建设、社会发展取得了举世瞩目的成就，经济社会面貌发生了翻天覆地的变化，特别是改革开放以来，民族地区的经济更是呈现快速增长的势头。但是发展不充分、不平衡、不协调、不可持续问题仍然突出，如城乡区域发展不平衡、基本公共服务（医疗、教育、救助）供给不足、贫富差距较大、贫困人口多、贫困面广、贫困程度深、消除贫困任务艰巨等。究其原因是政策和项目没有根据民族地区的特点因地制宜，从推行到落实没有留灵活变动的空间，干部缺乏深入实际的作风和富有成效的指导、培训和陪伴。我时常听到老百姓的"本事论"：已经给了你鸡蛋，至于你有没有本事让蛋变鸡，鸡能不能奔走于市场带来增收，那是你老百姓的能力问题。从老百姓的农田中最能看到换届领导的风格，有的喜欢种芒果，有的喜欢种核桃、橘子等，老百姓忙得晕头转向，但依然积极响应政策，勤劳和热情从未减过，因为他们的希望都寄托在土地上，盼着终有一日种出"摇钱树"。因此，我们看到很多好政策好项目，最后变成一种资源浪费，造成只见投入不见成效的尴尬局面。然而社会工作是把人和事放在社会环境下，分析和寻求解决方案，通过培力、助力，推动解决问题的方案向社会行动转变的过程。任何事情的改变和发展都要从行动开始，因此，在少数民族社区工作中运用社会工作方法对症下药能赢得事半功倍的效果。

首先，社会工作运用专业知识和技巧可以回应社会需求，弥补社会政策的不足。它可以协助有困难的个人、家庭、群体重建再次适应社会环境的能力。因此，少数民族社区工作可以借用社会工作的方法，针对儿童、青少年、妇女、老人、残疾人等弱势群体开展安全照顾、陪伴教育、妇女保护、老人照顾、心理支持等服务，弥补基础服务的缺失，预防社会问题，维持社会秩序。

其次，社会工作以"助人自助"为核心宗旨，注重创建机会和平台，激发和培养人的潜能，提高解决问题的能力。相比具有依赖性的输血式的保障，社会工作更强调造血式的自我能力的提高和社区互助支持体系的重建。

最后，社会工作是继市场资源分配、政府资源分配后，第三种社会资源分配方式，有利于推动社会公平、正义，缓和社会矛盾。如流动少数民族群体受限于户籍管理，不能在流入地享受与本地人的同等福利政策，流动人口社区少数民族社会工作恰好可以弥补这点。

自 2013 年起，我们也看到社工作为人才支持计划之一，在运用自己的专业优势积极响应国家政策的同时，为城市流动少数民族聚居社区、边远贫困地区、边疆民族地区和革命老区派遣和培养当地社工，开展少数民族工作，把国家的政策具体落实到基层，让各民族同胞共享发展。

（一）城市流动人口社区的少数民族社群需求

根据云南连心中心与云南省妇联 2010 年的最新调查报告，每四万人中少数民族占 5%。在连心服务的 21000 多名流动人口社区中少数民族约有 6000 人，主要是彝族、布依族、哈尼族、傈僳族、白族等。其中来自云南禄劝的彝族和来自贵州的布依族居多，他们多数是跟随同乡来昆明打工，等找到工作安顿好自己，对城市生活有所熟悉后再把妻儿带出来，开始筑建新的未来。他们一般会跟随亲朋好友集中住在同一个楼栋或院子，以便相互照应，这种来自族群内部的情感支持，塑造出一种强大的族群归属感和凝聚力。当遭遇到来自族群外部的排挤和非议时，他们可以抱团取暖，不至于势单力薄、难于适应城市生活而不得不返乡，因此，同乡和亲友网络是他们在异乡唯一的支持体系。彝族群体主要从事打零工工作，与雇主形成一种短期的雇佣关系；而布依族群体主要从事旧物回收工作，即拾荒，个体小规模经营无雇佣关系。两个群体都属于非正规就业群体，没有劳动合同，没有任何劳动保障，从事着城市最脏、最具有风险、收入最不稳定的重体力劳动，为光鲜亮丽的城市默默做出贡献，却处于社会最底层，生活面临着巨大的困难和挑战。总体而言，连心经过多年流动少数民族社会工作发现，城市流动人口中的少数民族群体普遍面临如下问题。

其一，城市生活缺乏支持体系，抗风险力弱，社会服务缺失。

吴姐坐在刚捡回来的鞋堆里，用一把钳子很利索地将鞋底和鞋面分离。她对我说："有连心这帮好人真好，有困难就可以找你们求助。早在几年前我这条命是教会捡回来的，要是能早遇见你们就好了。"

其二，贫穷和疾病等冲击导致的困境儿童家庭较多。

有天韦姐为孙女的事找到我说："一直都不好意思告诉你我们家的状况，三年前孩子的父亲被判 12 年有期徒刑，因此孩子的母亲离家出走，两个孩子由我们老两口照看抚养，现在都上学了，我的小儿子也还没毕业，我们每月辛苦挣的钱只够糊口。每次孩子问我，爸爸和妈妈去哪儿了？我只能默默掉眼泪,不知道怎么回答。"像韦姐这样的困境家庭在流动人口社区很普遍。

其三,来自族群内外的双重社会排斥和污名化。

族群文化:由于原有生育文化的影响,少数民族多子女家庭居多,孩子多又贫穷的家庭除了忍受外部的非议还得多承受一份来自族群内的指责。同样都是少数民族群体,但因不同民族文化和收入的差异,他们也会互相看不起。一个大哥说:"我们有5个孩子,有天孩子吵着要去动物园游玩,一大家子都去了,一路有人对我们指指点点,说,快看,超生游击队来了,从此以后再没带全家人一起出去游玩过。"

职业歧视:不管是站工群体还是拾荒群体,都被冠上"脏、懒惰、没技能、没文化、小偷"等污名,经常听到拾荒者被误以为小偷被打伤的心酸故事。

(二)机构使命:连心希望推动的流动人口社区工作是具有文化多样性视角的社区共融

云南连心常年扎根社区,与社群同行,连结社会力量,改善困难人群生计,丰富精神文化生活,促进社区自助互助,以实现弱势人群有尊严、有价值、有保障的劳动和生活为宗旨。为了回应社区不同群体的需求,2012年连心专门设立了少数民族工作岗位,以此推动和创造具有包容性的多元文化社区。

犹记得我是如何进入连心的。当年毕业季来临之前,我已确定从事社会工作,但是一直没找到合意的领域,心烦意乱了几个月,在去广州做社工和回云南找份社会组织领域的工作之间摇摆不定。直到看到连心的招聘信息,当初是真不敢相信竟然有人专职做少数民族工作,于是我在招聘网站刷新了一遍又一遍来确认信息。来到连心做志愿服务的几个月里了解到,连心的服务领域除了少数民族,还有儿童、妇女、劳工等不同领域。一线服务最磨人的耐心,挫败感多于成就感,几十次想要逃离又把自己抓回来继续坚持,在最初几年我若不做,真的是没有人做了,当时的情况是就连身边的同事对少数民族工作的认识也是不足的。所以不管结果如何,想要坚持到有一天有人来一同真正为这个群体谋取福利,改变现状。希望今后在其他领域工作中也有各民族多元文化的特点。另外,我到目前也没找到比这项工作更令我动情的事做,所以一做就坚持了四年多。

最初开始做流动社区少数民族工作时,有种初生牛犊不怕虎的劲儿,每天都有一堆天马行空的想法迫不及待地想要去执行。后来屡屡受挫,在过程中发现其实我对社群根本不太了解,如要推动工作必须沉住气深入族群内部与族群建立关系,不被项目指标所左右,站在族群的角度去探讨面临的问题,寻找参与式的解决方案。针对族群我们主要开展了个案紧急援助、参与式助学、公益小饭桌、妇女组织培育等工作。现在社区的其他服务工作也已开始倾向于少数民族族群,但是如何能更好地把服务与需求相结合还需在实践工作中不断完善。

(三) 文化多元视角对于流动人口社区工作的特有价值和贡献

首先,回应了流动人口社区不同群体的需求,弥补了社会政策的不足,预防和缓和了社会矛盾。少数民族工作平台,探索和实践结合的民风民俗服务模式,调动和再分配社会资源,促进了少数民族群体福利状况的改善,从而增强社会稳定。

其次,促进了多元文化社区的创建。在开展社区民族工作过程中,挖掘出了一些宝贵的民族文化,让更多人所知,并认可和包容,创建了各民族共融的氛围。

再次,多元文化视角有利于推动本土社会工作的发展。在社区工作实践中我们发现,由于群体所处的社会背景和文化背景不同,很难照搬书本上的社会工作方法去直接执行,必须因地制宜地根据服务对象的处境和生活方式去调整工作方式,才能真正回应需求,否则将会一直停留在社会组织单向输送服务,群体的主体性没有被激发。容易走向两个极端,或对服务产生依赖,或对社会组织产生反感。

最后,服务领域多样化,开创了社区综合服务模式。服务领域多样化,即根据不同人群的需求,把服务细化,但这种部分的特殊服务又不脱离整体服务。

二 连心在城市社区的少数民族工作

(一) 妇女工作

工作目标:组建少数民族妇女小组,借助这个小组平台提供文娱、外出交流、文化展示及参与群体事务讨论和行动的机会，培育少数民族妇女骨干，提升少数民族妇女的自信和能力，带动骨干影响族群，推动族群社会服务的开展，改善少数民族妇女及儿童基本生存状况。

1. 在工作过程中建立关系

2012年8月，在跟进社区流动青少年生活现状过程中，认识了从贵州来昆明拾荒的布依族族群，他们居住在郊区农田边上房东临时搭起来的简易平房里。当时和同事去家访，正巧碰上院子里的大姐们在排练广场舞，为录制舞蹈光碟做准备。由于房间太窄，每次排舞不得不把电视机和VCD播放器搬到院子，设备很差，一会儿VCD出故障无法播放，一会儿电视没有声音。为了方便大姐们的排练，连心把移动音响借给她们，最后连心帮忙排舞蹈节目，为她们节省了活动经费。从起初的观看她们排练舞蹈，到中间的参与协助，再到后期送光碟收集对影像的反馈意见，大概持续了两个月，在这个过程中她们也把其他布依族的亲朋好友介绍过来与我们相识。第三个月院子被拆除，6户人家散居到其他社区，她们把连心的服务也介绍到了其他院子，连心少数民族妇女小组工作从这些院落开始起步。2012年至今共组建了7个少数民族妇女小组，其中培育了5个能独立开展活动，进行自我管理、关系较稳健的妇女小组。妇女小组工作贯穿于整个连心少数民族工作的服务推进，除了小组内部的娱乐活动，小组还发挥了发现和推动族群公共议题的功能，她们和工作人员一起推动开展了针对布依族群体的各项服务，如2013年的困境家庭助学计划，2014年的儿童营养计划——"公益小饭桌项目"，2015年第一届社区布依族"六月六"民族文化节的举办等。

2. 小组的运作

首先，从民族习俗和生活习惯入手，以布依族居住的院落为单位，每个院落组建一个妇女小组。院落走访中我们了解到，不管在老家还是在外地打工，布依族妇女圈子里很流行跳广场舞并把舞蹈录制成光碟相互赠送观赏。这样，一来大家用跳舞的方式聚在一起，增强亲朋好友的关系，活动不仅限于院落里的人，也会邀请周边的亲朋好友来一起参与。男人们在整个过程中扮演着支持者和观众的角色，协助妇女组织排练，如搬电视、抬音响、接电线，然后在一旁边打牌、边饮酒、边观看排练，成为繁忙生活中闲暇愉悦时光。二来延续了能歌善舞的民族传统，在主流文化中重新构建族群的文化。因此，文艺表演成了推动小组工作的契机。

其次,走访社区布依族困境家庭,对陷入困境的个案进行紧急援助,推行布依族困境家庭助学计划,为这个族群真正解决困难并带去福利,连心与他们建立了信任关系。院落里有人家发生重大紧急事件,如重大疾病、交通事故等,首先会去找妇女小组组长寻求帮助,组长把消息告知工作人员并陪同工作人员一起去家访了解实情。整个过程和处理方法在院落和族群中传播,在认可连心工作的同时,妇女小组组长的威望得以建构,能力也在逐步加强。院落的小组成员参与制订和执行助学计划,相互监督把每笔善款都用到困境儿童身上。

再次,按生活习惯组织小组活动,如在三八妇女节、外出春游、"六月六"、端午节、中秋节、冬至日活动等重要节日组织活动。为了让活动更贴近她们的生活和适应她们的作息时间,提高参与率,小组活动大多在院落开展。

最后,培养小组骨干,使小组工作事半功倍。每个小组着力培养至少2位妇女骨干,骨干负责通知和召集每次活动,协助工作人员协调小组成员及院落的关系,开展各项服务。小组组长在刚担任的头一年,因经验不足经常要承受很大的压力,甚至退缩,为了减少这种受挫感和无力感,头一年的每次活动,工作人员要陪伴组长一起去招募和通知活动信息,出现问题工作人员能及时出来解决,问题责任由工作人员承担,成绩和荣耀留给小组骨干,增强骨干的自信心、树立威信。家庭对骨干的支持非常重要,工作人员要在第一时间与骨干的家庭成员建立关系,赢得认可和支持。

(二)妇女小组与连心的关系:探讨少数民族妇女赋权的路径

2012年12月至2015年5月,我们在普吉片区7个城中村里组建了6个妇女小组。妇女小组贯穿于整个连心少数民族工作的服务推进,除了小组内部的娱乐活动,小组还发挥了发现和推动族群公共议题的功能,她们和工作人员一起推动开展了针对布依族群体的各项服务。

2016年9月开始,妇女小组成员及其家庭和院落已自愿加入连心流动职工联合工会,成为连心工会的一员。关系由"我和他们"转化为"我们",从"为他们争取福利提供服务"到"我们一起改善自己处境和生活而共同努力"。过去工作人员策划和筹备小组活动,小组成员参与,现在是小组成员向连心申请经费,她们自己策划和筹备小组活动,工作人员参与。如当年的冬至日活动，我们向五个小组发出通知，每个小组可向连心工会申请200元活动经费，小组给工作人员提供活动方案并需邀请工作人员参与活动过程。小组自主筹划活动更贴近于她们的生活，深受大家的喜爱，工作人员也可以从烦琐的活动筹备和协调中抽身，把精力放在其他服务内容的宣传。举个实际案例，某院落小组组织邻居聚餐活动，连心带消防安全视频、反家暴影片、社区联合购买惠民服务等进院子，共同开展活动，达到了事半功倍的效果。

（三）从儿童入手的家庭服务工作

1. 工作目标

改善孩子的卫生和营养状况，促使父母更加关注孩子的营养健康问题，增强布依族老乡之间的互助意识。

首先，由于工作的特殊性，布依族孩子的父母忙于生计，无暇顾及孩子的午饭问题，营养严重缺失。同时，连心也发现少数民族孩子因往返城乡和文化差异，辍学问题严重，因此希望小饭桌平台能给布依族家庭减轻一些经济负担，能把孩子留在昆明与父母一起生活，多一些家庭陪伴。

其次，公益小饭桌是回应2012年妇女小组提出的需求。当时在妇女小组谈论会议中，妇女们多次提到连心是否可以说服学校，让孩子在学校免费吃饭或连心能否给学生发放午餐补助。免费吃饭或发放午餐补助连心都承担不起，另外，"解决孩子午饭问题"是这些家庭和连心共同的"事"，所以要一起去推动，每个人都必须在其中出一份力气。由于一直没有资源，直到2014年6月，袁农女士善款资助才得以在9月正式启动。

再次，连心在每个布依族聚居的院落组建妇女小组，最终的目的是培育骨干，让骨干能服务于族群，构建族群的互助体系。因此，"公益小饭桌"是族群互助落地的一种方式。

最后，连心虽然有儿童活动中心向社区开放，但是由于文化差异，布依族儿童来活动中心的较少，大多数儿童课后都在家里看电视，活动空间缺失。

2. 工作过程

案例一：困境儿童助学

2013年，188号院落和布依族巷院落的两个妇女小组都提出孩子上学学费较高，家庭压力大，学校可否针对布依族学生减免费用的需求。但是让学校减免费用是不太可能的。首先，针对贫困山区的少数民族学生费用减免政策只限于户口在本地的学生；其次，民办学校资源缺乏，没有支持困难学生的项目。连心儿童工作团队知道社区困境家庭的需求和学校的无能为力后，开始在学校开展困境家庭学生助学项目，主要服务对象是单亲家庭和因病致贫的学生。布依族大多家庭结构完整，家庭人员也没有重大疾病患者，但是我认为他们的处境也属于困境，一方面，由于受传统多子多福观念及各种现实因素的影响，布依族家庭以多子女家庭为主，一家养育3~6个孩子，因供养孩子致贫的占多数；另一方面，布依族家庭主要从事旧物回收工作，做回收买卖，家庭的收入还不错，但是那些从事一线拾荒的家庭收入低而且很不稳定，他们的处境也很困难。因此，在妇女小组提出助学需求后，小组骨干协助工作人员走访社区布依族家庭，对该家庭进行深入了解，收集家庭基本信息，如户籍所在地、该家庭来昆明的时间长短、子女数目、子女就学情况等。

由于我们的项目资源有限，只能把资源给最需要的家庭，但走访下来后发现一个艰难的问题，除了个别因照顾幼儿的母亲不能出去工作而影响到家庭收入或因病致贫的家庭外，一线拾荒的家庭每家的收入差距不会太大，只是多劳多得少劳少得而已，很难用家庭经济收入来衡量一个家庭的处境。因此，"家庭收入分配和学生的年级"成了我们衡量家庭处境的重要因素，在同等收入的情境下，养育6个子女和养育3个子女的家庭压力固然不一样，3个孩子同时上学的家庭，年级越高学费生活费越高，家庭压力越大，而上民办学校（交高额学费）和公办学校（免学费）的初中生所面临的情况又不同。以上这些衡量指标都是妇女小组一起就事论事谈出来的，然后又在院子先后开了几次关于助学计划、助学金发放标准、助学金额议题的家庭会，大家各抒己见、提供重要信息，在确保大家认为方案完善后，才敢于去执行。助学计划涉及整个族群的利益，稍有不慎会破坏族群关系。当时以两个妇女小组所在的十几户就读学生家庭为核心，延伸到周边其他院落，大概有二十多户家庭30个孩子在我们的资助名单中，因为担心助学计划可能会引起大风波，所以不敢全面铺开，我们更倾向于已经与连心建立起关系，有妇女小组可以参与并监督的院落，因此，计划的执行是一个逐步的过程，在组建和发展妇女小组的基础上去执行。另外，我们很注重让大家一起来参与与族群相关的事务决策，让大家切身体会到，福利是大家一同争取来的，是一次性的项目,不会连续几年都有。怎么用,哪些家庭可以申请,申请多少,都是大家经过参与谈论出来的。而不是连心作为社区资源的拥有者,发现有地方需要资源就直接把资源发给大家。

第一期的助学项目大概做了半年,是比较缓慢的,在整个过程中工作人员承受着巨大压力,所有的后果都无法预料。要是有人还是觉得不公平而引发院落间的矛盾怎么办?如何减轻小组骨干承受的舆论压力?在参与式谈论过程中,骨干给了很多宝贵建议,但提完她们都会强调,"不要让别人知道这个建议是我提的,我怕遭人恨"。周边还未建立关系的布依族老乡听到此消息会不会蜂拥而来?我们资源有限,而且也不希望项目只追求数量而不注重质量。

助学故事

第一期助学项目刚结束不久,组长来找我说:"有个以前来我们小组参加过跳舞的大姐最近非常生气,有天还跑来我们院子说以后再也不想来跳舞了,说需要她就叫她,有好处就自己占有,不告诉她。"矛头直接对向组长,组长很头疼,不想因为这事伤了和气。

简单了解后,知道这位愤怒不平的大姐,住在周边一个村子,她来参加过妇女小组的一次文艺表演,平时也会来找院子里的人玩,小组内部已默认她是成员之一,这边有什么情况多少也能知道一些。但是因为来小组聚居的院落有点远,每次开小组谈论会,她都有各种理由拒绝参与,三次后我们已默认她退出,所以她没有参与过关于助学计划的谈论。其实,这部分关系还未深入的家庭,我是放在第二期助学项目名单里的。

当天就和组长一起去了大姐家里,一个小院子住了三户人家,我们一起找她聊天,了解她家的基本情况,也跟她说明了助学金这事的来龙去脉,说明了以后,她自己也变得不好意思起来。经历这事后,大姐对我们的工作很认可,后来跟丈夫一同去了昆阳养猪,离开了妇女小组,但是每次的儿童活动她都会叮嘱留在社区读书的女儿来参加。

案例二:公益小饭桌——从儿童福祉入手的少数民族家庭工作

2014年9月为了回应社区布依族拾荒家庭小学生吃午饭难的问题,连心联合布依族妇女小组的力量开办了针对这些困难家庭的公益互助小饭桌。这里的"互助"一方面是指群体内部互助,由群体内部推选出合适的人选成为做饭的核心主力即"骨干",同时支持骨干的工作。核心主力既要承担提供基本餐饮的服务,还要确保孩子们的健康和安全,能及时将家长的意见反馈给社区工作者,以便维护群体关系,核心主力扮演着重要角色。"互助"的另一层面是布依族群体和社区工作者之间的关系,要解决孩子吃午饭难的问题,不能单靠一方的力量,两者缺一不可。小饭桌一顿6元的标准,加入的孩子每餐交2元,其余由连心的筹款项目补贴,至今受益家庭有16户29个孩子。

除改善午饭难和营养问题外,公益小饭桌对这个群体的意义在于推动了群体互助,重新构建了群体内部关系,减轻困难家庭的经济压力,为孩子提供一个良好的成长空间,暂时留住了这些孩子,让他们免受与父母分离之苦。这一年多以来小饭桌的孩子没有因家庭生计压力而被单独送回去的。

公益小饭桌功能

(1)提供儿童营养午餐服务。周一至周五提供公益午餐,孩子每人每餐交2元,其余由袁农项目等其他资金支持。

(2)少数民族儿童的趣味活动、自主管理和价值观培育。种植美化活动空间、绘画班、看电影、亲子外出活动、冬至日亲子活动等。儿童自我管理。放学后大的孩子可以接小的孩子一起来吃饭,工作人员不用负责接送孩子。孩子们吃完饭要自己洗碗筷,还要负责打扫楼道卫生。相互监督打扫卫生情况、浪费粮食和打架等不良行为,注重儿童价值观的培养。除了日常的管理理念,假期我们针对小饭桌的孩子开展小组活动,学习如何表达自我、尊重他人、学会与他人分享等。

(3)延伸的家庭社会工作。每月开一次家长会,把孩子在公益小饭桌的情况反馈给家长,让家长一起参与监督孩子的成长。这样做的优势是避免了家长把孩子交到这里来就不管了,孩子的成长和安全全部成了工作人员的义务。如有些孩子特调皮,经常欺负其他孩子,被欺负几次的孩子就不敢来了,然后家长来投诉。工作人员直接找调皮的孩子谈话,让他下次不再犯是很难的。因此,在家长会上我们会如实反馈孩子的行为,以及再次重申屡犯不改,就会被退出小饭桌,大家都很珍惜,孩子很难理解工作人员的理念,但是父母的辛苦孩子内心是懂得的。除此之外,孩子每月来吃饭的次数、值日情况和其他伙伴的关系都会反馈给家长。公益小饭桌的规章制度基本都是在家长会中大家一起制定出来的。不然，如果孩子生病了、被欺负了、没吃上饭、受委屈了，每天就会有各种问题来找你投诉，或在族群里到处宣扬自己的孩子被不公平对待，没完没了，幸运的是这种事从未发生过。

（4）妇女骨干培养。2014年9月在妇女小组成员的推荐下，27岁的W姐成了公益小饭桌的大厨。W姐先后生了三个孩子，全家靠拾荒维持生计，有时生活困难，她也背着孩子上街拾荒，小儿子体弱，每次出门拾荒都要生病，后来不得不留在家做全职妈妈。W姐爱跳舞，不管什么舞蹈一学就会，每次院子里要排练舞蹈大家都跟着她学，妇女小组组建起来后她成为了小组的舞蹈老师，人活泼开朗能讲一口普通话，因此，她虽是年龄最小的妈妈，但大家都很敬重她。小组成员一致认为，做饭这个兼职岗位最适合她，对于能全职工作的妇女来说，待遇不能满足需求，而对带孩子在家的妇女来说是个难得的机会。

最初小饭桌的运作是一个妇女骨干加一个工作人员，因为从来没给这么多的孩子做过饭，心里没有一点底气，晚上骨干担心不知怎么给孩子准备第二天的营养餐而辗转难眠，工作人员经常在夜里梦见饭菜不够孩子吃而惊醒。只要不出差，每餐工作人员都会陪骨干一起准备，买食谱一起研究菜品，一起维持管理秩序。

运作了半年后，加入的孩子越来越多，最多时有28个。除了吃饭，公益小饭桌也是孩子的成长空间，为了给孩子营造良好的成长空间，我们不断丰富活动内容，因此开始招募实习生和志愿者进来一起开展服务，骨干也开始能独挡一面，对做营养餐和维持秩序以及跟孩子们的家长沟通，骨干都积极提出自己的意见。

到2017年，W姐在小饭桌已工作两年多，除了厨艺水平迅速提高外，她更有自信心了，表达能力也在提高。现在W姐最小的孩子已上一年级，她可以出去找一份全职工作，待遇也会比在小饭桌好。可她还是愿意留下来继续在公益小饭桌工作，她说，"在这里工作很开心，每天自己的孩子也来这里吃饭心里踏实，忙完上午的工作下午还可以出去拾荒，也赶得上去接送孩子，其实算算我还是赚了"。

其实，做公益的人都知道做人的服务是很苦的，W姐在小饭桌的身份不只是营养师，她要跟工作人员一起关注每个孩子及孩子背后的家庭，常常要背负很多来自孩子们家长甚至族群因误解而施加的无形压力。因资金有限，

"流行社工"路

并不是每个家庭的孩子都可以加入小饭桌,加入也不是免费,家庭还要承担一部分,孩子多,难管理,经常孩子之间的矛盾会上升为家庭之间的矛盾,每个问题骨干都会被卷入其中。我想,她能忍受巨大压力默默付出,除了工作本身给她的力量,丈夫对她的支持也是至关重要的。刚开始运营时,每次遇到搞不定的重体力活W姐会求助丈夫,他会第一时间出现。

公益小饭桌故事

小雪的老公好赌又酗酒,入不敷出不说早已负债累累。为了减轻生活负担,他们把三个孩子送回了老家,最小的孩子才两岁多。三个月后孩子爸爸回去看望孩子们,小儿子完全不记得他,让孩子叫他爸爸时孩子竟然很害怕地大声哭叫。小雪听到这个消息情不自禁地流下了眼泪,并感到深深的内疚,经过一段时间的考虑后把孩子们接回了身边。

由于旧物回收行业不景气,小梅姐夫妇和远在贵州老家的老人商量后忍痛把四个孩子送回了老家,小的才四岁,第一次离开父母。母亲很乐观,她觉得孩子总有一天要长大独立生活的,更何况四个孩子都很懂事乖巧,不会有什么问题,而且也确实能减轻不少经济压力。

小云三姐弟家离学校大概7公里,为了减轻父母的负担,大姐两年前就已辍学去打工,二姐正在上初中,贫困是这个家庭目前最大的敌人。孩子们每天早晨六点半起床,七点坐公交去学校,放学后为了省5毛钱的路费常常走路回家,中餐父母若有时间就轮流送,但这种情况较少,多半时候都是买两块钱炸洋芋当午饭。长年累月营养严重缺乏,他们跟同龄人比个子瘦弱娇小,身边跟他们同样处境的比比皆是。

春梅和院子里的其他8名小伙伴家离学校只是几分钟的路程,一放学便可回到家吃上热腾腾的饭菜,但事实并非如此,他们的父母忙于生计,每天与垃圾为伍,在臭气熏天的垃圾桶里一翻就是十几个小时。父母早上出门前就给孩子们做好了午饭,中午孩子回来自己热饭吃。但家里没有电磁炉,要重新找柴烧火热饭,很麻烦也很占用时间,为了空出写作业和玩耍的时间孩子们更愿吃冷饭或在外面买炸洋芋吃。

6岁的谦谦从出生就由爷爷和奶奶带着,还在襁褓中时父母都离开了她。谦谦去年在一所民办学校上幼儿园了,为了省钱,奶奶坚持每天中午接她回家吃午饭,有时会给她送饭,为了省时间,奶奶几乎每天给谦谦做同一样饭菜，孙女胃口越来越差，持续了半年后奶奶和爷爷都已经力不从心了。

谦谦现在已加入公益小饭桌一个多月，每天由同校的春梅负责接过来一起吃饭，这给爷爷奶奶省了不少事，在这里她认识了很多布依族朋友，此外她可以参加各种兴趣活动，如看图书、画画、看电影、做游戏等。谦谦变得比以前更活泼开朗了，她说，"我喜欢这里，因为在这里可以经常吃到我最爱吃的玉米，以前每次跟奶奶说时，她总说要到过年才可以吃玉米，反季节玉米很贵。奶奶做的饭也不好吃，每次只有一个菜"。

小祥和哥哥一年前因家庭困难被父母送回老家，老家读书免学费还有额外的伙食补贴，最近父母知道了连心小饭桌后把两个儿子重新接回了昆明。母亲说万不得已当初是不会把孩子轻易送回去的。两个孩子在老家跟爷爷奶奶一起生活，年迈的老人根本管不住他俩，有天小祥偷了爷爷2000元积蓄，带着同学旷课去城里玩耍，一周没回家，钱挥霍完后身无分文的他们在天桥底下露宿了两夜，最后走投无路不得不厚着脸皮回家。父亲听说后，气急败坏地赶回老家把两个孩子狠狠地打了一顿，教训过后依然还是担忧和焦虑，孩子才十四岁就学会了偷窃，这怎么好，若继续放任下去，后果不堪设想。

（四）文化多元视角下的社区共融工作

从社区层面，在少数民族工作推进的第三年里，进入了新的阶段。从2015年至今，三社联动联合普吉片区布依族群体举办了两届社区大型"六月六"传统节庆活动。让常年离家辛苦工作的布依族老乡，在异乡以不同的方式继续过自己的节日，丰富精神文化生活。让外来民族文化在本社区有机会被看到、被包容与尊重，提高民族自信心、自豪感及归属感，保护和传承民族文化；让不同的文化在这个社区的大舞台绚丽绽放，营造多元的社区文化氛围。促进了族群之间、族群与外界之间的交流，构建支持网络、增强族群凝聚力、用群体的力量对抗生活的挑战和压力，共同建设和谐发展的社区。

记得当时社区主任说，从没发现社区竟然有这么有活力、文化多彩的真正的少数民族族群。从2016年7月以来，布依族院落多次被社区居民举报，甚至要求政府部门取缔这片区域，原因是堆放大量回收的废旧物资，造成脏乱差，影响环境卫生，经常焚烧各种塑料电线臭味熏天。而居委会则顶住民众压力，力保院落居民不被遣散。可见，社区少数民族工作也推动了社区居委会对民族工作的认可和重视，联合社会组织的力量共同推动维护社区和谐关系。

每年农历六月二十四日的火把节是彝族最隆重、最盛大、场面最壮观、参与人数最多、最富有浓郁民族特色的节日，更是全族人民的盛典。火把节多在农历六月二十四日或二十五日举行，节期为三天。每年的此时，很多彝族老乡会回老家过火把节，但一部分老乡难以承担来回路费选择留在昆明，找亲朋好友一起吃饭或聚在一起跳欢乐的彝族舞以此庆祝节日。2013年，连心组织了一场火把节活动，但由于没有社群基础，没有设计空间让老乡参与活动推动的过程，没达到预期效果。后来经过反思和总结，把火把节定义为社区层面的民族文化宣传活动，每年在农历六月二十四当天，我们会在社区举行火把节文化宣传活动，向社区展示彝族的风俗习惯，以火把节为核心，让社区其他居民对彝族文化有更多的了解，同时增强外来务工彝族对自己民族的归属感、认同感及自豪感。而"六月六"是布依族人民在长期水稻种植生产活动中形成的以娱神、娱人为内容，以祭祀、歌舞活动为载体，含有宗教性、生产性和文娱性内容的传统节日文化活动，是布依族人民一年中最隆重最具民族特色的传统节日。

2012年至2013年，在走访布依族院落时发现，他们虽然远离了家乡，但依然会在异乡过"六月六"，与老家所不同的是，庆祝的方式变得单一，主要以在家庭内部庆祝为主，但有的院子凝聚力和归属感较强。另外在房东不限制租户集体活动的情况下，每年"六月六"每家凑一些钱，出钱出力在一起聚餐，还会组织妇女的广场舞表演等。

2014年，梨园布依族院落邀请连心一起过"六月六"，工作人员参与了老乡自己设计的活动，虽然活动内容有些单调乏味，但是大家都玩得很开心，难得的是本次活动给了工作人员一些启发：联动周边的布依族老乡一起过"六月六"。

2015年3月，我们开始在社区宣传"六月六"相关活动消息，访问布依族老乡希望用什么样的方式过节，在听取老乡建议的基础上开始策划活动,起初只有两个妇女小组确定要来表演节目,工作人员又开始走访院落,到7月中旬有七个妇女小组确定参与活动,也有儿童青少年积极报名参加节目表演。在整个筹备过程中小组组长充分发挥了协调作用,一方面要准确无误地传达活动信息,组织小组排练节目,另一方面要动员院落里的亲朋好友参与活动,她们同工作人员忙前忙后,要把从儿童到妇女再到老人及整个家庭都带动起来参与活动。终于在7月21日举办了大家期盼已久的"欢聚一堂·爱在一起"共庆布依族"六月六"文化节,主要内容还是以妇女文艺队广场舞表演为主,这是第一次布依族几个院落一起庆祝节日。本次活动有7个布依族妇女文艺小组、1个布依族儿童小组、1个连心尤克里里等小组参与,分别来自王家桥、林家院、吴家营、范家营、普吉、尹家村、小屯等布依族院落。

2016年5月我们又在前一年的基础上组织筹备"六月六"活动,活动定位是以布依族"六月六"传统节日为主题,推动社区层面的多民族文化交流。妇女小组依然是本次活动的主轴,与以往不同的是,妇女小组表演内容有所转变,民族文化特色更加突出,每个小组自创民族小调歌伴舞,广场舞退出舞台;有彝族、苗族老乡第一次登上这个民族舞台共同表演节目;以话剧的形式呈现社区其他非正规就业群体的生活故事;院落聚餐活动由原来的一个院子举办增加到了三个院子举办,当然还是各自居住的院子聚餐;增加了7月8日的妇女小组包粽子活动,布依族在"六月六"有吃粽子的习俗,所以大家希望可以聚在一起包粽子,增加节日氛围;新增了布依族绘画展,从5月我们连续开展2个月的绘画班,有15名儿童参与,希望借助"六月六"的平台,把儿童的作品展现给他们的家人及其他社区居民,增强孩子的自信和成就感;具有环保理念的文创范的节目,如二手衣物改造、服装秀等。

"六月六"展现自编的民族小调
梨园妇女小组《打工歌》
歌词大意:
青年姐妹们快过来,我们要唱歌了。
过完年又迎来了新的一年,外面的世界春暖花开,想出去看但又舍不得离开家。走啊走,走到河边没看见一朵花在水里漂,光着脚过河,爬上山，也没看见一颗果树的果子给我们吃，走了几亩地，也没有看到一口井，口干也没水喝。走啊走，走到火车站，心里愁啊愁，担心找不到工作和住的地方，抬头不见本地方，埋头不见亲姊妹，上到火车，身边都是陌生人，怎么过今晚，天亮了，心里又开始发愁了，下车找到住的地方，再跟家里的老人和姐妹报平安，你们别担心。

向你们唱不完的心事，请大家谅解！

普吉妇女文艺队《"六月六"包粽子布依民歌》

歌词大意：

现在是新社会、新政策，新社会大改革，新政策，大发展，现在有政府来支持。

有连心来帮忙，今年是 2015 年，春季走了夏季到，春季正月到三月，夏季四月到六月，即将迎来布依族"六月六"，我们酝酿着去摘棕叶包粽子。"六月六"这天布依人民希望吃了粽子在今年有好的收成，"六月六"结束就算过了半年。可惜我没记住布依族风俗，吃不透布依传统，唱得不符合老传统，你们要多指教。今天是过六月六节，我们布依民族很好客，欢迎大家来做客。

（五）连心流动职工联合工会的成立：有了身份认同和归属感

2012 年在社区开展少数民族社区工作时，社区儿童活动中心极少见少数民族儿童的参与，社区层面的成人活动没有少数民族的身影。我们在站工市场看见很多少数民族，在街头巷尾遇见很多少数民族拾荒者，可一转身他们就消失了，因职业原因他们居住在很多人去不到的角落里，白天能见到他们的踪影，到了晚上就消失不见了，他们在社区里整体隐身，因此，前半年的少数民族工作就是去社区走访去找寻这些隐身的家庭。少数民族儿童小组、妇女小组、困境家庭助学计划、亮灯计划、公益小饭桌、社区大型文化交流活动、工会等在这四年里不断推进开展。除了连心的干外部介入工作，这几年重点提供机会培养族群骨干的能力，推动骨干去影响周边的老乡，提供平台，让妇女、儿童、男人乃至他们的家庭及全院落都可以参与，他们终于从社区别人看不到的地方走出来了，社区居民看到了多彩的民族文化，通过相互交流的平台了解了社区少数民族的生活状况，对她们的职业也更加包容和理解。

2016年9月把已有稳健基础的社区少数民族群体也自愿发展为工会会员，享受流动职工联合工会服务，增强身份认同和归属感。一直以来针对布依族男性家长参与活动的平台并不多，自成立连心联合工会后，有很多布依族男性成员加入，加强了对连心联合工会的归属感，同时增强了他们在异地抵抗生活风险的能力。

三 城市少数民族流动人口社会工作的经验与所面临的挑战

第一，工作人员对自己与服务群体的关系定位。我的定位是都是少数民族，没有谁高谁低，你的处境就是我的处境。如果有人说到他们的各种不好时，我会感觉自己也跟他们一起被指指点点。

第二，基础服务做到公平公正，真正为民解忧、赢得民心。2013年连心与40多户布依族家庭建立信任关系后，以不破坏族群关系为底线，开始谨慎对族群内部推荐过来的个案进行紧急援助，召开家长联合会并协助工作人员一同参与制定跟族群利益相关的儿童助学方案。2014年依托院落开启了改善儿童营养的公益小饭桌项目，但依然不能做到十全十美，怨气聚焦到骨干身上。陪同骨干去探望受委屈的家庭，不管谁错工作人员要首先认错，以理服人，重新赢得信任。但这样的事情还是时常发生的，比如大家最关心的"六月六"节目拍摄因我的失误弄得不尽如人意。这么多年来，我发现，当我做错事不得不坦诚面对时，却能与他们建立最密切的关系。

第三，把组织培育做成一个平台。首先，结合族群的生活习惯和兴趣好爱，不生搬硬套外来的东西，不把自己的逻辑思维、审美标准、价值观强加于人。连心的少数民族工作是从妇女文艺小组起步的，而我并不擅长歌舞，所能做的是成为一名为她们积极服务的后勤人员，在看似单调乏味的事情中找到乐趣，也就变得有趣。既然是组织培育，就不能让小组顺其自然发展，要拿捏得住关键时刻，该往前推时要把握机会往前推，不能急于求成。其次，找到号召能力较强的积极分子，重点培养成小组骨干，而且赋权给骨干，好事情推她们个人去做，赢得名声，树立她们在小组和族群中的威望。

最后，也是组织培育过程中面临的最大挑战，创造时机和事件，将公共议题转化为实际行动。

总之，要以少数民族特有的视角（语言、性情、风俗习惯、居住分布等），运用社会工作的个案、小组、社区工作方法，敏锐地把原本就有千丝万缕关系的族群，用看不见的网络把他们连在一起，然后构建一个虚拟的族群社区。这个族群社区在地域空间上虽不在一处，可实际已是一个归属感较强的社区，人们从中寻找到力量和支持，如在自己村庄和亲朋好友相处在一起时一样。

四 作为工作者的我

到今天，我以少数民族的身份已在少数民族流动人口社会工作中摸爬滚打了五个年头，所做的工作包括了个案、家庭陪伴、儿童助学、小饭桌、构建族群网络、组织培育等，其中组织培育做得我心力交瘁，取得的成效离五年前对这个领域的设想还相差甚远。起初因少数民族群体不被关注而到处奔走，现在开始被关注但依然使不上劲，使我感到迷茫，所以至今我也找不到什么成就感，唯一确定的一点是这项工作还须一如既往地坚持下去。

从看见到同行

——城市流动人口社区反家暴社会工作实践

胡 燕 刘 萍*

一 缘起：我们为什么要在流动人口社区开展反家暴工作

云南连心在其工作地昆明市王家桥社区以及站工市场（打工者站在一起等待雇主而形成的劳动力市场）外展中接触到遭受家庭暴力、被拐、被性骚扰、被无端克扣工资等涉及妇女人身安全和合法劳动权益受到侵害的个案。这些家庭来到城里之后，原来的亲朋邻里的支持系统被破坏。尤其对于流动女性来说，城市社会网络的缺乏更加明显。反家暴领域的一些研究也显示，生计压力、社会网络和社会监督的缺乏，有可能加剧家庭暴力。由于看到服务人群的困境，因应现实需求，云南连心于 2012 年开始

---

* 胡燕，毕业于西南大学社会工作专业，社会工作师，心理咨询师，人民调解员。在残障人群、流动妇女儿童、社区发展等方面均有丰富的实务经验，有 6 年反家暴实务经验，长期致力于消除性别暴力的工作，2012 年 11 月在云南省妇联支持下，推动建立云南首个隐蔽型庇护所，并带领社工团队负责庇护所的运营。为更好地推动性别平等，消除家庭暴力，2014 年与云南大学向荣博士，云南连心李俊、杨榆宾共同发起成立云南首家以消除性别暴力及家庭暴力为核心业务的社会服务组织——明心社会工作服务中心，并担任主任一职；刘萍，应用心理学专业，大学毕业后 2005~2008 年在英国无国界卫生组织工作，2009~2012 年在楚雄州技校教学，2012~2014 年加入云南连心，2014 至今在明心担任个案负责人及副主任。

建立反家暴团队。

二 缘分：我与反家暴工作的前世今生

作为一个科班出身的社会工作专业学生，2008年毕业后一直在省外做社工相关的工作。2012年我决定回到自己的家乡云南，一心只想在社会组织领域工作，对于我来说具体做什么不重要，我就是那种彻头彻尾地会干一行爱一行的人。当时云南连心正启动反家暴工作，所以需要人来具体负责项目工作。"反家暴"？那时，在我的人生中从未使用过"家暴"这个词语，我和大多数人一样，如果新闻跳出一个关于家暴的新闻，我基本也不会打开来看，除非那个标题足够吸引我，不是冷漠，是觉得和自己无关。纵使自己的身边到处是家暴现象，但我们并不会使用这么书面和官方的话语。我们说"打架"、"吵架"、"被打了"、"被骂了"，我也和大多数人一样认为那些被打的人"怎么这么傻，不会离开么"，"离婚就好了，这种人干吗要继续过"，"那男的有病吧"……其实小时候我就目睹过家暴，不细想的时候，我也处于一种无意识的大众化的态度。当时我有一个朋友，她经常被丈夫殴打或辱骂，有时去参加同事聚餐都会被丈夫殴打。有一次她和我在外面吃饭，她丈夫一直不断打电话质问她和谁在一起，为了证明清白她还叫我听了电话。有一天晚上她半夜跑到我的宿舍和我睡，住了几天后她丈夫又把她叫回去了。最严重的一次她被推下楼梯腰被扭伤还住院了。后来她决定离婚了，但她丈夫根本就不同意，居然有一天跑到单位当着很多人的面把她抓回去。很多人在场也只能看着，不是冷漠是不知道怎么做，就算我身边有这么亲密的朋友正在遭受家庭暴力，但我似乎也不知道应该怎么有效地帮忙。当时完全没有意识找公权力部门帮忙，作为朋友除了实在看不下去劝她离婚，随时敞开家门让她需要时来住，好像也没什么能做的。而我自己关于家庭有限的记忆中都是父母吵架打架，妈妈受不了要离家出走，为了保护妈妈免于被打……就算我经历过这些，我依然从未使用过"家庭暴力"这个词，我对它依然觉得陌生。所以看到连心招募反家暴社工时，为了面试我查找了很多资料，做了各种功课。

2012年应聘成功后，我正式加入这个领域。那时我还是个黄毛丫头，没有结婚的我就算接受了专业技巧和知识的训练，内心依然很虚，特别担心来访者问我结没结婚这个问题，每次接访之前都自我对话很多遍，假设各种问题的应对。那段日子的历练至今历历在目，也可以说当时我没有认真去思考身边的这些事情和自己以往的经历，反家暴工作没有和我的生命经验有联结。直到2013年我终于结婚了，这个身份上的转变让我内心多了很多力量，至少不用担心来访者问我结婚没有，也是从那时起我开始学会运用自己的生活经验服务于工作。

当我认真去思考这个议题的时候，才发现其实我身边到处会发生家庭暴力，而小时候的经历和家庭生活的体验也一直跟随着我。当我的丈夫惹我生气的时候我特别想砸易碎的东西，比如玻璃杯子和碗，当听见这些东西在地上被砸碎的声音我内心会有一种超级爽快的感觉，但生活中我只能砸枕头之类的。当我开始觉察自己心理变化的时候，几十年前尘封的往事被揭开，我开始在工作中探索自己，去研读各种家暴对孩子影响的研究，开始做自己生命经验的整理，开始接纳爸爸曾经砸碗的事情。有一次正在吃饭的时候，不知道什么原因爸爸将装满饭的碗用力砸在地上，一个碎碗片飞向妈妈的脖子，红了！那时我应该只有5岁，那是我唯一清楚记得和父母一起吃饭的场面，每一个画面都清晰得犹如就在昨天，尽管已经20多年过去了。那是记忆中妈妈最后一次决定离家出走，姐姐给我安排了任务，不论如何我一定要紧跟着妈妈，妈妈为了不让我跟着，用细长的竹棍用力打我，我的腿上、背上全是青紫的条纹。妈妈发现我的决心和她的决心一样不可改变，接受了我跟着她的事实，我们走了很久很久来到一个亲戚家躲着，在她们家住了一晚，因为对姐姐的担心，第二天我和妈妈又回家了。

曾经我一直以为这些事情早已过去，也不会对我的生活有什么影响，当我第一次揭开的时候，我才发现完全没有，它就像一个影子一直紧紧地跟随着我。只是随着时间的流逝，它"穿上了马甲"，不仔细辨认，已经不能轻易发现原来就是它。我开始像剥洋葱一样一层一层地去剥开，静静体验自己的情绪感受，让那些从未被释放的情绪尽情流淌，拥抱它们。

儿时并没有从家里获得温暖与安全的体验，时刻担心妈妈哪天会离开，对于温暖的家的渴求深深根植于我的心底，然而我把这种儿时没有得到的满足寄希望于我自己的小家庭，为此对伴侣有很多期待。他不是我的爸爸也不是我的妈妈，又怎么可能替代我的父母来抚养我内心的那个孩子，况且他也有自己的原生家庭对他的影响。觉察到自己可以去改变，再到行动起来最后发生转折与变化，那是多么漫长和痛苦的成长与探索。结缘这份工作就如上天冥冥中的安排，让我不断地修炼和探索自己，疗愈自己童年的创伤。

家暴，一个十分复杂的东西，在现今文化背景和政策制度下（尽管2016年已经出台了反家暴法），要撬动核心的改变、环境的改变、意识的改变、制度的改变，非常艰难但也并不是坚不可摧！当我开始将工作与自己的生命体结盟，我好像浑身有使不完的劲儿，心中燃烧着一团熊熊烈火。

三　使命：他们在我心中火上浇油

在开展反家暴工作过程中，一些个案的经历触碰到自己不认同的东西、自己恐惧的东西、自己觉得不公平的东西，就如在我心中的熊熊烈火上浇油，让这团火旺到可以发射火箭，强烈地催生了一种叫使命的东西。

比如女人的身体自主权。个案告诉我，她们月经期间、坐月子期间、怀孕期间、身体不舒服的时候被强行过夫妻生活，不愿意就被打或恶语侮辱，看见自己月经的鲜血流了一地，自己只想跳楼，这并不是一个人的故事。一次小美要从三楼的窗上跳下，被嫂嫂拉住了，后来小美选择了起诉离婚，那段时间小美带着孩子住在我们的庇护所，孩子央求小美"妈妈，我要跟着你，如果你让我跟爸爸，我估计活不了半年"。伴侣不带安全套，自己7次人流，几乎一年2次……我不能接受，为什么女人的身体女人自己没有任何的发言权，太不公平。这些述说告诉我，我必须坚持做下去，给绝望中的人点燃希望……

比如生育。案主告诉我，自己因为宫外孕后不能生育被扫地出门；案主告诉我丈夫不能生育，为防止自己离婚而被要求结扎并去领养孩子；案主告诉我，因为不能生男孩所以被迫同意丈夫纳妾生儿子……

比如经济。全职妈妈在家里的付出得不到认可，丈夫不给钱，每天只给5元、10元的生活费，自己还要给孩子2元坐摇摇车，只能煮点白菜汤喝，为什么？

比如角色。因为不会收拾家、不会做饭而被殴打，为什么？而回顾自己从小的成长历程，自己从小生活在单亲家庭，是父亲带大的孩子，没有被训导过如何成为一个"女孩"、一个"女人"、一个"母亲"，也没有机会和可效仿的榜样去学习这些知识。虽然生活在贫困的家庭，但没有因为是女孩而被剥夺受教育的机会。当然这也得益于社会各界的支持，这个公平的受教育的机会对自己人生的转变是不可想象的，这也使得自己现在可以有更多的选择，有更多的机会、更多的能力知道自己想要什么，有更多的力量去抗衡这些压迫和不公。假如不是这样，我人生的轨迹会是什么样子呢？我不敢想象，或许我就是那个因为不会收拾家、不会做一个"好女人"而挨打的农村妇女或流动妇女。这条路很艰难，但是我想我一直在坚持，坚持继续前行是想要为另一个自己以及与自己一样遭遇的人们争取更多空间和力量冲破牢笼。

当我踏入这片土地，很多次谈到自己的服务对象都会哽咽得说不出话来，这种情感和情怀或许是因为生命的某种连接或碰撞而触动。如果找到工作与自己生命的连接，我想可以给自己在遇到困难的时候持续走下去的力量。一次听到乐施会的钟丽珊女士讲述自己坚持要做消除针对女童暴力尤其是性侵害这些事情的时候，那种为别人而泣而悲的情怀很让我感动。她是第一位我接触的国际基金会的项目官员，如果每一个项目官员都对自己推动的工作有情怀的话，对伙伴的支持也是很有力量的吧，使命感这种东西似乎可以相互传染。

内心有了动力和产生使命感之后，与个案对象的生命交流也让我对反家暴工作需要具有的系统性思考有了更多体验。当一个女人说她无法离开遭受家暴的家庭时，她所面对的困境包括自我价值观的重建、情感、孩子照顾责任、经济情况、多个家庭的关系、社会支持网络的态度、社会评价等系统性问题。这也决定了我们的反家暴工作必须要扎根于社区，同时又着眼于更宏观的当地政策改善和社区社会环境营造。在这样的感悟和认知下，我们的反家暴工作开始了多样的实践探索。

四 实践：多样化系统化的尝试与策略

云南连心所服务的社区为流动人口聚居的城中村社区。社区内居住着大量来城市打工谋生的外来人口，在本地没有户籍，流动性很强。由于政策局限，流动人口享受公共资源和公共服务的机会极大地减少。

这里本地居民和流动人口比例为1∶7。男性较多从事临时性工作，如建筑、运输等。女性则多为建筑小工、全职妈妈和其他临时工种。由于临时工种几乎没有社会保险，户口也限制了他们能享受的社会保障服务，因此大部分家庭在经济方面都是十分脆弱的，一旦遭遇意外灾难或者家人患重大疾病就会陷入贫困之中。

流动人口社区公共环境较差，村里小道、岔道多，并且管道电线、网线等各种线密布，缺乏规范管理。且城中村处于城市管理的真空地带，治安差，交通堵，缺乏公共空间和娱乐设施。社区里基本都是本地农民的自建房加盖若干楼层，很多房屋之间间隔不到一米，隔音不佳，彼此之间"鸡犬相闻"。家庭发生暴力时，周边邻居和房东其实都可察觉到，所以周边人群的反家暴意识也十分重要。而社区内公众对于家庭暴力的意识与评价标准重建，也是连心反家暴工作中的重要一环。

经过几年的实践，我们在日常工作中不断证明着，流动人口社区中的反家暴工作，必须结合流动人口社区和家庭的具体状况进行。

（一）借力原有社区平台，扎根社区开展一站式社工专业化服务

云南连心的反家暴工作扎根于社区，结合社会工作、心理学、法律三个领域的专业知识，通过建立服务热线、工作小组、法律援助、紧急庇护等渠道和形式，同时与云南省妇联法律援助工作建立无缝衔接，共同形成一站式的专业个案服务体系。

1. 在社区"进城务工妇女之家"的平台上整合社区资源，与社区共建"反家暴社工服务站"

以社工站为据点，由社区提供办公场地，连心专业社工队伍入驻社区，形成优势互补，开展面向所有民众的服务。就是把社区居住的流动人口纳入本社区的服务范围，满足资源相对匮乏的流动人口的需求，弥补了居委会服务与管理的空白。

2. 规范化的工作站服务机制，保障专业化服务的有效开展

通过2012～2014年三年工作的开展，工作站已经探索出个案服务、小组工作、热线接听、庇护所管理等一整套规范化的服务机制并整理出了《反家暴个案辅导员手册》《家庭暴力·安全知识手册》。

（1）个案服务流程如图 1 所示。

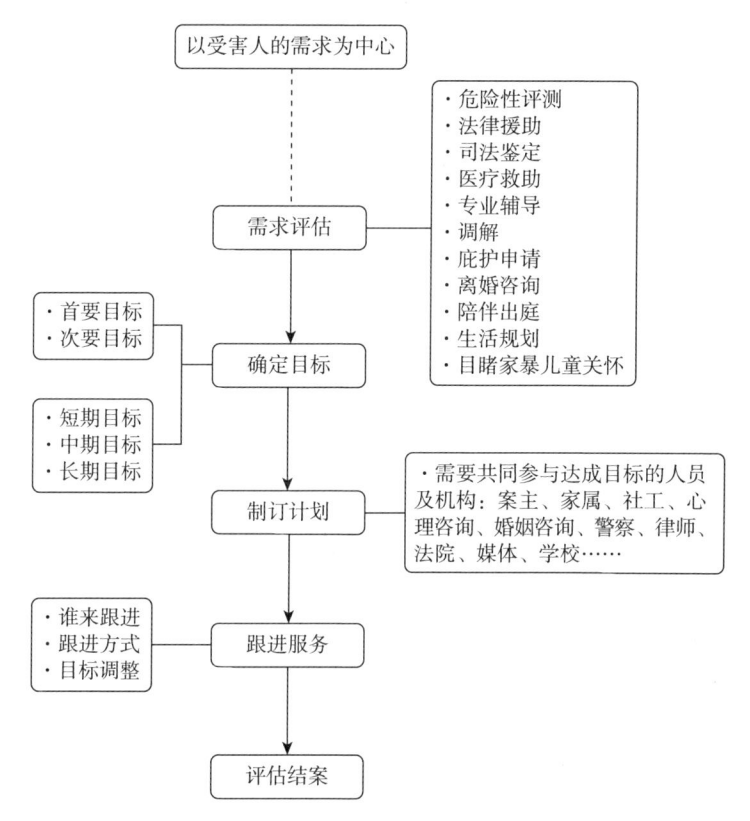

```
                    以受害人的需求为中心
                            ┊
                            ▼
                                      ·危险性评测
                                      ·法律援助
                                      ·司法鉴定
                                      ·医疗救助
                          ┌─────┐    ·专业辅导
                          │需求评估│───·调解
                          └─────┘    ·庇护申请
                            │         ·离婚咨询
                            ▼         ·陪伴出庭
  ·首要目标                            ·生活规划
  ·次要目标  ───┐                      ·目睹家暴儿童关怀
              ├──┌─────┐
              │  │确定目标│
  ·短期目标   │  └─────┘
  ·中期目标  ─┤    │
  ·长期目标   │    ▼
              │  ┌─────┐   ·需要共同参与达成目标的人员
              └──│制订计划│──及机构：案主、家属、社工、心
                 └─────┘    理咨询、婚姻咨询、警察、律师、
                    │        法院、媒体、学校……
  ·谁来跟进        ▼
  ·跟进方式  ───┌─────┐
  ·目标调整      │跟进服务│
                 └─────┘
                    │
                    ▼
                 ┌─────┐
                 │评估结案│
                 └─────┘
```

图 1　反家暴个案救助服务流程

（2）在规范化的机制下，工作人员严格遵守以下六大服务原则：

生命第一。在个案服务工作中重视家庭暴力的危险性评估，对于家暴高危险性的个案采取三级防御机制即到辖区派出所备案、通告辖区妇联、与受害人制订安全计划，采取危机干预，保护生命。

最小伤害。在服务过程中重视对整个家庭的评估及介入，不但关注受害妇女，同时将对施暴者辅导、目睹家暴儿童关怀纳入服务目标，将家庭视为一个整体开展工作，将家庭暴力带来的伤害降至最低。

保护隐私。家庭暴力的深入服务涉及大量个人隐私信息，工作人员对来电、来访者信息严格保密。

尊重接纳。尊重服务对象的人格、行为方式及对事情的决定，并不因求助者的身份、行为等而区别对待。

价值中立。在个案服务中不评判、不指责、不教育，不将自己的价值观强加给服务对象。

案主自决。在求助者辅导服务过程中，始终坚持由案主自己做决定，工作人员只协助分析所做决定的利弊，以便案主更清晰理智地做出适合自己的决定。

3. 社工与法律援助的无缝衔接

在我们所接触的个案中从求助需求来看主要可以分为两大类，一类是希望进行夫妻关系辅导，通过辅导终止暴力；另一类是希望解除婚姻关系，通过解除关系终止暴力。为更加整体地回应案主的需求，协助案主去应对问题而走出困境，我们与云南省妇联的法律援助服务进行无缝衔接，即在有法律援助需求的个案中同时启动法律援助和社工服务，法律工作人员和社工同时跟进个案，并及时交流个案的进展情况，并在有需要的时候召开个案研讨会等，更好地促进个案目标的实现。

（二）分析利益相关人群，进行多方面、多层次，扎根低收入社区的反家暴干预

为系统整体地看待家庭暴力事件，并有效地实施介入，云南连心反家暴团队对社区房东、学校老师、卫生服务站工作人员、派出所民警、居委会工作人员，家庭暴力中的受害人、施暴者、目睹家暴儿童等相关利益群体进行分析，并从不同层面开展工作。

1. 微观家庭中受家庭暴力影响的人群

直接受害人：对直接受害人进行需求评估、问题界定，根据需求及面临的问题和困境与受害人共同讨论服务目标和服务计划，主要以个案服务的方式对直接受害人提供服务，同时对需要紧急庇护的个案提供紧急庇护。

间接受害人（目睹家庭暴力的儿童青少年）：从三级预防概念介入目睹家暴儿童服务。初级预防——增加保护因子、降低危险因素。到社区中的学校开展宣传活动，开设专门课堂等形式增进个体的身心健康与社会支持系统，以预防家庭暴力发生对孩子的伤害。次级预防——早期发现、早期介入。到学校与老师访谈、开设专门课堂等形式及早发现目睹家庭暴力的儿童。同时对老师开展培训，提升教师对目睹家暴儿童的敏感性及简单介入技巧，以协助社工及早发现目睹家暴儿童并进行干预，同时为目睹家暴儿童搭

建以教师为核心的校园支持网络。三级预防——防止伤害的扩大、迈向复原之路。当家暴问题已对个体造成极大伤害，采用治疗性的介入目标以协助个体及社区的复原。在连心的反家暴工作中主要用绘画、音乐等艺术治疗手法开展以目睹家暴儿童为本的家庭治疗。

隐形受害人（施暴者）：我们经常将家庭暴力中的施暴者称之为隐形受害人，因为在家庭暴力发生时看似他是加害一方，但其实他同时也是受害人，因为在我们访谈的施暴者中，他们大多都认为自己在施暴之后难受、内疚、自责、后悔等情绪很长一段时间控制着他，使得他不能像平常一样面对生活。为了从根源上消除家庭暴力，协助施暴者认识家庭暴力的危害及自己使用暴力背后的原因，建立正确的沟通模式，我们在工作中尝试用个案工作及小组工作的方法开展了对 10 名施暴者的辅导服务。我们通过面谈、电话咨询、家访等服务，施暴者的暴力行为得到了一定的改善，并且有 2 名施暴者成为我们反家暴的男性志愿者骨干。

2. 社区中的相关人群

房东：在城中村，社区房东是最容易首先接触到发生家庭暴力的人群，房东的态度和介入策略对这些发生家庭暴力的家庭产生直接的影响，不当的策略将可能把这些家庭推入深渊，如我们在社区走访中了解到，有些房东在租客发生家庭暴力时直接将该家庭撵出去，不让其租房；有些房东直接规定如有家庭暴力发生必须为房东家挂红（一种风俗的说法，即要买鞭炮来放，并给房东封一个吉利的红包）。我们认为这种堵住出口的方法，可能会促使家庭暴力隐藏得更深，当发生家庭暴力时受害人因为怕被外界惩罚而不敢呼救。

为了积极调动社区中房东的力量来参与防治家庭暴力而不是对发生家庭暴力的家庭形成压迫，我们协同社区居委会召集房东开展反家暴能力建设培训，与房东一起重新认识家庭暴力及其危害，也收集了房东对家暴的看法，了解房东在遇到家暴案件时干预的手段方法。通过培训和座谈，一方面中心和房东建立了关系，让房东了解到反家暴求助中心的工作；另一方面，培养了房东反家暴的意识和理念。在发生家暴时，房东可以在第一时间里出面协调和解决，在一定程度上也可以遏制家暴的恶化，还可以推动整栋楼房的各户家庭形成和谐氛围，从而带动整个社区的和谐发展。再次，也把房东作为社区反家暴的志愿者，在社区发挥自己特殊的力量和作用，为今后反家暴进社区的工作打下良好的基础。

基层社区工作人员：我们对基层社区工作人员开展家庭暴力防治与干预能力建设培训，了解社区家庭暴力的发生情况及工作人员的干预方法，共同重新认识家庭暴力的危害及学习有效的介入技巧，重建家庭暴力零容忍的社区文化氛围。

派出所民警：大部分家暴受害人在家暴发生的紧急情况下均会选择报警，警察便成为非常重要的家庭暴力求助首选者，他们是政府职能部门的代表，他们的态度和行为对于求助者非常重要。在我们所服务的个案中，他们几乎都报过警，而且报过很多次，但大多个案反馈说警察到场后经常会说"这是你们的家务事，我们也不好管"，"有什么事好好说，过不下去可以通过法院去离婚"，"这种事情你们去找妇联，报警我们也没办法"，然后登记一下便走了，待受害人通过法院起诉离婚时去派出所调取出警记录作为证据时，发现出警记录却无法证明家暴的发生，因为几乎所有出警记录上都描述"发生家庭纠纷……"，并没有写明谁殴打了谁，也没有写明发生家庭暴力。通过访谈我们了解到家暴受害人报警的目的主要有四个，一是希望警察及时制止暴力；二是希望警察批评教育施暴者，给施暴者以威慑作用；三是希望民警可以告诉自己怎么办；四是希望民警护送自己到安全的地方或协助自己回家取重要物品。根据报警求助人的报警初衷我们走访辖区派出所，向民警了解家庭暴力报警及出警情况，以及民警对家暴报警案件的处理及困难，同时将我们了解到的家暴受害人报警求助的初衷传达给民警，把我们所开展的服务介绍给民警，并将服务联系卡留下，以便以后民警在接到家庭暴力报警后将服务联系卡给家暴受害人，并鼓励受害人向我们社工求助。通过个案转介中的互动，民警更加深入地了解我们在社区开展的反家暴工作，我们也发现未来深入合作的一些可能，如与派出所建立成熟的个案转介机制，优势互补，共同为家暴受害人提供服务。

社区诊所工作人员：在我们接触的家暴个案中，常有受伤的案例，他们经常选择社区诊所去做简单包扎，处理完伤口之后却不知道下一步如何解决问题，也不知道向谁求助，因为社区居民流动性很高，很多人不知道我们的存在。考虑到他们在受伤之后会第一时间去诊所包扎，我们走访了部分社区诊所，将我们的服务介绍给工作人员，并向工作人员介绍家庭暴力受伤的个案，希望他们在接到此类个案时可以为个案提供求助渠道或告诉他们简单的解决方法。

社区中的男性：绝大多数家庭暴力是男性对女性实施的暴力，想要从根本上消除家庭暴力，男性是关键。为了团结社区中的男性力量共同防治家庭暴力，我们专门组建了男性志愿者小组——家庭和谐天使小组，对小组成员进行家庭暴力相关知识培训，与小组成员共同探讨家庭暴力的危害及男性如何看待家庭暴力的发生，充分了解男性对家庭暴力这一事件的认识及看法，在社区宣传中对症下药，有针对性地开展宣传教育活动。并从最初参加的40多名小组成员中筛选出10名核心成员，对核心成员继续开展社会性别、社区宣传手法等相关知识的深入培训，并共同分享讨论不同时期"家"对个人的影响，同时邀请小组成员承诺不对家人使用暴力，并在看到社区中有家庭暴力发生时积极制止，形成核心力量，树立男性榜样，带头陪伴和协助社区中的个案。

（三）连心社区反家暴服务扎根流动人口社区，借原有社区关系，采用多种手法，进行社区反家暴宣传

1. 以社区公共空间为中心，辐射周边人群聚集点，张贴反家暴热线宣传牌

将反家暴广告牌张贴在城中村的主要道路，如公共区域或者商铺门口，看起来比较醒目，可以起到宣传的作用，让人一看就知道家庭暴力是违法行为，国家和社会都是在关注家庭暴力问题的，同时求助的热线电话也很醒目，一目了然。

2. 利用多渠道实现12小时社区全覆盖，借助节日活动有针对性地发送宣传资料

反家暴热线由专门的个案工作员随身携带，接线时间为每周二至周日（9:30~21:30），基本覆盖主要时间段。同时借助"16日行动"、三八妇女节等节日契机开展"屋檐下不该有人哭泣"、"家和万事兴"、"请停止暴力对待妇女"、"家暴不是家务事，向外求助最明智"、"不要暴力好好爱"、"家庭和谐真美好，孩子成长没烦恼"、"拒绝暴力，快乐成长"等主题活动及学校课堂。

3. 针对性宣传：对房东、社区居民、周边派出所、社区居民和大学生志愿者等相关群体进行不同方面的宣传

对房东：进行了房东座谈、培训会以及房东拜访。以座谈会的形式召集

房东做反家暴宣传和培训。同时，进入房东家进行探访、座谈。培训房东掌握简单的支持技巧，如发现租客有家暴事件如何介入，邀约房东成为社区反家暴宣传员。

对派出所：走访王家桥、普吉派出所，宣传云南连心的反家暴服务内容，了解家庭暴力案件接处警的情况。在个案服务中以个案管理的方式进行宣传倡导。

（四）综合个案、小组和社区活动，紧贴低收入流动人群实际，联动多部门，以点带面促倡导

1. 家暴受害人现身说法，以切身经历宣传反家暴的重要性

2014年3月20日反家暴团队跟踪都市条形码的一条新闻报道，救助了一名受暴妇女，该受暴妇女同时也接受云南省骨科医院的医疗救助，在此过程中云南连心联同云南省妇联妇女儿童法律援助联络中心对该个案进行了全方位的支持救助，其中包括专业的社工服务、法律援助、栖息小屋庇护、孩子入学协助。6月10日个案从医院出院入住栖息小屋，该个案脱离受暴环境后，经过自我成长，8月开始成为反家暴专业志愿者，服务他人。该个案本人十分希望通过自己的经历去影响广大的受暴妇女，希望她们勇敢地站出来维护自己的权益，活出全新的自己。反家暴团队本身也期望通过个案倡导的方式去动员不同部门的联合行动，因此借"十六日行动"的契机连同云南省妇联对该个案进行了专题报道。同时邀请《都市时报》、《中国妇女报》、《妇女儿童之家》、"维权在线"等媒体对个案进行宣传报道，并以此个案为基础拍摄了微视频，并通过网络进行宣传倡导。

在本地的媒体报道后，影响扩大至全国范围，社工陪同个案参与相关节目现身说法，在节目录制中个案用自己的亲身经历来告诉观众家庭暴力的危害，呼吁广大家暴受害者勇敢地站出来维护自己的权益，并对国家立法表示了自己的期待；同时案主得到了来自不同领域专家的建议，案主的坚强及积极向外求助的行动也得到了专家的支持，为今后生活树立了信心。

2. 在众多个案的基础上，针对低收入家庭具体现状，倡导成立家暴受害人专项基金

我们结合跟进个案深入调查后发现，对于农村家庭、流动人口家庭及城市贫困家庭来说，妇女和儿童陷入家庭暴力之后，由于经济上无法自主乃至

连医疗等费用都无法承担,是导致她们无法脱离施暴方的重要原因。而一旦受伤之后,即使对方已经被刑拘,医疗费负担和未来生活也会使其陷入困境,如果施暴者也是贫困人口,未来追偿更是遥遥无期。

为此我们在《中华人民共和国反家庭暴力法》征求意见中提出,建议立法中明确规定妇联、民政等部门设立专门的家庭暴力受害人专项救助金及相应的救助机制,并邀请《云南日报》就我们对反家暴立法的反馈进行报道。同时在共青团省委和政协委员到机构走访时将这一想法形成文字,希望他们将此作为提案素材。

3. 通过系统性的反家暴工作,拉入资源相关方,联动地方政策制定者、媒体和社区力量

家庭暴力的预防与干预涉及不同部门、不同层面,社会组织在开展家庭暴力的防治工作中有很多自身的局限性,需要社区不同机构的通力合作才能更有效地推动工作的开展。云南连心在反家暴工作的推动中基于不同原因跟社区不同机构进行联动。

(1) 基于共同开展活动及搭建平台的联动。

与云南省妇联的联动。利用节日契机与云南省妇联共同开展大型社区宣传倡导活动,并共同建立云南首个由社工组织主导管理的隐蔽型家庭暴力庇护所。

与民办学校的联动。通过开展民办学校家长培训、教师培训、学生课堂等形式,传播反对家庭暴力的相关知识及简单干预技巧。通过教师发现目睹家庭暴力儿童,并给予关注和提供转介服务。

与媒体的个案联动。部分家暴受害人会主动寻求媒体的帮助,连心反家暴社工会及时跟踪媒体报道,有家暴个案时及时跟媒体取得联系,同时运用"十六日行动"这样一些节日契机联同媒体对个案进行一些宣传倡导活动。呼吁全社会共同关注家庭暴力,让受害者勇敢求助。

(2) 以专业社工家暴个案管理的方式带动社区多部门合作共同干预家庭暴力。

工作人员在 2 年多的反家庭暴力干预的实践探索中发现,除了专业社工机构提供的服务外,家庭暴力的干预亟须政府公权力多部门的介入。因此在项目开展之日起,项目就以建立多部门联动的反家暴机制作为重要目标之一,具体的做法就是在案主需求评估中特别加入需要公权力部门支持的部分，并将此部分列入跟进计划，在协同个案到各政府部门寻求支持的同时，积极介绍宣传云南连心反家暴所开展的工作，尽力与之建立关系。经过2年多的努力，项目组与当地社区2个派出所建立了初步的联动关系，表现在当民警接到家暴报警电话出警到事发地进行初步干预后，就会将反家暴求助电话留给受害者，以便受害者获得帮助。目前在云南连心所服务的家暴个案中有三分之一来自派出所的转介，在个案报警后需返回家中取身份证等重要物品时，派出所也能协助社工共同陪同案主回家。除了派出所外，云南连心还与省妇联权益部、省妇联妇女儿童维权大厅、当地街道妇联、居委会建立了良好合作关系，实现了相互转介家暴个案的机制。以个案带动的多部门联动不仅在服务过程中更好地去培力案主，同时也是对相关部门的倡导，提升相关职能部门对家庭暴力的敏感度和对该议题的重视。

（3）主动搭建"三社联动"社区平台，推进项目深入社区宣传倡导。

项目坚持"以社区为本、扎根社区、深入社区"的工作思路，积极探索社会组织、社区、社工的良性互动，因地制宜、因时制宜、因需制宜，寓宣传倡导于服务之中，搭建好"三社联动"的社区服务和参与平台。

云南连心与王家桥社区共同建立反家暴社工站，居委会为项目提供无偿办公场地，并由居委会主任出任工作站站长，同时配备工作联络员，居委会对当地社区比较熟悉，作为政府的基层组织，公信力较高；而连心有专业的工作人员，双方优势互补，共同开展社区宣传教育活动。同时云南连心还对辖区内其他居委会的基层工作人员开展反家暴相关知识的培训。

多部门联动反家暴，是近年来各国和中国本土实践的经验。具体来说，经验包括细分确认反家暴相关部门、建立不同层面信息互通与跟进协作平台、抓住个案跟进、创造大型活动等机会进行日常联动、利用培训学习吸纳和培养相关部门反家暴人才等。总之，多部门联动是一个漫长的过程，社会组织需要积极主动地工作，并做好长期培育的准备。

五　挑战与思考

以下是我们总结和反思了几年以来的一些工作重点和经验。总体来说，云南连心反家暴工作的特点是以回应流动人口社区日常服务为起点和基础，形成了不脱离社区处境和家庭脉络的个案、小组和社区跟进体系及社区宣传手法；在服务工作基础上，形成多层次多部门联动网络，回应反家暴典型和普遍性议题，进行政策倡导和公众宣传。

虽然初步形成了一些工作经验和方向，但是我们的工作仍然存在系统性的挑战，我们也有一些针对性的思考。

（一）个案工作反思与困难

1. 家庭暴力干预必须将家庭作为一个整体，协调社会力量进行系统的干预

家庭暴力是一个综合性的社会问题，不能单纯解决受暴者一方的问题，也不是基于问题突发后才进行干预，提前做好对于家庭成员特别是夫妻双方进行前期的预防和保护显得尤为重要，同时跟进受暴者、施暴者和目睹家暴儿童个体深入的问题，才能全面把握和理解整个家庭在维系婚姻和家庭的过程中面临的困境，从而有效地从家庭、社区乃至整个社会联动多层次的力量共同回应，受暴者更需要一个专业、连续和综合性的服务。单纯依靠社会服务组织进行家暴防治干预工作力量是薄弱的，必须最大限度地争取妇联、派出所等各行政职能部门的支持。

虽然云南连心在反家暴实践中正是运用这样的介入策略从事前预防到事后干预，将整个家庭看作服务对象，从不同的层面和纬度去连接社会资源，协同社区力量共同开展工作，但是由于社会组织的社会认可度不高，家庭暴力的处理也缺乏相应的法律保障，社工在工作推动中也显得举步维艰。

2. 案主流动性大，连续性的个案辅导难以持续

很多流动人群在城市的生计都是打零工，为了生计，他们不得不经常随工作搬迁住处，这给个案服务工作带来极大的挑战，因为很多目标的达成不是一两次的辅导可以实现的，需要五六次甚至更长时间的服务和辅导，然而在工作人员跟进到中途时，案主因搬离原地而不得不终止服务。

（二）不同群体反家暴工作的反思和困难

施暴者工作：大多施暴者认为对自己妻子施暴是理所应当的事情，没有把家暴看成是一件侵犯人权的事。在常规干预中，他们中的大多数人开放程度和积极性不高，对于反家暴工作没有太多的参与，甚至抗拒接受服务；而当婚姻破裂时，又容易陷入到一种极端情绪中，甚至爆发出极端行为。如何在问题还不是很严重时提高对反家暴的认同度，从意识上对其引导显得尤为重要。同时开展施暴者的干预工作，男性工作人员必不可少，当女性工作人员为其提供服务时，他们总是认为工作人员肯定会站在女方的角度去看问题，不能理解他们的情绪和心情，容易产生抗拒情绪，而当男性工作人员与他们会谈时，他们更容易敞开心扉。另外，在和施暴者建立关系时，需要我们放下偏见，以平和、平等的心态和对方沟通，倾听对方在婚姻中的诉求，了解其暴力行为背后的缘由，协助其寻找改变的平台和机会。

派出所民警：在没有专门的反家暴法时，110出警中也未明确规定警察应该如何处理家庭暴力的案件，家庭暴力出警中全靠民警的个人素质及意识，导致难以实现报警求助人的初衷，未能解决相应问题。下一次暴力发生时受害人还是只能报警，如此反复民警对同一个案接警后更是无力与无奈，受害人也很无助。现在《中华人民共和国反家庭暴力法》已经出台，也已明确警察的职能，但受传统思想和过往经验的影响，若不开展专项系统的培训，对警察接处家暴案件的困难和挑战依然不会因法律的出台而自动破解。

（三）宣传倡导和公众教育的反思和困难

社区宣传和公众宣传的广度可以通过不断的努力加以实现，但如何让宣传效果有所持续，而不仅是"别人家的悲剧"。反家暴工作之所以任重道远，难以在公开场合被讨论正是其中的一个原因。虽然经过社会各界多年的共同努力，"严重家暴是犯罪"的观念已经逐渐获得公众接受，2016年3月1日《中华人民共和国反家庭暴力法》已经正式实施，但深入到社区生活中，反家暴受害者仍然还会面临街坊邻里甚至家人的质疑。未来如何用一些更加贴近生活的宣传手法，不只是宣传一些笼统的理念，而是能根据不同群体、不同处境、不同情况进行反家暴宣传，培育一个有助于为受害者提供更加友善更加支持的社会环境。

鉴于接触人群通常为低收入女性，连心的反家暴工作不仅要在跟进过程中就考虑其具体处境，也经常需要考虑到结案之后案主的生计和赋权工作。我们已经尝试在跟进案主的过程中，加入一些社会性别意识提升的工作，并强调培育案主自决的意识和能力，但仍然无法回应案主面临的一些实际生计困难。如何在案主逐渐恢复主体性之后，还能持续陪伴她们成长，这部分可能需要连心整体团队更多的协助和思考。

基于社区的反家暴工作，政策倡导需要与个案、小组及社区工作密切连接，不仅因为倡导的议题需要从社区需求中产生，也因为切合实际的政策改善能够事半功倍地推动改变。社会工作者在日常工作中的意义和价值，也需要政策倡导工作来作为后盾。因此，连心反家暴团队也会根据日常工作，选择一些具有典型性和普遍性的政策倡导点，抓住时机，借助资源开展倡导工作。这些议题的选择，不仅要建基于日常社区反家暴个案工作，也需要体现策略性和战略性，不求一时完美，但求步步推进。

在政策倡导和多部门联动方面，除了上文所述，最大的挑战在于如何去获得政府相关部门更多的支持和帮助，而不仅是参与连心的工作。关于这方面的思考和探索，还需要在今后行动中继续加强。

虽然连心的流动人群反家暴工作已经具有自己的特殊经验，但仍然还存在很多挑战，我们也在不断的反思和教训中成长着。归根结底，反对家庭暴力是一个需要全社会共同关注的议题，我们将继续在其中尽一份心力，乘着《中华人民共和国反家庭暴力法》的春风，努力承担一个社会服务机构应该承担的历史使命。

创新流动人口社区社会治理

——构建"三社联动"社区社会工作模式

兰树记[*]

云南连心社区照顾服务中心成立于2005年，是云南省成立最早、规模最大的民办社会工作服务机构。业务主管单位是云南省民政厅。机构成立至今一直驻扎在昆明主要的城中村、城郊结合部社区以及云南农村少数民族地区，开展针对流动人口、农村留守人员的专业社会工作服务，并开展相应的研究、政策倡导、社会组织培育及社会工作的培训等工作。从2010年开始，机构在昆明市五华区普吉街道辖区各个社区，探索社区、社工及社区组织"三社联动"工作模式，共同为社区流动儿童及青少年、妇女、残疾人、老人等提供专业的救助和服务，协同社区探索社区社会治理创新经验，推动和谐社区建设。2012年至今，在"三区"社会工作人才支持计划资助下，云南连心将"三社联动"工作模式逐渐推广至云南临沧沧源佤族自治县、昆明团结乡、昆明市西山区及云南昭通鲁甸灾区。"三社联动"的云南本土经验逐渐完善并得到推广复制，在推动云南城市及农村社区建设方面发挥了重要作用。

一 "三社联动"推动的重要意义

"三社联动"是贯彻落实党的十八届三中全会提出的"激发社会组织活力，正确处理政府和社会关系，加快实施政社分开"精神的重要举措，也是

---

[*] 兰树记，详见前文。

实施民政部、财政部联合下发《关于加快推进社区社会工作服务的意见》及《云南省社会工作专业人才队伍建设中长期规划（2015～2020年）》的实际行动，是提升社会治理能力的一项重要实践活动。云南连心社区照顾服务中心服务的社区包括城市城郊结合部社区、农村少数民族社区及灾区。这些社区社会问题更加突出，社区服务需求巨大，社区治理的任务紧迫，探索"三社联动"的意义重大。

首先，有利于整合政府、基金会、社区、民办社会工作服务机构及志愿者等资源，共同为社区有需要的弱势人群提供专业社会工作服务，并探索社会组织与基层组织合作的有效经验，满足社区服务需求，减少社区矛盾，促进社区融合。

其次，有利于推动基层社区治理创新，探索城市社区、城乡结合部社区及农村贫困社区工作的创新方法和模式，积极响应党中央、省委省政府有关加强社区建设的政策要求，探索社区社会工作的创新办法。

最后，有利于搭建社会工作专业人才实践及培养的平台，推动社会工作人才队伍建设。社区是社会工作者实践与学习的重要平台，透过"三社联动"可以有效吸纳社会工作者进入社区开展工作，并带动基层社区干部学习专业社会工作。

二　云南连心"三社联动"主要做法

云南连心不论在城市城郊结合部社区，还是在农村少数民族社区及灾区，"三社联动"工作都是从以下几个方面推动的。

（一）加强组织领导，为"三社联动"提供政策及制度保障

社会治理创新需要构建以"党委领导、政府负责、社会协同、公众参与、法治保障"为基本格局。云南连心社区照顾服务中心作为省内发展较早的民办社会工作服务机构，明确了自己作为社会协同的准确定位。因此，在推动"三社联动"工作中，机构理事会及管委会特别注重加强与民政、妇联、团委、街道、居委会及基层社区组织之间的沟通与协作。通过主动报告、项目申请及"三社联动"联席工作会议等制度，协同社工机构与社区居委会在基层社区的权责关系，做到社工、社区、社会组织之间的有效衔接、优势互补。如云南连心社区照顾服务中心与昆明市五华区普吉街道办王家桥社区进行的"三社联

动"工作,将专业社工与居委会干部按照业务进行工作小组的重新组合(见表1),每个小组推选组长带领团队开展工作,真正将社区服务的权力下放给最基层的工作者,双方相互借力,发挥各自优势开展工作。

王家桥社区居委会－云南连心社区照顾服务中心"三社联动"工作站组织架构

站长:尹福/王家桥社区居委会书记/主任。

工作职责:负责工作站的工作方向及计划的把关,社区干部的协调与推动,牵头召集联席会议,与上级政府部门的沟通与协调。

副站长:兰树记/云南连心社区照顾服务中心主任。

工作职责:负责社区社会工作服务项目的开发与推动,机构社工的协调与推动,协助召集联席会议,社会资源筹集,社会工作研究与培训。

联动单位:王家桥社区居委会、云南连心社区照顾服务中心、昆明五华明心社会工作服务中心、昆明五华益心青少年社会工作服务中心。

表1 工作站组织架构及工作分工

名称	工作职责	服务平台	工作组成员
儿童青少年服务组	1. 儿童青少年维权 2. 青少年犯罪预防 3. 儿童青少年成长辅导 4. 儿童青少年心理疏导 5. 素质拓展及社区教育	儿童活动中心 儿童之家 青少年活动中心 学校社会工作站 外展社工服务站	**组长** 张耀炜(五华益心/主任) **组员** 王家桥居委会:丁少波(团委书记)、李翠萍(大学生村官) 云南连心:陈正艳(青少年社工 云南连心/副主任)、郑红琴(儿童社工)、白娅娟(儿童社工)
综治服务组	1. 农民工法律维权咨询 2. 妇女反家暴预防与干预 3. 妇女就业创业扶持 4. 社区矛盾纠纷调解 5. 社区互助网络搭建	反家暴社工站 社区调解委员会 农民工维权站 工会服务小组 妇女之家	**组长** 李琼芳(王家桥居委会/副书记) **组员** 王家桥居委会:严妙达(民政专干)、李鑫(城管专干)、王兴梅(两保专干)、李敏(计生专干) 云南连心:胡燕(资深社工 五华明心/主任)、刘萍(反家暴社工)、束航(反家暴社工)、王显琼(法律援助社工)、张琴(妇女之家社工)、陈韦帆(妇女之家社工)

续表

名称	工作职责	服务平台	工作组成员
综合文化组	1. 社区微信公众平台运营 2. 社区文化建设 3. 社区环境治理 4. 社区友好氛围营造 5. "两工一长"楼栋社工	房东联谊会 社区文化沟通协会 少数民族文艺小组 楼栋社工小组	组长　严云颢（云南连心/副主任） 组员 **王家桥居委会**：彭玉君（王家桥居委会/副主任）、普琼英（流动人口专干）、普云花（文体专干）、曾燕（宣传专干） **云南连心**：杨春梅（社工）、姚秀霞（社工）、杨琳（社工）、段锡冬（社工）、毛友妹（少数民族社工）、刘霜（义工统筹）、张亚贤（传播负责人）

（二）培育专业社工机构，为"三社联动"提供组织和人才保障

专业社会工作服务机构是推动"三社联动"工作的重要组织和人才保障。但云南专业社会工作服务机构数量少，专业社工人才缺乏，这不利于"三社联动"工作的推动。基于此，云南连心社区照顾服务中心近几年来，特别注重对专业社会工作服务机构的培育及专业社工人才的培养工作。机构从2014年开始，一方面通过对发展较为成熟的工作团队进行拆分，培育出5家专业社会工作服务机构，包括昆明西山云创服务－学习发展研究中心、昆明五华明心社会工作服务中心、昆明五华益心青少年事务服务中心、鲁甸顺心社会工作服务中心、武定正心社会工作服务中心。另一方面则通过与西山区民政局合作建立西山区社会组织培育基地，推动西山区专业社会工作服务机构发展，截至目前通过培育基地完成注册的专业社工机构已经超过9家。此外，云南连心通过协助云南省民政厅、团省委、云南省妇联等部门出台相关推动社会工作机构发展的政策并担任督导角色，为培育本省社会工作机构发展做出积极努力。

（三）搭建社区公共服务平台，为"三社联动"提供平台支撑

云南连心服务的城郊结合部社区、农村社区及灾区，社区基本公共服务提供不足，专业社工机构可以发挥整合社会资源的优势，在社区搭建多样化的公共服务平台，为社区群众提供专业服务，并搭建民众参与社区治理的平台。如云南连心社区照顾服务中心在昆明市五华区王家桥社区，与居委会合

作共同建立社区儿童活动中心、青少年活动中心、妇女之家、二手公益互助店、反家暴社会工作站、隐蔽性庇护所、农民工维权站等。通过这些平台，以专业社会工作服务手法为社区困境人群包括儿童青少年、妇女、农民工、老人及残疾人等提供综合服务，发挥社工协同政府进行"托底"服务的专业优势。由于云南连心主要承接了社区公共服务的部分，王家桥社区居委会因此得以减轻专业服务的压力，专心于为民提供诸如低保申请与办理、社区环境治理、治安及城管等方面的服务，提升了工作效率。

（四）培育社区社会组织，为"三社联动"打造多元参与主体

社区社会组织培育是实现社区民众自我服务与管理，推动社区治理多元主体参与的重要路径。鉴于此，云南连心在各个城市和农村社区，除了提供紧急的个案援助及家庭服务外，还特别注重对社区社会组织的培育工作。在城市城郊结合部社区，主要培育儿童志愿者小组、社区文艺协会、社区和谐天使反家暴小组、社区剧社、社区工会会员小组、布依族互助小组、社区妇女创业就业小组；在农村及灾区，主要培育妇女文艺协会、农民养殖合作社、社区老年协会等。这些培育出来的组织，少部分在居委会进行登记备案，大部分由连心培育，有些组织正在准备向街道或居委会登记备案。这些组织在专业社会工作者的协助下，获得外出学习、专题培训等能力培养机会，连心通过社区公益金的资助，激发这些组织参与社区公共事务的积极性，打造社区治理的多元参与主体，以实现社区善治的创新发展目标。

（五）创新社区工作手法，为"三社联动"提供重要抓手

云南连心所服务的城市城郊结合部社区，人员构成复杂，本地人及流动人口都对社区缺乏归属感，导致社区环境卫生、治安、偷盗等问题较为严重。为更好激发社区居民关注并参与社区事务，需要提升他们参与公共事务的意识和能力。鉴于此，云南连心社工除了在社区提供基本公共服务、培育社区社会组织外，还通过搜集社区发展历史、整理社区传统文化资源、进行社区资产评估等手法，充分挖掘社区资源。在此基础上，发动社区各个小组组长、社区本地和外地居民参与。通过社区巷道命名、社区地图绘制、社区环境美化、社会文艺展演等活动，提升居民的的认同感和归属感。为使社区居民特别是流动人口充分了解政府政策，并有效获得社区基本公共服务及专业社工服务的信息，在云南连心专业社工协助下，还完成了社区微信公众平台的建设。此外，通过组建以社工、楼栋长、义工三者联动建立的"两工一长"社区服务模式，充分发挥社工专业能力，激发社区本地居民和外地居民的参与，辅助以志愿者提供基础服务，真正将专业服务的触角深入到社区最深处，不留服务死角，做到"精准式"服务，预防社区突发问题发生。

（六）联动多方资源，为"三社联动"提供资金保障

通过专业社工机构与居委会联合探索的"三社联动"工作，能够较好发挥各自资源的优势，整合资源，解决社区问题。云南连心凭借近10年的工作经验，在专业社工服务、高校社工教育及研究等方面都有较强优势，在对接相应的基金会和社会资源方面也有丰富的基础和经验，能够较好将外部资源引入社区，并撬动社区已有资源来服务于社区。云南连心通过政府、基金会等，每年筹措的社会资源超过200万元，全部用于投入社区工作。投入的专业社工及研究人员超过30名，组建的志愿者队伍达到1600人。"三社联动"的社区，如王家桥社区居委会也从所在街道办、关工委及区民政等部门协调到相应资源进行投入。专业社会工作服务机构与居委会联动进行资源筹集，为"三社联动"工作推动提供了重要的资源保障。

（七）强化研究与培训，为"三社联动"提供智力支持

云南连心和昆明市五华区普吉街道王家桥社区居委会从2010年开始探索的"三社联动"模式，不仅扎根在社区进行尝试，同时还依托云南连心研究团队，将工作模式进行整理和总结，并在省内进行推广复制。目前，通过研究总结，并接待参观来访及进行干部培训，"三社联动"模式在昆明市五华区至少3个社区进行了推动，昆明市西山区也在其中两个街道3个社区挂牌建立了社会工作站，启动了"三社联动"模式在城市社区的实践。云南连心通过"三区计划"支持，目前已经在云南临沧市沧源县、昭通市鲁甸县、昆明西山区团结乡三个地方也推广了这一模式，效果非常明显。

三 云南连心"三社联动"工作经验与成效

经过近5年的实践，云南连心在城市及农村社区探索的"三社联动"工

作已经取得了初步成效。主要表现如下。

（一）探索了民办社会工作服务机构与基层社区组织合作开展社区社会工作的本土经验

这一经验不同于广东等地由政府自上而下地推动社会工作的做法。云南作为西部经济较为滞后的省份，不可能照搬东部发达地区的模式。那么，由云南连心这样一种自发的专业社工组织推动社区基层组织的联动，完全是一种自发自愿的行为。推动的力度虽然较小，影响力不大，但其能够真正落地实践进行探索，这为云南其他社区后续的改革与推动提供了重要参照。

（二）探索了民办社会工作服务机构如何以社区服务为基础，协同进行社会治理创新的有效经验

社会治理创新，不仅需要协助社区特别是贫困社区对大量困难个人和家庭发挥"托底"的功能，同时还得探索一种可持续的救助与社区自我服务与管理模式，进一步则需要社区内部与外部的共同联动发展社区。这就要求社工机构必须加强与社区基层组织和政府部门的合作。从云南连心近几年的"三社联动"工作实践来看，从微观的困境儿童服务、受暴妇女救助，到中观的社区社会组织培育及社区建设，再到宏观的研究与政策倡导，都积累了一定的经验。这一整套经验对专业社会工作服务机构以社区服务为出发点，推进社会治理创新具有重要参考价值。

（三）为云南社会工作人才培养及民办社会工作服务机构在云南的发展提供了路径参考

云南连心近几年通过与基层社区合作，探索了以发展型社会工作为模式的人才打造方法，近30名专业社工从专业服务实践、研究、资源协调、基层合作、机构组织治理等层面上都得到了充分锻炼，为基层储备了一定的人才资源。同时，在专业社工带动下，每年接收近50名专业社会工作学生到机构实习，在此过程中由医学专业督导团队进行带领和指导，为本地社工人才培养做出了积极贡献。与此同时，在深入社区的工作中，团队逐渐发现，社区需求错综复杂，越是深入越是发现人手和资源投入不足。那么，就需要机构除了提供基础服务外，还需要逐渐发展更为专业的服务体系，如妇女反

家暴工作、流动/留守儿童青少年工作、妇女创业就业推动、农民工法律援助、农村扶贫、灾后重建等。参照中国港台地区及国外社会服务较为发达的社区工作经验，我们推测中国未来的社区服务也必然向细化专业服务分工的方向发展。因此，机构从2014年底开始进行机构的自我培育，不仅可以避免机构规模过大导致的行政成本过高及效率低下等问题，更为重要的是机构可以将其已积累的近10年的经验分享给更多组织，避免一家独大，充分发挥机构在行业的示范带动作用。

四 不足及对策建议

云南连心在基层社区探索的"三社联动"工作模式虽然已经取得了一定的成效，在带动行业发展及推动该模式的复制方面发挥了重要作用，取得效果明显，但同时也存在诸多的困难与不足需要进一步摸索与完善。

首先，政府各部门及基层社区对民办社会工作服务机构及"三社联动"工作认识不足，工作推动的力度有待进一步加强。社会工作在云南还是新事物，发展时间较短，各个政府部门及基层社区干部和老百姓对社工机构和社工的了解不多，再加上专业社工机构与基层各部门之间的沟通不到位，导致相互之间的配合协助不够，工作开展的成效因此而受限。因此，民办社工机构应主动加强与基层社区组织及政府部门之间的主动沟通，从政府层面的政策与资源方面获得更大支持。

其次，政府购买服务特别是购买专业社会工作服务的政策还尚未出台，导致政府购买服务的资金无法落地，专业社工机构长期过度依赖基金会资助，资金来源单一且十分紧缺，社工机构发展陷入困境。特别是大多基金会偏重于将资金投入到特定人群的救助与服务，而投入到社区建设和社区治理方面的资金有限，更加大了以推动社区治理为核心工作的社工机构筹资的困难，"三社联动"工作的可持续性堪忧。

再次，缺乏对云南本土"三社联动"工作经验和模式的深度总结，在模式推广方面力度有限。云南连心虽然在基层社区已经进行了近10年的实践，与居委会合作推动也已经近5年，但由于机构缺乏相应的研究资金，云南连心在总结研究方面的投入不足，仅靠机构负责人及1~2名专家顾问以志愿者身份帮忙做零散的研究。由于资金和人力都有限，无法深入开展对已经探索的经验进行总结研究,对省外的先进经验更是缺乏系统了解,工作推动的系统性不足,力度非常有限。

最后,云南各部门包括社工机构在"三社联动"工作方面的互动交流不足,"三社联动"工作的社会氛围营造有限。下一步需要探索云南本地各部门和社工组织在"三社联动"工作方面的研讨、互访交流学习等机制,加强总结研究与推广。

流动人口社区工作政策倡导的实践探索

兰树记 李 俊[*]

一 背景

"我们刚进入社区那会儿,一次,我们请了一家做文化下乡的机构到社区放电影,目的是为了丰富流动人口的日常精神生活。考虑到观影人数可能较多,我们选择一块社区闲置空地作为放映地点。当天晚上,工作人员刚把设备安装完成准备放映的时候,就有城管部门过来干涉。虽然跟他们做了解释,但还是比较难争取到他们的理解和支持。"这是一位负责人对机构刚进入社区时经常遇到此类困难的其中一项回溯。

云南连心社区照顾服务中心(以下简称"云南连心")从2006年底做了机构战略转型后,于2007年初正式进入昆明的城中村社区开展工作。在进入社区开始之初,基层政府和社区对我们这样的机构并不了解,有些会误以为我们是什么非法组织。社区老百姓对机构提供的各种服务也表示怀疑,社工和志愿者在社区走访,也时常被误以为是拐卖儿童的人贩子。

此外,地方政府除了在流动人口居住、流动儿童入学及母婴享受免费疫

---

[*] 兰树记,详见前文;李俊,现任云南武定县正心社会工作服务中心法人兼理事长,南都公益基金会(现银杏基金会)2012届银杏伙伴,曾任云南连心社区照顾服务中心主任(现任监事),兼任云南协力公益支持中心、昆明五华明心社会工作服务中心等多家机构理事。专职公益事业15年,在流浪儿童救助保护、城乡社区困境人群服务、乡村社区发展、社会组织人才培养与治理等方面具有丰富经验。

苗等方面制定出台相关政策外，更多均等化的服务政策制定和实施并没有纳入政府的工作视野，政府购买流动人口服务的政策还处于空白阶段。本地专家学者从学术层面上对流动人口相关议题的研究和政策呼吁也较少。每年云南省"两会"也较少看到有关流动人口相关议题的提案。

基于此，不论从服务对象、公众、媒体层面，还是社区和政府层面，都需要展开系列的倡导工作，以争取机构更大的工作空间，并通过政策呼吁，倡导相关流动人口议题政策的积极变化。

二 对于倡导的假设

倡导必须要有明确的目标及指向。是要倡导公众更多关注流动人口的生活处境，减少排斥与歧视，还是要倡导政府推动更多有利于流动人口服务政策的制定，这些不同的倡导指向，直接决定了机构将采取什么样的倡导策略与方法。从云南连心10年倡导经验来看，其倡导的目标和指向可以细分为如下几个类型。

（一）倡导推动使机构更具有合法性的工作身份

云南连心虽然在省民政厅登记注册，也宣称自己是专业的社会工作服务机构。但在传统政府工作框架中，除了对官办社会组织有稍多了解外，对民办的社会服务机构并不熟悉。特别是当机构落地基层社区时，在传统基层社区事务都由社区居委会包揽的管理体系背景下，基层政府和部门对这类民间自发的组织更是知晓得更少。而职业社会工作在北、上、广也才刚起步，云南则相对滞后，政府在推广和宣传社会工作方面还尚未起步，由于缺乏对社工的认识和了解，政府部门时常认为社工即是义工。机构若要顺利落地社区开展工作，则需要在独立法人身份基础上，找到更多能够让基层政府和公众信任的合法性身份。

（二）倡导政府更多关注流动人口议题，并将其纳入政府购买服务的政策范畴

2005年，昆明市第十一届人民代表大会常务委员会审议通过《昆明市流动人口管理条例》，规定昆明市城市规划主城建成区，各县（市、区）人

民政府所在地的乡（镇）和街道办事处应当设立流动人口管理服务中心，流动人口集中的村民委员会、城市社区居民委员会（居委会）根据本辖区的实际需要，建立流动人口管理服务站，作为流动人口管理服务中心的分支机构。流动人口管理服务中心（站）的职责包括采集流动人口基本信息、采集出租房管理信息、办理居住证、查验婚育证明；负责对辖区内流动人口的日常管理、服务、出租房管理工作，落实各项管理措施等。2008年，昆明市出台了《关于创新流动人口计划生育管理服务机制的实施意见》，规定昆明市在社区流动人口计划生育管理与服务工作中实施与常住人口"同宣传、同管理、同服务、同考核"的"四同"办法。[①] 从以上政策中可看到，虽然上述实施意见已经明确各级政府的工作职责范畴。但在实际操作过程中，作为直接承接政府各项职能工作的基层社区村委会或居委会，由于经费和人手不足，以及流动人口服务与管理本身的复杂程度，没有主动将流动人口服务纳入其职责的动力，较难完成上级交办的各项工作任务，更为细致化的专业服务工作基本无法提供。基于此，有必要从顶层制度设计与基层社区两个层面上进行倡导，不仅要推动政府政策制度的完善，而且也需要推动基层社区将流动人口服务纳入其职责范畴。

（三）倡导流动人口社区基层社会治理创新的机制完善

流动人口社区工作涉及儿童青少年、妇女、老人及非正规就业人群在职业安全、劳动权益保障、儿童青少年健康及教育、妇女就业创业等方面的复杂议题。仅凭机构在社区的单打独斗，较难实现服务成效的最大化。从政府层面看，虽然制定并不断完善其在流动人口领域的政策，但如何在现有机制方面产生实质性突破，需要找到新的有效办法。从机构层面看，需要与政府形成联动，找到创新性的工作机制与方法，自下而上进行政府的游说推动。

[①] 参考《关于创新流动人口计划生育管理服务机制的实施意见》，"同宣传"即各级计生部门上门发放免费计生宣传品和针对流动人口不同育龄群众适时举办生殖健康培训；"同管理"即社区与辖区内的用工单位、房屋产权单位（个人）、物业小区签订"流动人口计生管理和服务责任书"；"同服务"即各级计生部门提供免费避孕药具上门和对流动人口育龄群众开展避孕环及孕情监测、提供生殖健康检查服务；"同考核"即把流动人口计生管理服务情况纳入辖区内单位、个人评选各类优秀（先进）活动审核内容，实行"一票否决"制。

三 倡导的路径与方法

在明确倡导的目标和方向后，需要选择倡导的具体路径和方法。而每个机构的特性直接决定着其选择倡导的路径会有差异。云南连心是由云南大学教师发起，具备较强的学术背景，且在省民政厅注册，属于省级社会工作服务机构。这就决定了连心一方面具备较好的大学学术资源，另一方面也能够站在省级层面上与不同部门进行对接和倡导。基于此，机构选择从以下几个方面展开倡导工作。

（一）借力使力，实现政社联动的互利共赢

近年来，各级政府部门都在大力推动社会治理创新，从而具备了内在的改革动力。而政府的任何创新都需要落到实践中进行检验，然后进行示范和推广复制，但往往缺乏落地实验的工作抓手。云南连心作为扎根社区工作的机构，其服务的人群涵盖了儿童青少年、妇女及老人等，工作范畴涵盖了家庭照顾、家庭教育、法律援助、就业创业辅导、青少年犯罪预防、未成年人保护、救助救济、反家暴等方方面面，其工作的对象和内容涵盖了社会许多领域。政府部门内在改革创新的动力和云南连心自身扎根一线的可持续发展目标刚好形成对接。这为连心的工作提供了巨大的空间。

这其中，群团组织作为联系群众最为密切的政府延伸性的职能部门，创新的动力最强。基于此，结合机构进入流动人口社区后以较容易开展工作的儿童和妇女两个人群作为切入点，紧扣妇联儿童之家和妇女之家创建的契机，机构主动与云南省妇联进行合作，创新性地提出了建立"云南省流动儿童及妇女服务示范工作站"的工作平台。通过该平台，将儿童之家和妇女之家建立在流动人口社区，把机构在流动儿童和妇女方面的工作纳入其中，通过机构项目化运作，激活儿童之家和妇女之家工作。基于此，省妇联的工作能够扎实落地进入流动人口社区，且工作能够见成效，进而吸引全国妇联及省、市、区级妇联领导的重视。而机构也能够较好利用示范工作站、儿童之家和妇女之家的牌子开展工作，较容易获得基层政府、居委会及服务对象的信任，提升自己的合法性身份。

2012年，云南省总工会希望在社区层面上探索针对农民工工作的创

新,确定在每个社区居委会建立农民工维权站。基于机构一直以来在非正规就业方面的工作探索和已经取得的成效,通过街道推荐和机构的极力争取,云南连心也获得了农民工维权站的牌照。这也是整个街道片区唯一一家获得牌照的社会组织。在获得牌照之前,工作人员在协助发生工伤或被拖欠工资的工友进行维权时,并没有合法身份,且处于强势方的资方代表并不认可社会组织的身份,谈判的效果很不理想。在获得农民工维权站的牌照后,工作人员就可以以政府颁发的维权站工作人员的身份开展工作,大大提升了社工协同进行协商和谈判的合法性身份。通过这样的机制创新,工会一方面是看到专业社工在非正规就业领域进行维权的有效性,另一方面也逐步找到了推动工会改革创新的可能性。而社工机构通过有效利用维权站的牌子,不仅有利于协助工友维权工作,也开辟了进行工作倡导的有效渠道。

(二) 在服务基础上进行及时的总结研究

社会组织和专业社工的工作在云南起步较晚,不容易获得政府的信任。且一线工作者忙碌于大量烦琐的行政工作及社区服务工作,较难抽身开展行动研究与工作模式的总结。因此,依托于高校研究机构及相应的学术资源进行协助就非常关键。云南连心从进入社区开始,就依托云南大学作为智囊团队,配备相应的研究人力,协助一线实践团队进行经验的总结与模式的梳理。这为机构开展倡导工作提供了重要的基础保障。

为更清晰地提供流动人口在子女教育、妇女创业就业及社区融入等方面的数据,机构依托云南大学社会工作研究所一同合作,于2010年承接了云南省妇联委托的"关于城市流动妇女生存现状的调研"。通过调研,完成了近千份的问卷,近200户的访谈,精准掌握了流动妇女和家庭的问题与需求,在此基础上形成了调研报告和政策咨询报告。该政策咨询报告后来还成为妇联主要领导在政府常委会上进行政策呼吁的重要依据和素材。通过发动机构员工参与调研,不仅提升了机构掌握社区流动人口状况的能力,而且也提供了机构参与政策倡导的重要渠道和路径。包括机构后续通过理事长作为云南省第十届政协委员提交的多项提案,都以该项调研掌握的数据和政策建议作为重要支撑。

此外,机构还通过与云南大学及其他大学的合作,共同承接包括民政部、云南省民政厅、昆明市民政局及民盟省委等多项课题研究，通过研究报告和政策咨询报告的撰写，为倡导工作提供多元素材。

（三）建立倡导工作的多种路径渠道

开展倡导工作的渠道是否可行、渠道的多寡，决定了倡导工作的成败。机构在刚进入流动人口社区工作之初，倡导工作没有引起机构的足够重视，且缺乏相关的倡导渠道。经历了机构进入社区面对一系列如儿童因河道治理溺水死亡、社区的工作被城管干涉等事件后，才逐步意识到倡导的重要性。而机构理事长向荣通过妇联推荐成为政协委员，成为机构在早期开展倡导工作的重要路径。向荣理事长2008～2012年担任政协委员期间，机构在每年两会期间提交提案超过12个，这些提案都与流动人口议题相关。其间，省政协还会举办论坛活动，邀请委员提交针对当下社会热点问题的文章，提出有针对性的对策建议。向荣理事长先后提交的三篇文章都获奖，得到高度认可。承担交办政协提案的部门，按政府要求必须通过书面或邀请面商的方式对提案承办情况进行回复。在此过程中，不仅让政府各部门了解到机构的工作，关注流动人口议题，也锻炼了机构与不同部门进行协商与沟通的能力，为争取政府不同部门的支持和理解奠定了重要基础。

在此过程中，非常重要的创新在于探索了参与式提案的创新机制。2012年底，为突破传统以专家和机构为主导进行提案撰写和提交的局限，机构在两会期间，与省妇联合作，主动邀请妇女界别的政协委员进入机构所在的流动人口社区，举办了政协委员与基层民众面对面的交流活动。机构邀请省内重要媒体包括云南电视台、云南政协报等多家媒体参与报道。在活动开始之前，机构做了非常充分的准备，包括发动社区居民如流动儿童和妇女，邀请辖区各利益相关方如民办学校、派出所和居委会等单位共同参与社区公共议题的讨论，并提出对策建议，最终形成提案。在"面对面"的活动现场，将这些议题和对策建议进行呈现，并邀请委员现场签字参与联合提案的撰写，提高提案的影响力和关注度。该活动最终不仅获得电视台和媒体的直接报道，也通过联合提案的方式引发了政府不同部门的重视，产生了较好的倡导效果。

通过此次活动，机构进一步消除了对传统主流媒体的片面认识，意识到主动与媒体建立合作的重要性。为此，机构成立了专门的公共关系与传播部门,建立媒体资源库,并针对不同的倡导议题,主动寻找对口的媒体进行报道。在此过程中,机构开始学会撰写传播文稿,并建立了通过媒体进行传播与倡导的工作流程与机制。至此,利用主流媒体的倡导渠道逐步建立,在后续工作中发挥了重要作用。后来中央媒体如人民网、新华社、中央电视台等媒体主动联系参与机构的传播与倡导工作,这也与前期的工作铺垫有重要关联。

除了通过政协提案、主流媒体进行倡导,机构还将重要人物和单位的接待作为机构倡导的重要渠道。机构通过扎实的工作基础以及与政府不同部门的合作,逐渐引起高层领导的重视,各种调研和采访也开始选择机构所在的社区。机构先后接待过中央领导如全国人大、全国妇联、民政部等中央领导到机构调研。中央领导每次调研,省市区各级政府部门领导必须随同,这就给机构创造了倡导本地政府部门的好机会,且在此过程中不断提升机构的可信度和品牌影响力。为机构争取到各级部门的政策和资金支持奠定了重要基础。

(四) 不断探索自下而上的工作机制创新,为倡导工作提供"弹药"

任何倡导的工作必须有可操作的依据。云南连心的优势在于其能够扎根社区,并配备专职的工作团队,且能够将一线社区服务与研究进行有机结合。如机构从成立至今探索建立了儿童活动中心、学校社会工作、困境家庭陪伴服务、二手互助店、绿色手工坊、农民工维权站、流动职工工会、多部门联动的反家暴工作、庇护所,与基层居委会的"三社联动"社区治理等方法和模式,都是经历了实践检验且能够解决实质问题的可复制经验。这也是政府最为看重的期待能够与连心进行合作的重要基础。云南连心探索的这些具备较强可操作性和可推广性的经验,成为机构用于倡导的重要工具。

如机构在2012年争取到农民工维权站的牌照后,紧扣流动人口从事非正规就业过程中面临的诸多维权议题,不断探索从非正规就业个案法律援助、群体职业安全教育及创业就业支持等方面进行干预的有效方法。在此过程中,结合工会改革创新的大背景,主动与街道和区总工会进行沟通,提出创新性的改革思路。经过不断的实践推动与倡导,机构于2016年得到区总工会支持,与街道联合建立了流动职工工会,实现了从政策到操作层面的重大突破。流动职工工会也成为了目前全国唯一一家在街道层面上探索针对流动人口开展维权服务由社工机构承接的工会组织。该工会组织的建立，进一步撬动了工会系统的政策和资金支持，使工作的覆盖面进一步扩大至昆明其他流动人群，机构工作的合法性和公信度进一步提升。而这样的实践虽然还正处于实验阶段，但已经明显看到省市总工会对于这一创新模式能够推广复制至昆明市及全省的热切期待。

机构在最初仅限于为流动人口提供服务，这就使基层政府部门和居委会的参与受到限制。鉴于此，从2010年开始，机构主动与街道和社区进行合作，探索了社区、社会组织、社工"三社联动"推进流动人口社区治理的模式。将工作从单一的人群服务拓展至社区历史文化挖掘、社区巷道命名、社区环境与卫生改善等内容，大大激发了本地社区和居民参与的积极性。通过社区居民和本地居委会的参与，盘活了社区场地资源、资金资源、人力资源等，使之服务于社区工作，使得本地居民和流动人口对社区的认同感提升，奠定了社区参与治理的信任关系基础。基于此，机构与居委会形成优势互补的格局，又使各自的工作效能都有显著提升，居委会干部也更多获得上级部门的认同与肯定，开始愿意将流动人口服务积极纳入工作范畴，并在其每年工作经费中列支一定比例的金额预算。而"三社联动"这一有效模式，也先后获得省民政厅和民政部的认可，进而引发昆明市五华区和西山区等地方民政部门采纳这一模式在其他社区进行复制。

四 倡导的经验与思考

云南连心扎根社区实践走过了10年历程，伴随着一路走来的倡导工作虽然也经历过诸多的艰辛与不易，但近年来，我们看到云南省每年两会有关流动人口议题的提案越来越多，且在政府支持的研究课题及购买服务清单中已经罗列了多项有关流动人口服务的项目。越来越多政府部门及群团组织也开始关注流动人群的不同议题，并且愿意寻找诸如连心这样的社会组织进行合作。这其中与近年来人口流动引发的各种城市治理问题及政府的政策变化有直接关系，而与诸如连心这样长期坚持扎根流动人口社区服务，并通过多种渠道开展倡导工作的流动人口服务机构也有很大关系。云南连心在倡导实践方面，总结起来有以下几个方面的经验与思考，提供同行参考借鉴。

(一)倡导是倡导者和倡导对象相互理解和学习的过程,需要找到策略性的方法和路径

云南连心一直坚持服务为先,以不断探索有效的服务模式作为倡导的支撑。可以说,扎根流动人口社区服务的过程,即是机构不断深入认识流动人口需求、了解基层社区运行、学习掌握政府政策、寻找合作空间并推动改变的细化过程。我们深知社区的工作最重要的是回归社区,社群的工作最终要交给社群,社会组织更多时候只是作为一种外在的协同力量。当赋权培育到一定阶段的时候,社会组织的角色将会逐步淡化。基于此,我们在社区工作过程中,一方面非常注重挖掘培养骨干,推动流动社群自助互助组织的孵化,另一方面也特别强调与地方基层政府和社区居委会的合作。比如我们开展的各项工作,都会主动邀请街道和居委会参与,并主动邀请其合作开展项目或社区活动,通过参与与合作的过程,让双方有机会增进了解,彼此知道对方的工作理念和方法。在此过程中,机构能够较好发挥其专业优势,在社区活动设计及服务规划方面主动协助居委会,使其在年度工作创新方面有新突破。这些举动能够较快建立与居委会的信任关系,促进双方在资源和人力方面的联动,实现优势互补,进而推动居委会有意愿将流动人口服务纳入其工作的职责范畴。双方合作一旦能够实现互利共赢,则在面对上一级政府部门做倡导时,居委会反过来会帮忙社工机构做背书和呼吁,这大大提升了倡导的影响力。

(二)倡导需要借助跨学科和跨专业的力量做协助

云南连心具有高校背景和研究资源,这就决定了在专业学术研究方面具有优势。但单凭以提交政策咨询报告和提案的方式做倡导,本身就会存在诸多局限。基于此,跨专业的学科和技术资源的引入会增加倡导的直观性和丰富性。如在2008年夏天,我们工作的社区先后有2个孩子溺水死亡,除了父母忙于工作监管缺失外,施工单位没有做好相应的防范措施,也负有重要责任。对此,机构除了协助家长进行理性维权,与学校合作组织流动儿童进行安全教育和演练,提升儿童应对安全风险的意识和能力外,我们还通过组织摄影师团队进入社区进行了有关儿童生存环境的影像拍摄。与此同时,通过组建以流动儿童为主要参与者的小志愿者团队,由摄影师传授相关摄影技

术后，把相机交由儿童自行拍摄，通过孩子的镜头搜集社区存在安全隐患的地方。在此基础上，由社工协助，将摄影师和小志愿者拍摄的照片进行筛选，配以文字解释，最终以举办摄影展的方式，引发媒体和公众对流动儿童安全议题的关注，产生了很好的倡导效果。

机构在儿童影像发声进行倡导策略的工作尝试基础上，进一步将该种方法拓展至非正规就业工友群体，也收到了很好的成效。此外，机构还尝试过以民众戏剧、音乐创作等文艺发声的方式进行倡导，但机构本身缺乏相关的工作推动经验，效果不是太理想。因此，机构选择适合自己专长的倡导方式方法，并充分利用自身资源优势，引入跨专业跨学科的力量进行倡导的协助是非常有必要的。

（三）选择与具有战略眼光的资助方进行合作，是确保机构倡导工作的重要资源保障

流动人口社区不同议题的工作要想产生成效，必须要经历一定的时间周期，资助方和伙伴双方都需要耐得住寂寞，让彼此有足够的空间进行实践的探索与研发，进而形成可进行倡导的经验模式。如云南连心从2007年开始进入社区，从流动儿童切入，深入家庭和社区，推出流动妇女创业就业的绿领平台、非正规就业的流动职工工会以及少数民族自助互助网络等，前后经历了10年的时间。假若没有乐施会从2008年以来一直相对稳定的持续资助，机构估计也较难潜心沉在社区进行各个业务模块的深入实践与研发，所谓的倡导也一定会缺乏充足的信心和底气。同时，随着政府购买服务的启动及其他基金会资源的注入，乐施会也能够提供给伙伴较为灵活的资金使用调整空间，这为伙伴进行倡导工作奠定了重要的资源保障。如从2012年至2014年，机构连续三年获得中央财政资金支持，探索专业社会工作介入流动人口社区服务与社区治理的创新实践。但该项目仅支持活动支出，不支持人员费用。在此情况下，机构与乐施会进行了沟通，最终乐施会同意资助项目人员费用，与中央财政支持活动费用进行项目资源的配比整合。该项目后来入选成为中央财政支持社会组织参与社会服务的示范项目被列入清华大学第三方评估中心主编的案例集。省民政厅多次邀请机构给其他承接项目的组织进行项目设计、财务管理及服务方案的设计。在此过程中，机构品牌及流动人口议题都得到了很好的宣传，产生了很好的倡导效果。

（四）倡导是充满了挑战性的工作，机构员工特别是负责人必须不断学习，提升倡导的能力

倡导过程需要不断与政府、媒体及公众打交道，这就需要负责倡导工作的人员具备相应的素养与能力。这些素养和能力至少包括较强的自信心、政策解读能力以及语言转化能力等。近些年来，我们发现社会工作者较少有机会接受倡导方面的训练，也较少有机会与政府部门打交道，这就导致了其在与政府打交道的时候信心不足。此外，倡导工作需要紧扣政府最新政策动向，并将相关的陈述语言转换成政府听得懂的语句，这也给工作者提出了巨大挑战。基于此，鉴于云南连心的经验，机构应当配备较强的专家团队，协助团队定期进行政策的解读与分析，并为倡导工作者提供必要的训练。同时，机构要形成人人具备倡导能力、人人参与倡导工作的文化氛围，方能够形成倡导的合力。

五　结语

近年来，政府越来越关注流动人口议题并逐渐推动政策和制度的完善，且已经开始有更多社会服务机构投身于流动人口社区和社群开展工作。云南连心过去10年的实践、研究与倡导工作，也已经完成了阶段性的使命和目标。经过不断努力争取，服务流动人口的社工行业也逐步发展壮大。在此前提下，机构针对流动人口议题的倡导工作从策略和重心方面都会做出新的调整。如流动人口中的特殊人群：流动困境儿童和家庭、流动少数民族及流动非正规就业群体等，都需要对其需求和面临的困境进行更为深入的分析与研究，在此基础上深入进行服务的研发，为把倡导工作做得更精准和细致做铺垫。与此同时，针对流动人口服务的政府资源投入还较少，在越来越多伙伴机构愿意在该领域扎根工作的背景下，倡导政府将更多财政资金投入流动人口社区的工作，不仅符合政府对基层社会治理创新的需要，而且也是社会服务机构更好践行使命远景的重要资源渠道。

作为在流动人口领域走过10年的服务机构，云南连心在扎根实践的基础上，将更加注重对实践成果的总结提炼，有效推动行业发展的同时，也为倡导工作的顺利开展提供重要素材依据。

组织发展篇

让公益成为每个人的生活方式

——云南连心志愿者及实习生工作实践

张亚贤[*]

一 引言与综述

本文将分享在连心十年工作中,逐渐形成的志愿者工作经验与实习生工作经验。志愿者工作与实习生的工作既有相似之处,又有所不同。对于一个发展中的社会组织来说,志愿者和实习生的有效管理,是行政工作中的重要环节,完善的管理方法能有效整合机构所需人力资源,同时也能够进一步传播公益价值和思想。

志愿者与实习生的选拔培养,对于社会组织的日常运行是十分重要的。志愿者是组织人力资源的补充,同时也是组织潜在的社会资本。志愿者本身所具有的能力和资源,对于连心而言能够及时补充在项目中需要的人力资源,帮助项目顺利实施。但是由于项目对志愿者数量的需求有限,已备案但没有安排志愿服务的志愿者可以被组织起来,成立志愿小组或搭建公益平台,为连心发声。实习生对于机构而言,则是专业的观察者与学习者。专业

---

[*] 张亚贤,曲靖师范学院体育教育专业毕业,曾任学生会主席和多个社团负责人,活跃于推动省内外青年交流和公益实践,有体育赛事、大型会议、危机事件、社会工作等志愿服务组织经验,组织培训超过2万人次,毕业后以志愿者统筹兼公共关系一职加入云南连心,主理或协助超过20家公益组织的传播倡导工作,获得国家新闻采编人员、网络舆情分析师、助理社工师等资格,现任云南连心理事、公共关系总监、工会主席。

的实习生在专业的社会工作机构实习,对于其自身和连心都是一种成长。实习生能够快速地掌握社会工作机构的行政流程、项目模式。而机构由于实习生的加入,一方面能够设计和开展更为专业的社会工作服务;另一方面则能够通过实习生的观察和反馈,进一步完善组织的功能架构。

云南连心在志愿者的管理和培养方面,经过多年的实践,逐渐形成了一套完整的体系。在案登记的志愿者人数由70人逐步增加至近2000人。志愿者的选拔、分类以及培训已经形成了一定的连心风格。在实习生的管理和培养方面,与各地高校有着丰富的合作经验,加之网络申请平台的开放,对于实习生的选择与培养也形成了较为合理的规范。无论是对于志愿者还是实习生,均秉承文化与能力双发展的原则,尊重志愿者和实习生的努力和付出,肯定和发扬他们对于公益事业的热情和坚持,鼓励他们积极参与社会服务,思考社会服务对于自身发展和社会的意义。

一个完善的管理机制需要不断地探索与创新,以满足机构发展的需求。在云南连心不断发展的过程中,对于志愿者和实习生的需求也在不断变化,也同样面临新的问题,需要探索新的解决方法。我们的思考,对于机构发展的某一阶段,或处于同一阶段的同人而言,作为参考是有意义的,也是有讨论价值的。

二 志愿者的内涵

"志愿者"(volunteer)是志愿精神的实践者,是指那些具有志愿精神、能够不计报酬、主动帮助他人、承担社会责任的人。志愿者不受私人利益的驱使,不受法律的强制,是基于道义、信念、良知、同情心和责任而从事公益事业的。在不同地区对志愿者有不同的称呼。在国内,一般称为志愿者;而在我国香港地区,一般称之为义工,即提供义务工作的人;而在我国台湾地区一般称之为志工,即提供志愿性工作的人。1985年联合国大会通过决议,确定每年的12月5日为"国际志愿者日"。近年来,志愿者活动在我国得到了蓬勃的发展,有越来越多的人奉献出自己的空暇时间,投入到志愿者的行列中。志愿者这一重要的社会资源逐渐得到人们的重视,如何开发和利用志愿者资源成为人们关注的话题,对志愿者实施有效的激励日益变得重要。

三 连心志愿者

连心志愿者队伍是云南连心社区照顾服务中心组织的志愿者义务服务团队。云南连心一般是在社区服务开展探索的过程中招募和培养志愿者，志愿者在中心工作人员督导下以志愿服务小分队的形式独立开展专项服务，或志愿者个人参与到中心开展志愿服务项目的团队，开展适合本土和机构的"社工＋义工"协同工作。在这一社会服务模式中，志愿服务队的主要成员为"社工＋义工"模式中的"义工"角色，而服务对象则涉及流动儿童、妇女、劳务工、老人等群体，服务范围遍布昆明多个城中村和云南多个农村站点。经常开展的志愿服务内容包括：流动儿童外展服务，公益之声电台，流动儿童假日营期，困境流动儿童及家庭陪伴，学校副科教学支持，儿童功课辅导，旧物回收与再利用，妇女生计技能培训，非正规就业劳务者服务，家庭暴力认知情况社区调研，社区口述史访谈，城中村墙面美化，公益机构行政支持等。

云南连心志愿服务队目前在册志愿者（提供过三次服务以上的正式志愿者）达1800余人，志愿者年龄多在17～25岁，最小的志愿者6岁，最大的志愿者60多岁，他们来自高校、中学、企业、医院、社区等，高校学生所占比例最大。他们通过网络申请、电话报名、上门咨询等方式报名，经过筛选、岗位匹配、培训，进行实际服务后，成为云南连心志愿者。2015年云南连心志愿服务队服务总时数约为6000小时。

四 连心志愿服务事迹溯源

"连心志愿者"可追溯到机构成立前夕，当时有来自不同高校的老师、学生，以及不多的社会人士为组织提供志愿服务，参与关于孤儿、艾滋、边境儿童等的调研并提供少量服务，以此参与到机构前期工作和组建筹备中。2005年机构正式获得民政部门颁发的牌照，当时的志愿者也相应地成为合法牌照下公益组织的志愿服务人员。

2006年机构理事会决定将工作聚焦于城市流动人口服务，志愿者与社工一起走访不同的城中村社区，伴随机构的发展，云南连心在城中村流动人口

"流行社工"路

服务工作中投入了大量的志愿者。随后的几年中，云南连心开始逐步探索"城－乡"循环流动下的服务，2012年以"三区"人才计划①为契机，志愿者开始参与乡村工作。2014年"昆明3·1暴力恐怖事件"、"8·3鲁甸地震"开始了连心志愿者参与灾害的工作。2014年"云南新青年（大学生）公益论坛"在省内30多家大学生社团联合声明下成立和举办，至此云南连心除开展志愿服务外的青年支持工作开始一个新的起点，具体经过如下。

2005年机构开始筹备期工作，志愿者参与到机构筹备和前期工作服务中，参与到街头流浪儿童服务（及其他儿童服务工作）、边境少数民族地区科研项目等工作调研中。

2007年社区志愿者开始参与二手物品的捐赠、装卸、整理和再加工，以及公益互助店的售卖活动，贯彻旧物回收再利用和社区互助的理念，至今也有约15个大学生社团持续在高校募捐衣服后交给连心资源回收中心。在这一年里，儿童服务中心正式开办，志愿者也就参与到儿童服务中心等工作中。

2008年开始的志愿者参与到流动儿童假日营期，主要为儿童青少年提供假日文化、兴趣培育等服务，为孩子们提供一个安全的公共空间，培养孩子的安全意识、团队意识；提高孩子自我创造能力、自我管理能力；提供给孩子多元化的知识和学习内容。

在这一年里，机构开始了社区外展服务，以流动公共服务的方式在昆明六个城中村开展服务，志愿者以多种小组形式为流动儿童提供丰富的周末活动，打造安全健康的公共服务空间。

2009年至2012年，连心志愿者参与到机构各项服务工作中，在全职社工带领下开展工作。2012年5月，云南连心招聘了全职志愿者统筹兼公共关系一名，负责全职统筹志愿者实习生工作，开始清点、梳理以往连心志愿者的工作，形成相关报告和文档。这一年，新版连心志愿者证正式设计投入使用，包括身份验证、服务内容纪要、时数统计、服务认证和表彰记录等功能，配套的是连心志愿者电子档案，使用Excel进行档案录入管理。此为连

---

① "三区"人才计划：2011年为贯彻落实《国家中长期人才发展规划纲要（2010～2020年）》，中央组织部、教育部、科技部、民政部、人力资源和社会保障部、农业部、文化部、卫生部共同印发《边远贫困地区、边疆民族地区和革命老区人才支持计划实施方案》，实施"三区"人才计划。

心志愿者证第二版，第一版"红壳"由原来兼任志愿者工作的张玲于2010年设计，并投入使用。连心开始组织志愿者特别是律师志愿者开展不定期的非正规就业劳务群体法律维权咨询，禁毒防艾、消防安全系列康乐游园活动，协助劳务工群体维护权利和发声。也是在这一年里，由连心志愿者自己组织和操办的年会在创库艺术空间举办，云南连心志愿服务年会得以确立并定期举办，内容包括：志愿服务工作汇报规划、骨干交流会、年度志愿服务工作表彰大会、年度爱心企业及爱心捐赠表彰、志愿者文艺表演等。

2013年在多个公益慈善机构支持和资助下开办全国首个全公益网络电台，播送民间公益动态、公益故事和文章、志愿服务知识等节目，主要成员大多是新闻、传媒等相关专业的本科生和研究生，包括云南大学、哈佛大学等学生。以此开始连心志愿者第一个网络工作小组，后续组建了包括翻译志愿者团队、录音整理志愿者团队、文稿撰写输入团队、网络小组（传播）等依托网络开展工作的志愿服务团队。开始招募培训大学生开展困境家庭一对一家庭陪伴计划，志愿者两两搭档每周定时入户探访陪伴，组织儿童和家庭集体外出活动，开展楼栋活动，组织楼栋中儿童及家庭的集体活动，发放紧急援助金和家庭救助物资。每名志愿者均持续提供一年期以上，每周至少一次入户陪伴儿童。这一年云南连心与多个大学签署合作协议或者达成口头协议，进行实习生训练基地建设等工作。在志愿者方面，基本涵盖云南全部知名高校社团和优秀青年干部，形成"连心志愿者小组工作模式"、"连心志愿者统筹外围工作团队（以各社团负责人为主体）"、"连心志愿者每月议事聚会"等机制模式。这一年，连心志愿者开始将富余人力输送其他组织进行服务，每年保持在100人以上，服务内容包括艾滋病领域、环境保护领域等。

2014年开始在农民工子弟学校开展副科教学服务，针对学校教学资源缺乏的情况，大学生志愿者在学校进行体育、音乐、美术等科目的教学活动，目前持续为两个民办学校组织志愿团队进行以学期为单位的副科教学支持。由志愿者进行不定期流动人口社区妇女生计技能培训，如缝纫培训、电脑培训等，对妇女赋权和生计能力提升有很大推动。这一年云南连心成立"昆明3·1暴恐事件社工＋义工工作站"，连心志愿者开始参与到应急工作。

2015年开始在儿童活动中心开设功课辅导室，学校上课日对外开放，为流动儿童提供课后写功课的安全明亮场所。连心组织 13 名志愿者进行家庭暴力认知情况的社区调研，完成 1288 份问卷调研，收集社区家庭暴力认知情况资料，对家庭暴力防治与干预的社区宣传引导奠定基础。同年，连心组成社区口述史收集志愿者小队，对 70 余位社区居民进行社区历史变迁及文化变迁访谈，收集社区历史样貌和变迁过程资料，提高居民归属感和对所处社区历史的认知，在社区居民中对整理的成果进行了汇报。多批志愿者对城中村墙面进行绘制美化，完成了 37 个墙面的美化，发动居民参与，通过共同美化社区而增加居民对社区事务的参与度，加强自觉改变社区的意识；将社区历史文化以各种形式呈现在墙面上，让社区居民对社区有更多的了解。

五 志愿者管理经验

（一）志愿者的申请流程

途径一：

在云南连心官方网站点击志愿者申请页面下的链接，填写相关申请信息后提交，进行志愿者报名。

途径二：

加入连心交流 QQ 群 62596368，呼叫"连心之家管理员"咨询报名信息。

途经三：

在云南连心项目办公室现场填写"连心志愿者申请表"，但因工作地点经常变动，项目办公室内无专人接待，不接受未经预约的志愿者报名来访。

（二）高校合作经验

云南连心的志愿者有很大一部分来源于昆明市区的几所高校，与高校团委、社团保持良好的合作关系，同样是志愿者工作中的重要环节。我们会不定期与各个高校社团合作开展校园公益行活动，也会将有意愿参与志愿服务的同学聚集到一起，开办志愿者课堂。课堂的主要内容通常涉及连心的机构文化、昆明的公益环境，以及志愿者如何能够更好地参与志愿服务等方面的内容。除此之外，也会有专业的社会工作者，针对即将到岗的志愿者开展短期的团体小组活动。

在大家心目中,连心不光是一个志愿服务的实践场所,也是先锋青年和社团领袖们交流的地方,对这一点大家都很认同。就是通过这些方法,几乎所有的社团换届、社团大小活动都会邀请我们参加,甚至还参与了几个社团的负责人人选拟定等。有的同学提出,是不是可以举办云南的大学生公益论坛,随后云南新青年(大学生)公益论坛诞生了,并在云南大学举办,30多位社团负责人签署开展公益活动的联合声明。2015年云南另外一家支持型社会组织联合基金会等举办社团骨干培训,并组织云南首届大学生论坛。最早第一届会务团队4个骨干成员中3位都是云南连心及新青年公益论坛的成员,这些青年领袖在不同的云南本土青年平台上发挥力量,这也是云南连心所希望的。

(三) 市民志愿者

市民志愿者参与连心的志愿服务主要是在资源回收方面,也有的企业长期支持云南连心的工作,将企业履行社会责任的活动与云南连心进行深度合作。如M银行,属于外资银行,银行行长及国际总部领导均到过机构,每年几次固定的员工公益活动日,也会直接来到孩子家中。除企业之外的个人市民志愿者,我们日常通过QQ群、飞信的短信群发功能等方式进行联络。短信群发功能对居住分散的市民志愿者起到很大的沟通和调动作用。

(四) 志愿服务文化的构建及传播

云南连心也很注重志愿服务文化的构建与传播,每年一次的大型志愿服务年会,对本年度连心的志愿者、实习生、服务社团等进行表彰,同时进行每年特殊的终身志愿者颁奖,终身志愿者是连心志愿者最高的荣誉,享有参与连心员工的年会权利、成为志愿服务管理团体的成员、印刷连心名片等权利,而且每年颁奖必须是上一届终身志愿者获奖者为本届终身志愿者颁奖;由此形成一种志愿者对连心归属的文化氛围。另外,志愿者服务年会还提供高校社团和连心服务队之间的交流分享机会,总结连心的志愿服务经验,以此加强连心的志愿服务平台作用及文化的传递。

云南连心内部的志愿者文化除实习生督导、志愿者分享交流会外,还在连心机构内部建立专门的实习生志愿者文化墙，将实习生、志愿者服务的留影、留言及建议等以图片文字的方式展览，形成充分肯定实习生志愿者的文化氛围，也是连心在志愿服务文化构建方面所做的努力。

再者，连心建立了连心之友的交流群、微信群等，将在连心服务过的实习生、志愿者等纳入群中，传递连心动态及分享连心年报、送达节日祝福等，是连心对参与过志愿服务的志愿者们的一种感念；也是连心志愿服务文化的内容之一。

（五）志愿者案例：基于困境流动儿童及家庭陪伴计划的"社工+义工"志愿服务模式探索

目前我国有2877万流动儿童跟随父母进入城市生活，预计至少30万流动儿童因家庭变故（父母重病、病故、入狱）陷入极度困境之中。在流动过程中面临被迫拆迁、父母工作变动、父母关系破裂等问题，以致出现了单亲家庭、孤儿、残疾、多次搬家、多次转学等困境状况。一方面，这些儿童在无人照顾的情况下被整天困在家里，长期缺乏完善的家庭照顾和情感支持。另一方面，流动家庭离开农村以后缺乏亲属的支持，长期处于经济和生活的多重压力下，单亲家庭更加困难。因此，亲子关系冲突、压力过大、孩子离家出走、网瘾、辍学等问题屡见不鲜。

连心扎根王家桥及周边城中村社区多年，接触发现很多困境儿童及其家庭急需关注和支援，2013年在没有任何项目和资金支持的情况下，抽调专职工作人员，组织志愿者开展20余个困境家庭一对一家庭陪伴计划，开始探索建立以"社工+义工"的方式联动搭建困境儿童及家庭支持体系。这一体系通过个案、小组、社区、公众倡导等专业社会工作手法，回应流动儿童因家庭结构不完整、隔代照顾、残疾重病、家庭贫困等因素导致的情感支持和生活照顾缺失、营养不良、同伴交往困难、辍学、家庭暴力、遭受性侵害、离家出走等困难处境。

项目通过搭建民办学校社会工作站、社区儿童活动中心、外展等工作平台，建立困境儿童筛查机制，及时发现困境儿童。前期入户进行需求评估，根据需求分类，组建"社工+义工"分层次的回应机制。义工通过日常陪伴，协助日常照顾、学习、娱乐；同时，还开展社工个案辅导，建立同辈小组、亲子小组和以楼栋为单位的互助小组，激发社区自助互助积极性。通过媒体报道、影展及政策提案等方式进行公众倡导及政策建议。项目期内直接服务覆盖昆明市五华区普吉街道片区7个城郊社区，家访潜在困境儿童家庭100余户（超额完成60户），为困境儿童提供定期陪伴42户，个案经济援助121次，个案辅导29个（超额完成4个），咨询个案60个（超额完成20个）；开展4个小组共28项活动，直接受益人数超424人次；社区活动19次，直接服务人数累计1225人次。

项目招聘1名专职社工以及带动机构11名社工参与项目；65名长期志愿者（项目共200多名志愿者参与，65名长期志愿者，其他为流动轮换的志愿者岗位）参与困境儿童入户陪伴和家庭服务；推动280名以上社会工作者及相关公益从业者了解和学习项目经验，推动云南沧源县、西山区团结乡、昭通鲁甸县三个社工站将项目经验复制，并通过一年的监测，复制情况良好，运行正常。通过自媒体、新闻报道、政策建议、媒体采访进行公众及政策倡导，获得上海东方卫视、新华社、央视网、《中国青年报》、《云南日报》、凤凰网等媒体报道，直接获得40万人次乃至超数百万的知晓度。

从2013年3月开始，在原有流动儿童服务基础上探索建立以"社工＋义工"联动模式为主的困境儿童及家庭支持体系。这一体系通过个案、小组、社区、公众倡导等专业社会工作手法，回应流动儿童因家庭结构不完整、隔代照顾、残疾重病、家庭贫困等因素导致的情感支持和生活照顾缺失、营养不良、同伴交往困难、辍学、家庭暴力、遭受性侵害、离家出走等困难处境。

2015年以来，通过搭建民办学校社会工作站、社区儿童活动中心、外展等工作平台，建立困境儿童筛查机制，及时发现困境儿童。在此基础上通过"社工＋义工"联动进行困境儿童的一对一陪伴帮扶，通过建立同辈小组、亲子小组，以楼栋为单位的互助小组激发社区自助互助，并通过媒体报道、影像展及政策提案等方式进行公众倡导及政策建议。直接服务覆盖昆明市五华区普吉街道片区7个城郊社区，家访潜在困境儿童家庭100余户，为困境儿童提供定期陪伴42户，个案紧急援助121人，个案辅导29个，咨询个案60个；开展4个小组共28节活动，受益人数达424人次；社区活动19次，服务人数累计1225人次。

经过3年的专业探索，困境流动儿童服务初见成效。

1. 服务对象层面

（1）提高困境儿童的陪伴时间和照顾质量。一对一入户陪伴，与困境儿童及家庭建立稳定信任的关系；开展游戏、做手工、讲故事、体育、劳动、功课辅导等活动，在日常的陪伴中辅以资源和情感支持，开展多次外出活动，提升困境儿童家庭的生活照顾、娱乐照顾、学习照顾方面的技能。

（2）改善困境儿童饮食状况，提升困境儿童自我照顾能力。通过经济援助、厨艺小组、共同劳动，在为困境儿童提供最基本经济保障的同时协助他们料理家务，指导他们学习做饭。

（3）增强困境儿童的同伴交往和亲子关系，提升人际交往能力。通过健康小组、音乐小组、厨艺小组等方法，增加困境儿童同伴交往、亲子沟通的机会，使他们从迷恋电视和游戏开始走向人群，走向社区和野外，接近人与自然，增加与周围人的互动，变得更积极阳光。

（4）强化困境儿童支持体系，提高家庭应对风险能力。通过"社工+义工"，推动同伴、亲子、亲友、楼栋关系的改善，促进困境儿童家庭获得实际的支持资源。

2. 社区发展层面

（1）促进民办学校、社区居委会、楼栋房东、邻居、家长对困境儿童的关注和支持。

（2）促进民办学校领导重视学生多元发展，推动学校老师对困境儿童的关注，学校开始加大投入力度，重视与社工的合作。

（3）帮助老师强化对学校的归属感，减少流动性，促使教师提高对困境学生敏锐的识别能力，提升了老师反馈困境儿童情况的意识。

（4）推动居委会共同开展楼栋社工，推动楼栋营造和睦氛围，带领房东及邻居参与服务，共同关注周围公共事务环境的改善，促进邻里的互助意识。

（5）促进社区融合。长期合作的省直机关工委带动10多个政府部门进入社区，参与社区支持，在这个过程中促进不同群体相互了解和理解，增进社会融合，减少社会歧视。

（6）依托小组、家长群，提供相互交流的平台，促进家长间的彼此交往，促进相互之间的联结和互助。

3. 社会问题回应层面

通过3年的探索，进一步促使机构深入把握困境儿童的现状，采取恰当的困境儿童及家庭支持体系的社会工作介入策略，从而有效帮助聚居在城市边缘的困境儿童及家庭解决实际困难，在"社工＋义工"陪伴过程中让这些家庭感受到政府及社会各界的关爱，促进社会融合，预防其可能因陷入绝境而存在的潜在社会安全风险。

机构服务重点从流动儿童服务转向困境儿童支持服务，从单个困境儿童需求回应转向片区困境儿童需求回应，探索立足社区的困境儿童保护的实务推动、公众倡导、政策建议的实践路径及渠道。

4. 社工专业发展层面

（1）以高校志愿者为基础，促进社团广泛联系发动学生，提升了志愿者参与社会服务及对社会问题的认识。

（2）注重在校社工学生培养，提升了社工学生专业实践及思考能力，为云南社工发展储备了人才。

（3）以社工实习为主，推动了社工培养及督导。

（4）以社工培训为载体，使项目服务的经验得到有效复制与推广。

5. 社会倡导层面

（1）通过项目启动、项目期内的专题及现场采访，在《云南日报》、云南网、《昆明日报》、《云南政协报》等多家媒体进行项目及项目群体的报道，香港文汇网、东方网、人民网、凤凰网等多家网络媒体报道，影响通过网络或报纸了解社会问题的公众超过25万人次。

（2）通过网络专题服务、简报、故事、视频、微信、网络、少儿广播电台、"12·12"困境儿童日专题等，发表服务简报及故事10多篇，项目视频《孩子的梦想》上传腾讯视频，超过8000人次阅读，听众超过1万人次。

（3）为政府决策提供政策建议。云南团委系统的人大代表、政协委员进社区，云南省政协"议政建言"，云南省妇儿工委儿童之家规划，云南省共青团与人大代表、政协委员面对面，市区团委政协委员面对面等活动，向省市区不同层级的部门提出困境儿童服务的政策建议，获得云南电视台等媒体报道，央视网转载，预计影响超过20万人。

说明：本项目作为机构儿童服务的一个经典案例，源于一个儿童社工和志愿者统筹的想法，快速启动志愿者招募计划，并通过筛选、培训、上岗、督导、提升等，成为一个以志愿者为服务主体的儿童服务项目，该项目获评民政部全国优秀社工案例，该志愿服务小组获得中组部、中宣部、中央文明办等单位嘉奖。

六 实习生工作经验

（一）实习生工作流程体系

随着连心工作团队及服务领域的扩大，机构重视与高校间的合作关系，并通过公共关系逐步开发更多合作高校，渐渐地，越来越多的实习生申请到连心的实习平台工作。实习生的增加，一方面对机构服务的拓展是很好的人力支持，另一方面也使更多的青年人得到培养锻炼。在此过程中，也与不同高校建立了实习合作关系，经过校方的筛选，再到连心实习的申请，慢慢形成一套实习生工作的体系。

1. 什么是连心实习生

是指到连心做实务训练的人，主要是接受训练准备参加社会工作的人。他们通过连心的工作平台，在有经验的工作员的指导下学习或者实践实际工作技巧、经验。

实习生到机构实施理论训练，机构提供专业的督导老师和其他相关福利。

需要指出的是：云南连心暂只提供社会工作、社会学、心理学专业的实习岗位，其他专业暂无法提供专业实习督导。

2. 如何申请连心实习生

途径一：

与连心有长期合作关系的学校，校方可直接分配实习生团队到连心来实习，校方要安排作业和提出实习要求等，连心将参照校方的要求安排实习生的实习过程。有的学校配有专业督导老师到昆明，实习生的督导将由学校的督导老师和连心专业实习生培养督导小组一起完成。

凡是与连心有合作关系的学校的学生，可向学校负责实习生工作的老师申请到云南连心实习即可。

连心也非常欢迎前来寻求实习工作合作的学校或老师。

途径二：

通过自主选择，想要报名来连心实习的学生个体或学生团队，可在网站下载"连心实习申请表"填写，并按要求提交电子版即可。连心通常会在一周内予以回复。

3. 实习生可以获得什么

（1）获得督导小组的专业督导，从而在专业知识和实务能力方面得到提高。

（2）提供实习生宿舍，包含床上用品、洗衣机、书桌、上网等，虽然是集体宿舍，但是拎包入住，并且配备厨房。

（3）工作交通工具，连心为实习生准备了自行车，用于平时在社区工作和往返实习生宿舍。

（4）为实习生提供专业督导、实训机会、免费住宿等；实习补贴暂无，特别情况另行处理。

（5）可以借阅有关社会工作、社会学、组织管理、儿童青少年发展、社会组织治理等相关书籍。

（6）可以申请查阅连心现有的研究成果和资料。

（7）提供不定期探访的机会，参访昆明地区其他社会服务组织。

4. 机构对实习生的要求

（1）实习时数要求在400小时以上，不能达到400小时的，除特殊情况外，一般不接收申请。

（2）接受督导小组对自己开展的小组、个案、社区活动的督导及意见。

（3）按要求在规定时间内向机构督导提交实习日志（周志）、社区导入报告、社区活动报告、小组计划、个案记录等功课。

（4）带有研究性或者撰写论文等相关目的的实习生，需要提前告知机构和提出申请；如果相关的研究和发表的作品中引用实习期间的成果数据和资料，或者引用在机构查阅到的资料，需要注明和做好使用前的沟通。涉及服务对象隐私或肖像权的，需要书面获得服务对象同意，并留机构存档。

（5）实习生在指定的工作板块实习期间，如需协助其他板块工作时需先取得自己板块业务督导的同意，否则视为脱岗。

（6）实习期间如有事请假，实习生本人需提前向机构实习生协调人申请，并向相应的业务督导汇报。

（7）入住机构宿舍时要爱护公物，保证用水、用电的安全，未经许可禁止留宿他人；床单需要在离开的时候清洗归还，其他物品放回原处，室内保持清洁。

（8）实习期间爱护机构财产，如实习生本人使用的设备发生毁坏和遗失情况，使用者要与机构协商赔偿事宜。

(9) 实习期间要与工作员及其他实习生和睦相处,互助互爱。

5. 实习生退出/中止

实习生正常退出途径:

按照学校实习要求顺利完成实习工作的实习生可以按照机构正常的实习生退出程序结束实习工作。

具体要求如下。

(1) 在实习期最后一周内与机构工作员完成工作和行政方面的交接工作。

(2) 在实习期最后一周内将实习期间机构要求的功课汇总后交电子版给机构督导。

(3) 在实习期最后一天将志愿者证书统计好时数后复印交给机构实习生协调人。

(4) 在实习结束当天归还所使用的机构的设备和物资。

(5) 入住机构宿舍的实习生在最后一天离开宿舍的时候要保持宿舍的清洁,清洗使用过的床上用品,将宿舍内物资恢复原位。

实习生被取消实习资格的情景如下。

(1) 实习期间实习生发生违法犯罪行为。

(2) 实习期间实习生严重违反机构管理规定及工作守则。

(3) 实习期间实习生不能按要求完成各项功课和服务时数。

具体要求如下。

(1) 在被告知取消实习资格的三天内与机构工作员完成工作和行政方面的交接工作。

(2) 在离开机构前一天将志愿者证书统计好时数交给志愿者协调人。

(3) 在实习结束当天归还所使用的机构的设备和物资。

(4) 入住机构宿舍的实习生在最后一天离开宿舍的时候要保持宿舍的清洁,清洗使用过的床上用品,将宿舍内物资恢复原位。

综上,连心的实习生体系既帮助实习生前期申请连心的岗位平台,也有利于连心实习生的管理,保障实习生尽可能圆满完成实习功课。

(二) 实习督导体系

目前连心已经建立起较为完善的实习生督导体系。

机构实习体系分为督导体系及行政体系,督导体系设置岗位督导及机构督导，行政体系包括实习生协调人团队负责人、中心主任。各岗位人员分工与职责如下。

1. 实习生协调人

（1）实习生人力整体协调。

（2）实习生的招募、筛选、培训、督导等统筹事务。

（3）行政安排，包括签署协议、住宿协调、请假批准、实习交流、实习评估、实习总结的安排等。

（4）"连心之家"管理和协调。

2. 岗位督导

（1）协助实习生拟定实习计划，以达到专业学习和个人成长的目的。

（2）指导实习生实习过程中各项专业知识的学习与技术能力的提高。

（3）指导并督促实习生执行实习计划。

（4）接受实习社工个别督导请求，根据实习生需要开展个别督导。

（5）审阅实习生实习日志，并给予书面批复。

（6）将实习生专业成长需求反馈给机构督导。

（7）其他行政性事物的安排和协调。

3. 机构督导

（1）支持岗位督导开展实习生指导工作。

（2）处理实习生实习期间突发状况、危机情况等。

（3）定期进行团体督导会议（每月一次）。

（4）与岗位督导共同评议实习生的工作情况，对实习生进行实习评估。

（5）处理岗位督导与实习生要求协助处理的事务。

4. 团队负责人

（1）实习生实习期间突发状况、危机情况，如无法联系到督导的，由团队负责人处理。

（2）接受并处理实习生对同事、岗位督导的投诉。

5. 机构主任

（1）实习生实习期间突发状况、危机情况，如无法联系到督导及团队负责人的，由机构主任处理；

（2）接受并处理实习生对团队负责人、机构督导的投诉。

连心的实习生督导体系很好地支持实习生的专业培训及个人成长；在施

行过程中,专业督导与业务督导的会议也很好地支持了业务督导的成长,对于带领实习生的困惑及问题,通过讨论,专业督导的解答和支持让业务同事带领实习生的困惑慢慢解开。在这个过程中业务督导协助实习生做工作计划,与实习生的面谈督导等,可以带动业务同事带领实习生的能动性,提升了业务同事的专业能力。同时,实习生协调人在中间的协调角色起到很重要的作用去沟通多方支持实习生的工作,也大大减轻了督导们的行政工作,同时这一角色也能客观地跟进实习生的工作状态,在中间起到了很好的润滑协调作用。

(三) 实习基地合作模式

云南连心的实习基地有多样的合作模式,合作模式的多元化是其特点之一,朝着系统化的方向去推动实习生的培养成长也是特色之一,同时也在探索推动实习生培养的专业化平台。

云南连心合作模式有几种方式。

第一种合作方式是建立密切合作关系。例如与云南大学社工系的密切合作,云南大学社工专业学生、研究生通过对连心很了解和支持的一些教师,与连心建立了很密切的实习合作关系;双方彼此了解的基础促进了双方深入地合作及实习生的持续培养。校方的实习负责老师与连心有密切的关系,具有多重角色的老师在校方和连心之间搭建了很好的沟通桥梁,能及时动态地了解连心的实习岗位需求,提供合适的实习生进入实习岗位。云南大学的实习生有不同的实习阶段,在第一次实习后,通常云大的实习生就将另外两个阶段的实习定在连心完成。这样持续的过程,对于实习生和机构双方来说都减少了很多彼此适应和了解的时间,而且对于实习生来说,连心也是持续培养他们的平台。

第二种合作方式是连心作为专业实践服务机构与校方不仅限于实习合作,而且也以培训、服务学习等方式支持校方的老师及其课程实践。例如连心与长沙民政学院除了进行实习合作外,也延伸到支持校方的专业实践等。从而拓宽了合作的渠道,加强了双方的联系,形成了很好的合作关系。

第三种合作方式是多方合作培养实习生的模式,如基金会支持校方培养实习生,校方再与连心建立实习合作关系,从而形成多方合作培养实习生的机制。例如,香港中文大学同学通过申请该校的博群计划到内地机构实习,学校补贴香港学生到内地的实习费用,已经向连心输入了两年的优质实习生。借此不仅使香港同学参与香港、内地及世界各地的社会及公民服务,促进了学生的全面发展;而且也很好地促进了内地与香港的文化交流及适应;也为机构的发展带来了很多新的建议。

第四种合作模式是与老师、校方直接合作。校方或老师对连心有一定了解,与连心也有渊源关系,找到连心建立实习合作关系,向连心输入实习生。例如云南财经大学、云南农业大学等,与连心建立了六年的合作关系。在连心成立之初就与连心建立了实习合作关系,多年来支持连心很多服务的开展,进行社区调研、社区服务等,并完成了王家桥流动社区论文集等成果;合作校方实习生的输入是连心服务的拓展的有力支持。

第五种是学生个人申请的实习。有的学生家乡在云南,对云南的社会组织比较关注和感兴趣,对推动家乡的社会服务工作有热情,如一实习生家乡在沧源,通过连心申请到沧源从事农村服务,以推动家乡的建设。

(四) 实习生讲述的故事

1. 实习生郭海萍

社会工作的春天即将到来,这是我听到很多业内的老师经常对我们这些年轻社工讲的一句话。目前,中国的社会工作专业的发展尚需更加地努力去推动,需要更多相关专业的人士团结一心去扶持。而我体会到比较艰难的是民族社会工作和农村社会工作相交叉的一片领域。沧源社工站有两位专职社工、若干名专职志愿者,皆是本土社会工作者和建设者。他们有着佤族的血统,会讲流利的佤族语、经过两年的观察和实践,他们已经在刀董社区生根发芽,获得了社区领导的一致好评与村民的信任。在短暂的两个月时间里,我看到了他们作为本土社会工作者所发挥的作用与影响力,更看到了他们为刀董社区所做的努力。

社会工作绝对是一个需要付出热爱与激情的职业,敢于拼搏,勇于奋斗,不被现实的困难所打败;需要高度的专业认同感,需要付出自己爱的关怀,努力寻找生活的美好与激情。我不算社工专业的科班生,因此来云南连心实习是我人生第一次接触社工实务的短暂经历。在学习了很多的专业理论知识之后再来进行实践后我发现,仅仅靠着表面学习到的书本知识无法顺利地转化为实践能力,需要在一次次的摸索和实践过程中,经过反复摸爬滚打之后的反思和思考，才能慢慢地提升自己的理论联系实际的能力。除此之外，更多的收获莫过于别样的人生体验和其他工作能力的提升。

在社区走访的过程中能够锻炼你的勇气，接触陌生人，与陌生人攀谈，并与陌生人进行交流与沟通，锻炼自己的交流与沟通能力，逐步提升自己的能力，为以后的工作奠定一定的基础。在每一次的接待过程中都能够从细枝末节中慢慢学习，例如如何安排准备好会议召开之前的工作，如何能够协调好相应的工作流程与顺序等。从一次次的活动中慢慢积累经验，不断地提升自己的工作能力，不断地进行学习和思考。

2. 实习生姚颖儿

在短短两个月的实习期间，我觉得学习到很多。不单单是文书或行政的工作，更多的在实务上的。基于自己的岗位，我可以有机会从头到尾参与活动的全过程。这一个过程对我研修的专业有很大的帮助。另外，通过这一次实习，我对自己有了更多的了解，更清楚我自己的优点和缺点。这有助于我在今后调整自己，在走进工作岗位前，有修正的机会。

还有这里的工作环境和工作氛围，让我有些舍不得。平时有很多工作要求的时间比较紧，但我仍然可以轻松面对，而且在这样的工作氛围中，也可以获得预期的成果。即使你遇上什么困难，也不用怕，因为这里的工作人员会想尽办法，为你解难。在香港，也难以找到充满爱和互助的工作场所。

最后，在这里实习，虽然会遇上不同问题，因为城中村与城市真的不一样，不过只要愿意转换心态，以学习者的心态去观察这个城中村（王家桥），你会发现一个快要消失的村中，其实埋藏了很多的宝藏，等待你去发掘。所以，即使在这里遇上很多不如意的事，我也没有后悔选择这里作为我实习的地方。

有了人，才有了组织

——云南连心组织人才推动及专业督导的实践

杨榆宾[*]

一 组织人才推动

（一）组织人才推动的提出

云南连心社区照顾服务中心（以下称云南连心）自2005年成立以来已走过十年的历程。经过十年扎根社区的服务，云南连心从三个人的团队发展到四十人，从儿童青少年服务拓展到现在集实务开发、督导、培训、研究、政策倡导、机构培育、人才培养于一身的综合性社工机构。这样的发展路径一方面与云南连心自身肩负的推动云南社工行业发展，做支持性平台的定位息息相关，另一方面是社会发展对社工人才及社会组织的内在需求的体现。从中也不难看出云南连心逐步发展壮大的过程与人才的支持是息息相关的。然而，社会工作领域普遍存在的低工资、工作压力大的境况导致该领域人才缺乏且流动性大的特点，云南连心与云南省内各家社工机构遭遇了人才荒的尴尬处境，人才的短缺又进一步导致了云南社工行业的发展壮大受到限制。云南连心在这点上也有切肤之痛，近几年这样的问题更为突出，具体表现为

---

[*] 杨榆宾，2003年云南大学社会工作本科毕业后一头扎进社会工作服务领域，在该领域工作已近14年，其间还攻读了纽约大学社会工作硕士学位。从事社会工作以来，凭借高度的使命感、认真踏实的态度长期服务于流浪未成年人、受虐儿童、家庭暴力受害者等人群。目前主要从事社会工作督导、培训、研究等支持性工作，并致力于推动社会工作行业发展。

机构管理人才、筹资和品牌建设人才、研究人才严重缺乏。无论是从人才数量上，还是从人才梯队和人才结构上，都与云南连心未来作为支持型的社会组织发展定位的需求极不匹配。对此，云南连心提出了组织人才培养计划，以期能够应对机构内部和整个行业人才储备不足的危机。

（二）组织人才推动的意义

1. 加强人才队伍的建设和发展壮大是云南连心作为一个机构持续发展的保障

社会工作服务是靠社工为服务对象提供服务的过程，因此人才是社工机构最大的资产，也是一个机构持续发展的必要条件。只有人才留下，才有机会通过申请政府项目、基金会的支持带来持续的资源投入，从而在资金上保证机构的持续性。另外，机构人才队伍的建设还促进了项目经验的积累和传承。具备丰富经验和专业能力的人才队伍建设需要通过对年轻工作人员的言传身教，使得机构的价值理念、经验和知识得以传承下来。

2. 加大人才队伍建设的力度是机构服务品质的保证

社工机构对服务对象所提供的服务是由需求评估、服务计划设计、服务提供、评估结案等一系列的专业服务组成，每个阶段的服务品质则需要工作人员掌握一定的专业知识和实务能力才能保证，而这样的专业知识特别是实务能力的养成需要在工作场域中通过机构资深工作人员的贴身督导才能得到保障。

3. 推动组织人才队伍建设，服务于云南社工人才队伍和社工行业发展

伴随云南省近几年政府部门出台的有关推动社会工作发展政策，云南各州市也开始探索社会服务机构培育和社工人才培养的路径，初创型社工机构如雨后春笋般出现，但大部分机构服务能力不足，专业人才缺乏，机构治理缺乏规范，这些问题都制约了云南省社工行业的发展壮大。云南连心通过十年的实践和探索，积累了一定的经验，并整合了省内外高校教师和社工专家的力量，通过专业培训、培育社工机构、督导输出、政策倡导等途径推动云南本土社工机构培育和社工人才培养。在 2015 年至 2016 年上半年，通过多年的培养，机构原有的 4 个团队（反家庭暴力工作团队、儿童青少年服务团队、农村灾害社工服务团队、农村社区服务与发展团队）负责人在云南连心的协助下纷纷注册成立社工机构，这些社工机构的成立在当地尚属首例，填补了当地社工服务的空白。

（三）组织人才推动的策略

云南连心在十年发展历程中，主要通过以下几点策略来培养和发展组织人才队伍建设。

第一，建立梯次性的人才培养体系。云南连心根据机构在直接服务、研究、督导、筹资、品牌建立、机构管理中对不同层次、不同专长的人才需求出发逐步形成梯次性人才队伍建设的策略。针对机构中不同年资、经验、学历的工作人员分别制定了实务取向、机构治理取向、督导取向的人才培养路径，从而促进机构多面向有梯次的人才队伍建设。在具体的人才培养的方法上由新员工培训和在岗在职培训两部分组成。

新员工入职培训由机构指派专人负责，具体的内容包括对机构使命、愿景、价值观的培训，保证新员工在理念和价值观方面的践行与机构保持一致。另外，新员工培训还包括对机构所在社区环境、服务对象特点、服务手法、项目档案管理、人事/财务须知等方面的介绍，以此确保新员工能尽快融入机构开展工作。

在岗在职培训是针对机构现有员工开展的培训，采取"走出去、请进来"的方式协助老员工在服务能力、项目管理、机构治理、资源拓展、品牌建设等方面的能力得到提升，从而促进服务质量和机构的发展。

第二，机构协助员工制定个人成长计划，促进个人的成长。社会工作是一个非常重视个人能力培养的专业，不仅仅是对服务对象能力的培力，也包括对社工本身。而且，社会工作者由于长期面对复杂的社会议题和服务对象的艰难困境，常常带给社工无力感和挫败感，从而导致过早出现"耗竭"。对此，云南连心相信社工唯有加强自身能力才能应对服务过程中遇到的困难，从而保证服务对象的权益。在具体操作上，云南连心各个服务板块的负责人在每年年度评估中会重点协助每个员工制定各自的年度成长计划，计划重点围绕如何在服务能力、项目执行能力等方面的提升。每位负责人会和员工一起讨论员工所在岗位需要哪方面的能力，然后会将这些能力排序，最后制定目标并给予达到目标的行动及所需要的支持。

第三，建立机构内部督导机制，促进社工人才的培养。社会工作督导是一项协助社工提高专业能力、保证服务品质、维护服务对象权益的重要制度。一个有效的社工督导制度是推动社工人才培养、社工机构发展的重要环节。云南连心成立十年以来,逐步认识到督导对于人才培养和机构建设的重要性,并在机构内部不断探索一种机构内部督导机制。目前,云南连心形成了两个督导队伍保障机构社工人才的培养,一个是志愿者和实习生督导队伍,该队伍由两年以上工作经验的年轻社工组成,为机构志愿者和社工实习生提供督导。在此过程中年轻督导可以通过对督导对象的经验分享来协助自身经验的整理,从而增强自信心和对工作方法、知识的提升。另一个资深督导队伍是由机构内有5年以上社工经验的社工组成,为年轻社工提供督导。主要协助年轻社工提高实务能力和理论水平,从而增强运用社工专业知识和技巧回应社区、个人、家庭的综合能力。

第四,通过专业社工发掘和引领在地乡村社工,发展机构社工人才队伍。云南连心除了在昆明市城市社区开展服务外,在云南省沧源县、鲁甸县建立农村社工站探索农村社区服务,在服务过程中一直努力发掘和培养当地本土的民族社会工作者。在当地社工站驻点工作人员招募中就有意识地招募当地少数民族的年轻人,作为重点人才培养,并通过驻点专业社工的陪伴和引领,以及"走出去"式的参观学习,逐步成长为具备一定社工理念和知识技巧的在地民族社会工作者的先锋,从而带动培养了一批民族社会工作者,为云南连心在云南广大边远贫困的少数民族地区开展社工服务储备了人才。

第五,注重对志愿者和实习生的培养,为机构人才队伍的建立储备人才。在社工人才日益稀缺且社工机构不断涌现的情况下,通过对志愿者和实习生有针对性的培养,从而把他们培养转化为机构员工的做法无疑是应对人才荒的一种有效举措。云南连心从成立以来就一直接受来自全国各地高校的志愿者和社工专业的实习生到机构开展实习,并成为多家高校的社工实习基地。在对志愿者和实习生开展日常督导的过程中,云南连心根据机构对各类人才的需求情况,并结合志愿者和实习生的个人能力和职业规划,将筛选出的部分志愿者和实习生放在具体的岗位上由督导带领开展具体的工作和接受针对性的训练,从而为机构发展储备人才。近几年,云南连心部分岗位的工作人员是由实习生和志愿者通过培养转化而来。

(四)组织人才推动所取得的成就

在上述五点关于组织人才推动的策略和经验的带动下,云南连心在组织人才队伍建设方面取得了如下成就。

第一,在机构内部建立了一套督导机制和两支督导队伍,从而推动了机构人才培养和组织发展。通过机构在初始阶段、发展阶段、成熟阶段的机构人才培养和督导机制建立方面的不断探索和实践,云南连心分别针对志愿者、实习生以及机构工作人员建立了一套督导机制和两支督导队伍,从制度和人力资源两个层面上保证了被督导者在机构使命践行能力、服务能力、项目管理、资源管理、项目行政能力等方面得到充分的训练,以此保证人才培养的品质和服务质量。由机构具备2~3年工作经验的社工构成的志愿者实习生督导队伍,主要在日常服务中的陪伴和带领的服务管理层面协助被督导者的培养。由机构5年以上资深社工组成的督导队伍则主要针对机构内部年轻工作者的督导,内容主要有专业服务能力、行政能力和情感支持三方面。日常的督导,除了使被督导者的能力得到提升外,督导在实战中也得到了极大的锻炼,为以后督导的输出打下基础。

第二,机构人才的培养和输出,推动了云南社工行业的发展。云南连心作为目前云南省成立时间较早的社工机构,无论在机构规模上、服务板块立体化上、专业程度上、人才储备上以及服务社会服务政府的经验上都处于云南省领先地位。鉴于云南省社工人才总量不足、结构不合理、社工机构缺乏等特点,云南连心也希望能通过这些年形成的经验做法在推动云南社工行业发展过程中有所贡献。对此,云南连心积极抓住每一次与政府部门、群团组织、社会组织、社区居委会合作的机会,通过提供专业培训、输出督导、召开论坛、举办专题研讨会、参与课题研究等多种形式去影响和推动云南社工行业的发展。特别是近几年云南连心承接了省、市、区民政部门关于加强社工人才队伍建设的研究课题,为政府部门在推动社工人才队伍建设的政策出台方面提供了理论依据。另外,这几年云南省涌现出一批初创型社工机构,这些机构在实务能力、筹资能力、机构治理能力方面面临着很大的挑战,在自身缺乏督导的情况下对外部督导的需求非常急迫。对此,云南连心通过自身培养起来的机构督导肩负起了为其他机构提供专业督导的任务。在2015~2016年完成了对昭通市15家新成立的社工机构的督导项目,在协助这些机构顺利完成鲁甸地震灾后社工服务项目的过程中,提升了昭通当地社工队伍的实务能力和对项目操作的规范化能力。

二 机构督导实践

(一) 督导的提出

云南连心专业督导的工作是伴随着机构的发展过程逐步建立的。对于这项工作的提出是基于具体的工作过程，无论是资深社工还是年轻社工在复杂多变的工作场域中常常会遇到很多超出自身知识、能力和经验以外的挑战。这些挑战不仅包括外部社会环境的复杂、资源不足，还有来自团队内部成员之间的差异性而带来的沟通协调的张力等。而这些困难如不能得到很好的回应，其结果往往给我们的同事带来强烈的挫败感和无力感，甚至会耗尽大家的精力。在我近13年的社会工作从业历程中对于这个问题有深刻的体会。2003年我大学社工本科毕业后在老师的推荐下进入到了一家本地专门从事流浪儿童救助的社会工作机构工作，从此开始了社工路。在职业生涯的头三年，凭借着一股社会工作者投身社会的热情以及对社会工作的美好想象支撑着我走过了1000多个日夜，即便在面对一个个流浪儿童有家难回或无家可归的现实而束手无策时，我也还能怀抱希望尽我所能去街头寻找这些流浪儿童。然而，随着工作的深入开展，我发现每年我所接触的流浪儿童在数量上并没有因为我们机构的努力而有所减少，我意识到我们的救助性工作只是在被动式地回应一个个流浪儿童的需求，而真正能有效解决该问题的方法还在于源头预防，这就涉及更广阔的儿童福利政策和救助体系的有效设计。在这样一个庞大的社会议题面前，我深深感受到我们这个小小社工机构的努力显得那么地苍白无力。然而，正当我陷入这泥潭需要有人相助时，我环顾四周却没能够找到一个伙伴能倾听我内心的求助。加之每天要陪伴和安抚那么多个被情绪困扰而冲动不安的少年已让我身心俱疲。在这内外困扰的夹击下，我逐渐对自己的工作产生了怀疑，甚至害怕接近服务对象和踏入工作场域。这种状态回想起来就是现在所谓的"耗竭"。最终，我没能在这沼泽当中继续前行，身心疲惫地离开了。后来每每与社工同人分享此事的时候都能引起大家的共鸣，都表示督导的陪伴和支持对于一个面对复杂多变且工作压力大的工作场域下的社工显得很重要。我常常在想，如果当年我能有这样一个同行的督导，我会不会是一个与现在不一样的我呢？

在离开第一份工作后，我于2010年有幸转入云南连心社区照顾服务中心这个大家庭继续从事社会工作。因缘巧合，我加入云南连心的时候管理层就邀请我承担推动机构督导机制的工作。这个安排是源于云南连心管理层很早就意识到机构扎根从事流动人口社区工作无论对工作人的专业知识还是工作思路都会面临巨大的挑战，而面对这样的挑战需要有一个支持性的督导团队协助工作团队一起辨识工作困难和寻找应对的策略。对于我这样一个曾经历过没有督导而深陷泥潭的老社工而言，这样的邀约无疑是一拍即合。自此，云南连心的督导工作有了一个新的开始和尝试。这个督导机制最初是由内部资深社工构成的督导团队去协助同事解决问题和进一步提高专业能力，以便更好地为服务对象提供服务。后来这个督导机制经过 5 年的不断实践逐步得到发展，具体发展的策略将在下文表述。

（二）督导的意义

通过机构多年来督导机制的探索来看，当初的坚持已初见成效，给机构带来了改变，具体如下。

1. 协助工作人员提升专业能力和经验的学习、分享，从而更好胜任工作岗位要求

年轻社工刚进入社工领域或机构工作的时候，在面对错综复杂的社区环境和社区需求时，往往感到很迷茫和不知所措，抑或是很无力，这个阶段督导的陪伴能更好地协助年轻社工找到工作的方向和感觉。同时，有了督导的专业支持，年轻社工就能在不断解决问题的过程中锻炼能力和梳理经验，从而提升专业能力和强化自信心，以便更好地应对解决未来可能遇到的各种问题。

2. 为工作人员提供情感支持，减少职业耗竭的发生

很多时候社会工作面对的服务对象本身就是处于社会边缘和被社会排挤的群体，并饱受社会不公。社工在与这些群体一起工作时，随着关系的建立，社工对这样的不公平不能感同身受，在面对这样一些社会性议题和个人的不幸遭遇时，社工往往会有强烈的无力感。这个状态下的社工就很需要来自团队的支持和陪伴以度过这样的心理危机。督导在这个阶段的陪伴和支持至关重要，可以帮助社工正确地对待自己的情绪和心理需求，从而使这些情绪和心理需求得以化解。如果这部分情绪没能很好地化解，社工将会背负着越来越多的负面情绪，一方面压得自己喘不过气来，一方面这样的情绪被带到工作中会严重影响对服务对象的服务。对于这点我深有感触。回到2007年我从事流浪儿童救助工作的第四个年头，当时我由于强烈的耗竭感而导致工作中负面情绪过多，缺乏工作动力，在面对机构里的儿童时常常焦躁不安，有时甚至出现了大声训斥个别孩子的现象。虽然自己意识到了问题，但却没有一个很好的路径去处理自己的情绪。为了不给服务对象带来更多的伤害，我最后选择了离开。

（三）机构督导机制建立的策略

根据每个历史时期机构工作的内容、面临的困难、员工的需求以及所拥有的资源不同，分别采取了不同形态的督导策略。主要有以下几个阶段。

1. 2005年机构成立初期零散培训和非常态化督导

这个阶段由于机构刚成立，全职工作人员少，项目内容和活动比较单一，对工作人员的专业培训基本上是零散的，有些专家来到云南的时候往往就会抓住机会请他们来做培训。督导方面有一些，但也是由机构内几个有经验的老同事给新同事提供非系统化的督导，但老同事方面的督导就没怎么开展。

2. 2010年机构发展初期的督导专职化和常态化方向的尝试

在经历了5年的初步探索和实践后，机构进一步确立了督导制度之于机构专业建设及人才培养的重要性，并开始考虑由专人统筹督导工作。2010年底机构设立督导岗位并聘请了资深的社工担任此职务，实现了机构督导岗位的专职化。专职督导加入机构后，通过与工作人员做督导需求评估后掌握了一线工作人员对督导的期待，并依据这些需求制订了工作人员年度在职督导计划，包括督导形式、督导频率、督导内容等。与此同时，机构督导还制定了实习生督导机制与工作人员的在职督导机制相呼应。这样常态化督导机制的建立符合社工人才培养的规律，较之机构初期零散式的督导方式显得更为系统和持续，被督导者无论在经验还是知识的学习效果方面更为明显。

3. 2014年机构发展壮大期培育内部督导团队形成一对一督导机制

伴随机构快速的发展，项目工作人员从原有的6~7人逐渐增加到40多人，新进的年轻社工对于督导的需求剧增，鉴于这样的现状，仅靠新招募的机构督导无法满足这么大的需求。对此，机构采取发掘内部督导资源的方式，在已有的儿童青少年服务板块和成年人服务板块中建立起督导的角色，并由各个板块具有丰富实务经验的资深社工组成督导团队，开始对年轻的社工开展督导。这些督导与机构刚入职和经验较少的同事进行一对一配对儿，以师傅带徒弟的方式进行督导，同时，要求每半个月每次不少于2个小时的督导。这样的做法坚持到现在，已在机构内部培养出了8名督导。

4. 机构迈向成熟期督导跨区域督导的尝试

2014年对于云南来说注定是不平凡的一年，发生了震惊中外的"8·3"鲁甸地震。地震后各基金会的救援力量和社工机构纷至沓来，积极介入灾后重建工作。云南连心作为云南本土最大的一家社工机构责无旁贷，在灾后第一时间内就相应政府号召，派出机构负责人参与了灾后需求评估，并发动当地返乡青年的资源建立了在地的社工站参与灾后重建项目。与此同时，国内两家较大的基金会先后邀请云南连心作为社工督导方为与之合作并执行灾后重建的一些社工机构提供督导和培训。在8个多月的时间里，云南连心依托本机构已组建的督导团队，并针对年轻社工中普遍存在的工作环境适应困难、具体活动设计思路缺乏、社区动员能力不足、社区骨干培育困难、沟通技巧不足等议题，为在鲁甸县开展地震灾后服务的年轻社工提供了包括实地督导和远程电话、网络督导等方式的督导。云南连心通过督导，帮助了在灾区一线提供陪伴服务的年轻社工们更好地理解灾后陪伴工作的重要意义、陪伴工作的策略和方法，解决了工作上的一些具体困难，以便他们在灾区的陪伴工作得以顺利进行，为灾区的儿童及其家庭带去了欢乐。

（四）机构内部督导工作的成效

云南连心通过这几年在督导机制方面坚持不懈的探索，初步建立起了一套工作人员在职督导和实习生督导的机制，并取得了如下几方面的成效。

第一，协助工作人员专业能力和经验的学习，从而解决实际问题和促使个人成长。刚入职的年轻社工往往由于缺乏实际工作经验或能力不足，在面对复杂多样的社区需求和问题时常常感到束手无策，并由此可能会导致丧失信心，给自己造成很大的困扰。督导凭借多年的实务经验和专业知识对年轻的工作人员进行贴身陪伴，通过对话协助被督导者所面临的问题进行层层分析并找到问题解决的方法。这个过程不仅仅是协助被督导者解决困难，也不单单是停留在帮助被督导者脚痛医脚、头痛医头，而是培养解决问题的能力的过程，是以被督导者能力建设为导向的督导。

第二，保证了机构为服务对象所提供服务的品质。社会工作服务机构向服务对象所提供的服务类似于商家向顾客销售的商品一样需要对产品质量予以保证，于社会工作服务机构而言，服务就是产品。一个服务项目从需求评估到研发，再到一对一地为服务对象提供服务的每个环节都需要严格把控以期符合服务流程和标准，这样做的最终结果是确保服务对象的权益得到保障，因此服务品质的把控显得非常重要。机构督导身上一项重要的职责就是秉持社会工作专业伦理、价值观去扫描机构每个服务项目从研发到落地实施的过程，确保高品质的服务到达服务对象和公共资源最大化的使用，同时避免服务对象合法权益的受损。

第三，推动了机构内部督导人才队伍的建设。自从云南连心成立以来就开始尝试不同类型的督导模式，经历了最初零散的非常态化的督导模式，到后来的督导专职岗位的设置，再到后面的督导梯队的建立。这个过程在给机构员工创造接受督导服务的同时，更为重要的是促进了机构督导队伍的建设，这个建设一方面体现在督导人才数量上的增加，由以前一两名督导构成的督导团队扩充到了七八名督导，而且还形成了初级督导和高级督导搭配的督导梯队；另一方面体现在督导人才能力提升方面。以前的督导更多的是在行政督导方面，主要是工作任务的布置和跟进，现在的督导在督导内容上更为全面，包括了行政性督导、专业督导和情感支持，甚至还协助一线工作人员对实务工作经验进行梳理和总结，形成机构自己的知识。例如协助反家庭暴力项目团队通过个案研究，梳理总结社会工作手法介入家庭暴力各环节的经验和不足，最后形成了反家庭暴力工作手册。

三 云南连心社区照顾服务中心对推动云南本土民办社工机构发展及社工人才培养的贡献

近几年在党和政府加强社工人才队伍建设、促进社会主义和谐社会建设的大政方针下，云南省政府陆续出台了推动社会工作发展的政策，相继出台了《云南省青少年事务社会工作试点实施方案》《云南省社会工作专业人才队伍建设中长期发展规划（2015~2020年）》。在政策引领下，云南省各州市也开始探索社会组织特别是社会工作服务机构培育及人才培养的经验，在此背景下，云南省本土社工机构如雨后春笋般出现，但大部分机构存在专业服务能力不足、资金不足、专业社工人才缺乏、机构治理缺乏规范等问题和困难，这些问题和困难在很大程度上进一步制约了全省社工机构在服务城乡社区方面的功能作用。针对以上种种问题，云南连心作为云南省本土成立较早、专业化程度较高的社工机构长期将推动云南社工行业发展作为已任，并链接各类资源推动本土社工人才培养和机构培育工作，并取得了一定的成效。

（一）社工人才培养方面

云南连心针对云南省本土社工人才培养的途径主要靠培训和督导。云南连心积极发挥资源链接的功能，依托民政部门福利彩票公益金开展边疆少数民族乡村社会工作者培养，依托李嘉诚基金会对昭通市15家从事鲁甸"8·3"地震灾害社会工作服务的新成立的社会工作机构开展培训和督导，依托香港施永青基金开展云南省本土社工人才培养及支持计划。其中对昭通市15家社工机构开展的督导计划，开启了云南连心第一次跨区域的督导模式，为以后云南省内组织更大规模和制度性的跨区域督导积累了一定经验。通过以上各类培训和督导，推动了云南省从事城乡社区服务的社工人才培养，为各州市社工行业的发展奠定了人才基础。

另外，除了通过上述各类培训和督导协助各州市培养了一批本土一线社工人才外，培训和督导还为云南培养了一支本土社工督导和培训师队伍。云南连心在承接各类培训和督导工作中，出于对督导及培训师的需求，从云南省内的社工机构和高校社工教师队伍中邀请和组建了一支具有丰富实务经验和理论水平的督导团队和培训师团队，并通过组织这些督导和培训师到各社工机构开展督导和讲课的活动进一步锻炼了他们的督导能力和培训能力。经过几年在实战中持续的实践、反思和学习，这样一支队伍将成为云南省内的高级社工人才，成为引领云南省社工行业发展的力量。

（二）社工机构培育方面

社工行业的发展，除了有政策支持外，还需要有人才队伍的支撑和承载人才的大量社工机构的发展。因此，云南连心一方面在推动社工人才队伍培养的同时，另一方面也在推动社工机构的培育工作，只有这两方面并重才能形成推动行业发展的合力。在机构培育方面，云南连心主要采取"政府＋社工机构"的模式来做，就是民政部门出政策、协调关系，云南连心作为社会组织主要依靠社会化方式来管理运营整个培育基地。2015年云南连心与昆明市西山区民政局合作共建西山区社会组织培育基地。西山区民政局积极发挥政府部门的组织优势，不仅给予了资金支持、提供了工作场地，还帮助连心协调好与区委、街道、社区等各方面关系。另外，还充分发挥政策制定者的身份，降低西山区社会组织登记注册的门槛，调动社会组织进行登记注册的积极性。云南连心作为培育基地运作方通过向基金会申请项目资金支持招募专职工作人员负责培育基地日常运作，包括对基地内各入驻机构提供日常的管理、政策咨询、专业培训、督导和举办交流会等内容丰富、形式多样的活动，协助这些机构在资源筹措、服务管理、机构内部治理等各方面能力的提升。截至2016年底，在一年多的时间里，西山区民政局和云南连心双方通力合作，已有超过15家的社会组织被培育出来，其服务领域涵盖了儿童青少年服务、公共健康服务、残障人士服务、社区综合服务等领域，在很大程度上填补了西山区在这些领域中专业社会工作服务的空白。

附录1 部分政协提案

中国人民政治协商会议云南省第十届委员会第五次会议
提　案

标题　关于促进流动人口融入城市社区的建议

案由：

云南省流动人口以农民工群体为主，其中昆明市流动人口数量最多。第六次全国人口普查数据显示，至2010年末，昆明市常住人口643.22万人，流动人口约为198万人，约占昆明实有人口的27%。通过对以昆明市为主、涉及全省的流动人口的总体考察，我们发现与城市常住人口相比，全省流动人口呈现规模逐年扩大，整体文化、就业层次较低，从事非正规就业比例较高，少数民族流动人口数量较多等明显特征。

我省流动人口在融入城市社区方面主要面临的问题和挑战包括以下几个方面：第一是因政府财政资金对城乡社区建设投入不足，社区基本公共服务体系不完善等原因，导致流动人口无法真正获得城市社区基本公共服务；第二是重管理轻服务的观念长期存在，而管理体制又存在分割性，导致政府方面无法向流动人口提供真正服务；第三是缺乏为流动人口提供服务的社区服务管理平台，如社区居委会还无法真正较好将流动人口服务纳入其工作职责范围；第四是由于自身缺乏参与社区服务与管理的渠道和机会，导致流动人口无法真正建立社区归属感，融入社区困难；第五，流动人口服务和管理缺乏制度性保障，流动人口服务相关经费还未正式纳入财政预算支出范围，造成服务管理经费不足，无法实现公共服务的均等化。第六，流动人口社区基本公共服务提供缺乏专业社会服务机构及专业社会工作人才支撑，大量错综复杂的流动人口社区基本公共服务需求无法得到回应。

社区和谐是社会和谐的基础，发展社区服务，健全社区服务体系是社区和谐的重要前提和保障。2011年民政部发布的《城乡社区服务体系建设"十二五"规划》（征求意见稿）明确提出将城郊结合部社区、城中村社区及流动人口聚集社区纳入城乡社区服务体系建设范畴。民政部2012年1月4日发布了《关于促进农民工融入城市社区的意见》，指出要按照社区基本公共服务均等化的要求，将涉及农民工切身利益的劳动就业、公共卫生、计划生育、法律援助、社区教育、社会救助、文化体育、社会治安等社区服务项目逐步向农民工覆盖。可见，以农民工为主体的流动人口群体如何更好获得城市社区基本公共服务均等化待遇，以及享受到基本的社区服务，已经成为各级党委政府及社会各界的共识。鉴于此，在此提出如下有关促进我省流动人口融入城市社区的对策建议。

（一）分步骤落实有关《城乡社区服务体系建设"十二五"规划》和《关于促进农民工融入城市社区的意见》要求，推动"一社区一社工服务中心"建设

1. 加快制定云南省城乡社区服务体系建设及促进农民工融入城市社区的相关指导意见和规定

流动人口已经成为城市发展的重要组成部分，促进其融入城市社区已经成为中央下一步工作的重点，因此，云南省有必要以中央有关精神为指导，加快推动出台相关政策和规定，加强社区环境卫生、社区公共空间、社区交通系统、社区医疗及学校软硬件设施管理建设，按照公共服务均等化原则，提高城市城中村及城乡结合部流动人口聚集社区公共服务体系建设财政预算标准，创造更加适合流动人口居住、生活和工作的社区环境。

2. 加快推动"一社区一社工服务中心"建设

依据社区流动人口数量及规模，由政府提供场地、资金及其他相关政策支持，在流动人口聚集的城中村及城乡结合部社区建立社会工作服务中心，

配备一定的社会工作者及社区服务人员，通过"社工+义工"模式有效开展流动人口服务与管理工作。

3. 制定有重点、分步骤的农民工融入城市社区策略

针对当前农民工主要分布在城中村、城乡结合部社区的现实，政府在制定实施相关政策时，应重点关注农民工聚集率和绝对数量较高的社区，然后再分步骤向各个社区延伸；针对城市社区农民工需求的缓急程度，政府应加强调研评估以备尽快形成实施方案，比如昆明市某些社区农民工子女安全与教育问题突出，政府在制定实施政策措施时应着重解决这些问题，并向其他方面扩展。

（二）加快推进民办社会工作机构发展，提高流动人口社区服务与管理的创新能力与实施效能

1. 有效降低社会组织机构登记注册门槛

当前我省社会组织成立依然沿用挂靠主管单位方可登记注册的规定，这不利于社会组织的培育与发展。依据中央关于促进社会组织发展的政策方向，及广东省最新出台的《关于广东省进一步培育发展和规范管理社会组织的方案》中所规定的社会组织可直接登记，不再需要挂靠主管单位的先进经验，云南省作为社会组织发展最早、社会组织数量最多的省份，理应顺应社会发展形势所需进行改革。因此，建议我省进一步完善社会组织等级管理注册规定，降低社会组织登记门槛，逐步取消主管和挂靠制度，并给予公益型社会组织和民办社会工作机构免税及审计优惠等待遇。

2. 建立政府采购及外包方式向社会组织或民办社会工作机构购买流动人口社区管理与服务

强化我省社会组织评估机制，获得3A以上评估等级的社会组织，可优先接受政府职能转移，优先获得政府购买服务、奖励，可获得公益性捐赠税前扣除资格等。以此为依据，政府可通过项目打包，鼓励民办社会工作机构通过公平竞争方式取得政府资金支持，在流动人口聚集社区开展社区服务与管理。因此，建议在街道（乡镇）一级政府进行公共财政体制的改革试点工作，在现有的财政预算项目中增设购买社会服务科目，通过项目化的运作购买民办社会工作机构的服务。

(三) 加强社会工作人才和志愿者队伍联动机制建设

1. 推动社会工作及志愿者在流动人口聚集社区联动开展服务与管理的示范点建设

重点挑选在社会工作者及志愿者联动服务方面做得较好的社区和机构建立示范点，由政府提供财政支持，在每个示范点设置一个社工岗位，负责专业志愿者的选拔、应聘、培养、建立机构支持制度等，实现机构专业志愿者管理的专人负责，机构其他工作人员积极配合，各司其职，共同促进专业志愿者在社区服务与管理工作的有效开展。社工与志愿者联动服务示范点需要建设志愿者接待室、咨询室及志愿者办公室和会议室等行政办公用房。

2. 加强志愿者培训体系及信息平台建设，提升流动人口社区服务与管理质量

整合高校及现有志愿者服务机构力量，建立志愿者服务中心、志愿者信息网络平台、志愿者培训基地等，将志愿者服务中心与志愿者网络信息平台进行有效整合，针对志愿者注册、登记、管理及分派等开展业务工作。推动不同的志愿者形成小组，定期开展活动，分享与总结服务经验，增强对专业志愿者的身份认同，提高服务质量。同时，建立志愿者信息库，实行志愿者信息的网上管理，如注册、登记、招募、培训、评估等。建立网站论坛、社区讨论及微博等平台，打造社工与志愿者、志愿者与志愿者之间及时交流渠道。

中国人民政治协商会议云南省第十届委员会第五次会议
提　案

标题　关于推动流动儿童社区安全公共空间建设的建议

案由：

今年 4 月份，第六次全国人口普查结果显示，中国流动人口数量已经接近 2.6 亿，《中国流动人口发展报告 2010》曾预测到 2050 年这个数字将达到 3.5 亿。虽然大规模的人口流动迁移为我国现代化发展奠定了基础，为我国综合国力提升、人民生活质量提高做出了巨大贡献，但由于城乡二元结构及户籍制度的限制，在城市化发展的过程中较少兼顾流动人口的利益问题，直接导致了大量社会矛盾的出现，影响了整个社会的和谐。如何妥善应对流动人口住房、子女教育、公共服务、医疗卫生、就业保障等问题，将直接影响到整个经济社会全面、协调、可持续发展。近年来随着城市生活成本的升高，流动人口越来越向城中村、城乡结合部社区聚集，使得这些社区人口越来越多，外地人口远远超过本地人口，超过了社区的承载能力，现阶段如何在城市社区加强对流动人口服务与管理已经成为加强和创新社会治理的重点之一，流动人口聚居区的建设问题已经成为当前社会的重点问题。

2008 年 8 月，云南省政府批准下发了《云南省城乡社区服务体系发展规划（2008 - 2012）》明确按照统筹规划、分布实施的办法，从 2008 年至 2012

年,由省发改委、省财政厅、省民政厅共安排2.5亿元逐步解决城乡社区服务设施问题。2011年6月云南省人民政府印发的《云南省国民经济和社会发展第十二个五年规划纲要》中指出:"强化中小城市产业功能,增强小城镇公共服务和居住功能,推进大中小城市交通、通信、供电、供排水、供气、污水垃圾处理等基础设施建设和立体化发展","以社区居民的需求为导向、广泛参与为动力、大多数居民满意为标准开展社区服务工作,统筹城乡,使社区服务覆盖到社区全体成员,为流动人口平等地提供社区服务,让社区居民在开展社区服务中得到实惠,在参与社区服务中实现自身的发展"。2011年民政部发布了《城乡社区服务体系建设"十二五"规划》(征求意见稿),2012年1月4日又发布了《关于促进农民工融入城市社区的意见》,说明推进城市社区接纳流动人口已经成为新时期各级党政部门解决流动人口问题的主导思想。

从2011年12月到2012年2月,云南连心社区照顾服务中心在社区走访和组织流动儿童进行焦点小组讨论,流动儿童反映的问题如下。

一 活动公共空间不足

流动人口聚居社区大多分布在城中村和城乡结合部,由于种种原因这些社区房屋建筑密度大、空地少,流动人口几乎没有休闲空间。流动儿童尤其缺乏娱乐活动空间,只能在狭窄的道路、鱼塘、菜地和工地玩耍,安全事故频发。高压线纵横交错,乱拉电线者较多,存在着电线坠落、下雨天漏电等诸多危险可能。

二 道路安全问题突出

流动人口聚居社区道路错综复杂,交通设施简陋。在人流量大的地方安全提示标志不足,学校附近缺乏斑马线,道路与排水沟缺乏防护栏,对流动儿童的道路安全造成严重威胁。

三 社会治安问题严重

流动人口聚居区内治安问题严重,流动儿童经常遭遇小偷和抢劫的问题，人口拐骗时有发生。

四 食品和日用品的安全问题突出

流动儿童面对泛滥的食品安全和假冒伪劣产品问题。大量小摊贩食品卫生不达标，严重威胁流动儿童日常的营养和健康。孩子们日常使用的生活用品和玩具普遍为假冒伪劣产品，给孩子的健康带来长期隐患。

改善流动人口聚居区儿童安全空间的建议。

（1）民政部门要按实有人口，在流动人口聚居区建设适合所有人口活动的公共空间，如绿地、花园等设施，为流动人口提供一定的休闲空间，特别是流动儿童的玩耍空间。

（2）在社区建立儿童活动中心，设专门的工作人员为流动儿童提供文化娱乐活动，安静的复习和安全的玩耍空间。另外，社区应为那些短暂缺乏父母照顾的流动儿童提供临时照料服务。

（3）交通部门要根据儿童的交通安全需要，完善社区交通设施。具体措施包括学校附近设立斑马线和交通警告牌，在阴暗道路安装路灯，在道路和排水沟安装防护栏，加强对流动儿童道路安全的防护。

（4）完善维护社区治安措施。基层公安部门应加强社区监控器的安装与维护，阻吓小偷和抢劫的作案动机。社区公安执法部门应加强社区巡逻，防止社区违法行为产生；连同学校加强学生防拐、防骗、防抢、防火、防电等自保知识的培训，增加自卫技能；依法对抢劫队进行帮教。

（5）建议工商执法部门加强对流动人口聚居区食品和用品安全的检查、监管；在社区对流动儿童进行食品、用品安全宣传，提供相关识别方法的教育和培训，加强儿童对食品和用品安全的重视。

附录2　民盟省委第四届民生论坛文章

探索流动人口管理服务创新模式，
促进社会和谐

向　荣*

　　2011年胡锦涛总书记在省部级主要领导干部社会管理及其创新专题研讨班开班式上发表的重要讲话中提出，要做好社会管理创新需重点抓好8个方面的工作，其中包括"引导各类社会组织加强自身建设、增强服务社会能力，支持人民团体参与社会管理和公共服务，发挥群众参与社会管理的基础作用"，"进一步加强和完善流动人口和特殊人群管理和服务"。可见，流动人口管理和服务、引导社会组织建设已经被列入当前社会管理创新中十分重要的内容之一。据《中国流动人口发展报告2010》指出，中国流动人口数量已经超过2亿，并预测到2050年，中国流动人口人数将达到3.5亿。云南省昆明市是全省流动人口较为集中的城市，流动人口总数已接近200万。虽然大规模的人口流动迁移为各地经济腾飞提供了丰富的劳动力，为人民生活质量提高作出了巨大贡献，但由于城乡二元结构及户籍制度的限制，在城市化发展过程中较少兼顾到流动人口的利益问题，直接导致了大量社会矛盾的出现，影响了整个社会的和谐。如何妥善应对流动人口住房、子女教育、公共服务、医疗卫生、就业保障等问题，将直接影响到整个经济社会全面、协调、可持续发展。

---

* 向荣，详见前文。

一　昆明市流动人口现状及存在问题

云南省作为西部欠发达地区，农村自然条件较差，资源匮乏，因贫困问题而引发大量农村人口流向城市生活与工作。以省会城市昆明为例，根据第六次人口普查数据显示，昆明目前流动人口数量已占到全市总人口的28%，并正在以快速发展的态势继续增加。大多数流动人口家庭都居住在房租相对较低的城中村或者城郊结合部社区。此类社区流动人口与本地户籍人口比例普遍在1:7，有些甚至更高，如被称为"昆明第一城中村"的船房村这一比例高达1:15，本地人口不到7000人，而流动人口则高达6万人。如此庞大的流动人口规模，必然会有大量的公共服务需求，但由于城乡二元结构及户籍制度的限制，这些需求并没有得到很好解决，这就必然会导致社会问题及社会矛盾的出现。在此社会背景下，政府单纯以传统管理模式应对这些问题，事实证明已经行不通。根据云南大学公共管理学院社会工作研究所在2010年由省妇联委托开展的一项针对流动人口社区妇女生存状况的调研发现，昆明市流动人口面临的问题主要包括以下几个方面。

第一，流动人口居住权益缺乏保障。调查研究发现，流动人口家庭人均居住面积仅为4.5平方米，远远低于昆明市人均12平方米的住房保障标准；同时，调研中发现流动人口家庭平均每年需要搬家近2次。城中村拆迁迫使大量流动人口家庭不断迁移的同时，也大大增加了他们的居住成本，经济压力更大，导致他们只能往城市更边缘的城郊结合部迁移或返回家乡。

第二，流动人口总体就业率不高，经济收入水平较低，就业缺乏保障。单纯以妇女就业为例，调研数据显示，目前在昆明市城中村社区中尚有38.9%的流动妇女未能就业；近53.9%的妇女每月收入不到830元，其中有超过31%的妇女每月收入不足500元；在已就业的妇女中，有80%的人未能签订劳动合同及购买社会保险，14.9%的妇女出现职业病的症状反应，还有近15.4%的妇女遭遇拖欠工资的情况。这些问题的普遍性同样在男性流动人口中存在。可见，流动人口就业及劳动权益保障问题十分突出。

第三，流动人口医疗保障、子女教育及公共文化权益缺失问题严重。调研数据显示，整个联家社区共计3万多人口，但仅有1所公办小学和1所公办中学，两所学校容纳的学生人数不到2000人，还有近3000名流动儿童仅能在民办学校就读。因民办学校教育质量问题及家庭搬迁不断变换学校而导致的流动儿童厌学甚至辍学问题较为严重。同时，整个联家社区仅有两家卫生所，每家卫生所的床位仅为4张，医疗条件较为落后，群众看病难的问题非常突出。

第四，流动人口与社区本地人之间的隔阂较深，相互排斥的问题较为突出。调研数据显示，有超过40%的流动人口认为本地人瞧不起他们，在平时的工作及生活中受到本地人的排斥。社区内多民族杂居的问题极为普遍，民族之间特别是汉族与少数民族之间的矛盾问题也会产生。如果这些问题不能够得到妥善处理，农村流动人口与城市人口、汉族与少数民族之间的和睦相处将无从谈起，和谐社区建设也将面临巨大挑战。

第五，流动人口家庭因经济压力而导致出现的家庭暴力问题较为突出，家庭关系极为脆弱。调研数据显示，由于经济压力而导致的家庭矛盾甚至是家庭暴力的问题十分突出。数据显示，有近14.7%的流动人口家庭存在男性对妇女、老人及儿童进行暴力的情况。家庭暴力引发家庭关系的破裂，会进一步导致流动妇女及流动儿童被拐卖的风险。社区里就有这样一个家庭，妇女因经济压力与丈夫关系不和，结果被人以高工资诱骗，至今下落不明。

二 流动人口面临各种问题的原因分析

导致流动人口面临的各种困难处境的原因十分复杂，既有城乡二元及户籍制度的结构性因素，也有因整个社会急剧转型所带来的不适应，以及流动人口自身方面的问题。

首先，城乡二元机构及户籍制度的限制，直接导致流动人口无法享受城市基本公共服务及相关市民待遇。虽然在过去一段时间里，从中央到地方政府都在探索户籍制度的改革方案，并逐步在流动人口子女进城镇公办学校就读、农村医疗保险异地报销以及住房保障等方面有所改善，但这些改善距离流动人口在城市真正享受市民待遇还有很大差距。

其次，城市化快速扩张，城中村拆迁改造单一模式直接导致了流动人口居住权益的缺失。因城市化发展需要，政府提出了对城中村及城郊结合部社区进行全方位大面积整体拆迁改造的思路。大量城中村及城郊结合部社区也因此被快速推平重建，但流动人口的居住权益问题则较少被考虑到。

再次，流动人口整体文化水平较低，缺乏技术技能及基本法律维权意识，直接导致其就业能力不足，自我维权意识较低。流动人口文化教育水平普遍较低，大部分为小学或初中学历，相应的技术技能也较为缺乏，导致了就业上的困难。同时，由于在外出务工前以及务工过程中缺乏有关劳动法及劳动保护的培训机会，导致他们在就业过程中容易遭受到侵权的情况。

最后，城中村社区基本公共服务体系不健全，社会组织发育不足，导致流动人口无法较好享受基本公共服务。近年来，云南省及各级政府相应出台了不少惠民的政策，但由于政社合一，街道和社区居委会承担的行政任务繁重，加之社会组织欠缺，导致缺乏有效的途径和组织手段做好政策信息的传递。同时，各级政府财政预算中未能充分考虑流动人口基本公共服务需要，导致资金及人力资源方面的投入不足，基本公共服务还未能实现均等化。

三 探索创新流动人口管理服务模式的对策建议

流动人口管理服务模式创新是当前以及未来很长一段时期内中国社会管理创新内容当中的最重要组成部分之一。近年来越来越多的经验已经表明，流动人口管理服务创新工作做得好，将直接对该地区经济社会发展起到良好的推动作用。过去单纯依靠行政命令以"管理"为主的工作思路和模式已经无法顺应时代发展的需要，具有人性化的创新管理服务模式才是做好社会建设的必然选择。这同时也给各级政府提出了新的挑战。2010年12月，《中共云南省委关于制定国民经济和社会发展第十二个五年规划的建议》中强调，要更加注重社会建设，加快发展各项社会事业，扩大基本公共服务，完善社会管理，促进公平正义，让人民群众共享改革发展成果。从这一规划建议中可以看出，云南省委省政府已经做好了应对社会管理创新机会和挑战的准备。面对云南省近500万的流动人口群体，如何更好地做到加强社会建设，做好社会管理创新工作，将直接决定着和谐云南建设及"桥头堡"战略建设。为此，提出如下建议。

第一，推动社会政策的普惠性，惠及大部分流动人口，逐步实现公共服务均等化。

逐步健全覆盖城乡居民的社会保障体系，推动城乡居民就业平等，健全劳动合同保障制度，逐步实现公共服务均等化。

重点推进农民工户籍制度改革和社会公共服务改革。推动社会政策的普惠性，实现国家层面的公共服务均等化，逐步推动流动人口在子女教育、卫生医疗、住房保障等方面享受市民同等待遇。

第二，制定针对流动人口特殊群体的特惠政策。

1. 就业方面

以社区社会组织为平台，提供更多就业技能培训机会。建立立足于社区的就业服务体系，大力发展社区公共服务及家庭服务行业，如幼儿照顾服务、老人照顾服务及长期病患者照顾服务行业等。通过政府购买服务和设立公益岗位的方式开展就业及创业辅导，推动社区就业模式创新及增加社区妇女就业机会。

2. 居住权益保障方面

需要政府一方面加大廉租房建设力度，并降低申请廉租房的申请门槛；另一方面，政府需重新定位城中村社区，推进出台多元化的城中村社区改造方式，适当保留一定数量的城中村社区，以便为流动妇女家庭提供稳定的房源保障。

3. 儿童教育权益保障方面

加大对公办学校资源的投入，扩大流动儿童入学的人数；政府将一定教育资源向民办学校倾斜，支持民办学校在校舍建设、师资队伍建设等方面进行改善，确保学校的教学质量。在政策层面上制定出台有利于流动儿童在本地就读高中的政策。

第三，创新社会管理，健全社区公共服务体系。

参照其他省市如广东珠海、深圳等地的社区公共服务体系改革，进行行政－社区－服务的分离。原有街道、居委会及社区组织由于行政和管理职能繁重，需要吸纳社会公益组织或民办社会工作机构等民间力量提供公共服务，拓宽和深化社区公共服务的功能和范围，增加职业技能培训、就业信息提供、婚姻家庭辅导、亲子教育培训、防治家庭暴力及预防儿童妇女拐卖宣传、青少年文化娱乐活动提供以及丰富社区文化娱乐活动等方面的工作内容。

依据流动人口分布情况进行社区公共服务设施的规划。针对目前城中村社区公共服务设施较为欠缺的情况，明确规定按照社区人口数量配备一定比例的公共活动场地及设施。可根据每个社区人口数量，按照一定比例配置相匹配数量的托儿所、幼儿园、小学、中学、社区卫生服务站、儿童青少年活动中心、社区服务中心、老年中心等，特别需要政府在硬件设施如场地及基本硬件方面进行规划。

第四，提供平台和机会，使流动人口与本地居民共同参与社区治理。

针对社区中居民普遍反映的环境卫生及治安状况较差的问题，居委会可考虑提供平台，让流动人口共同参与到社区卫生和治安建设中，实现社区本地居民和流动人口共同参与治理的良好局面。

通过鼓励群众自发组织的方式，由本地人和外地人共同参与到社区事务中，增强流动人口对于社区的认同感。

第五，政府推动、社会协同，推进社会工作专业机构及群众组织在社区公共服务提供中的专业作用。

在服务模式提供上，依据党中央关于"造就一支结构合理、素质优良的社会工作人才队伍"，"要健全党委领导、政府负责、社会协同、公众参与的社会管理格局，健全基层社会管理体制"和"重视社会组织建设和管理"的要求，结合云南省作为经济欠发达地区的实际情况，建议政府出台政策推动云南省社会工作机构建设及专业人才队伍建设方案；同时，总结开发一套既重视个人及群体福利服务，又关注社群经济，同时还积极推动政府政策改变以及注重社会工作人才队伍建设的发展型社会工作模式，有效将"研究－服务开发－社工实习－志愿者服务－模式总结－孵化基地建设"进行有机结合。

探索民政部门、妇联及各类群团组织参与社区公共服务的创新模式，注重对基层项目工作的培育、扶持和指导，总结推广经验，规范提升管理水平（具体可参照云南省妇联与云南连心社区照顾服务中心的合作模式）。主要思路有：

1. 政府购买模式

针对妇女、家庭、儿童社区工作，探索以社会工作、政府购买、项目运作的模式，建立"妇工＋社工＋义工"队伍，实施市、区、社区三级联动，承接政府转移的部分服务职能，满足妇女、儿童、家庭的服务需求。

2. 政府委托项目模式

采取政府倾斜、社团承办、服务项目、配置工作资源的方式，支持妇联组织发挥优势，拓展社会服务工作。

四 结语

当前，我国社会发展出现了新的阶段性特征，社会管理体制相对滞后的问题已经凸显，需要按照"健全党委领导、政府负责、社会协同、公众参与的社会管理格局"的要求，构建适合国情的，以各级政府为主导、私营部门和第三部门等多元主体广泛参与的多种方式并存的治理格局，优化社会治理结构。探索针对各个领域及不同群体如流动人口及特殊人群的管理和服务创新模式，是社会管理创新及社会建设的重要组成。尤其在针对流动人口管理服务方面，从政府各级部门到社区组织，再到社区民众参与治理这几个层面上都需要有创新性的工作方法和思路。在民政部及全国各地正在大力推动社会工作人才队伍建设及机构建设的政策环境下，专业社会工作机构及工作人员应当与政府协同合作，共同在流动人口社区中开展服务，这是探索未来流动人口管理服务创新模式的重要路径。

后　记

农民在城市与乡村之间反复流动，已经常态化。他们无论流动于城市还是坚守于乡村，所面临的共同处境和困难正是社工可协同可作为之处。云南连心最为宝贵的价值即是在过去 10 年的时间里，聚拢了一批青年人，坚持扎根于社区，与社群相伴，共同寻找从具体服务到倡导制度政策改变的策略与方法。在社会建设政策环境发生积极变化、越来越多的公益组织和人才关注并投入到流动人口与乡村工作领域的背景下，这一套策略方法也将更多地发挥引领和示范作用。云南连心依托云南大学－香港理工大学设计与社会发展研究中心、云南大学民族学与社会学（社会工作）学院建立社会创新研究基地，配备专职研究工作人员，即是为建立流动人口和乡村社会工作服务体系奠定的重要支撑。

在城市化快速推进及精准扶贫脱贫攻坚战略背景下，流动人口社区及乡村尤其是少数民族地区社会服务与发展需求巨大。我们深深感觉到仅仅靠几家机构之力远远无法满足及回应这些需求。作为云南最早在流动人口及乡村领域开展探索研发的机构，云南连心有责任加快步伐，在实操层面上不断进行服务模式与技术的总结梳理，并分享给更多伙伴机构及政府部门，在推动领域发展方面做出积极贡献。基于此，我们一方面正在对社区儿童中心运营、学校社会工作、困境儿童陪伴、流动职工工会、合作社等方面进行操作手册的研发；另一方面则同步启动了公益连县计划，希望借此计划能够以云南连心已有的经验和技术为带动，助力资源更为欠缺的县（区）域地区的公益组织和人才培养，在更大范围内回应当前社会发展过程中流动与留守社群的需求，深度探索城乡统筹领域的社会工作介入经验。

在此，要感谢云南省民政厅作为业务主管单位，长期以来的关心和支持。感谢乐施会自 2007 年以来的持续资助，他们不仅提供资金支持，更给予我们许多行业交流学习的机会及在战略规划上的协作，使机构得以在流动人口领域深耕与发展。这其中，要感谢乐施会北京办公室的王英瑜、鲁梅花、林虹、杨海萍、陈韦帆以及乐施会昆明办公室的冯明玲、陈学崇、张东军等多位老师，他们在我们成长过程中给予了诸多的支持和帮助。感谢机构各位理事和监事一直在团队背后提供强大的后援支持，在机构遇到困难的时候他们总会不断给予鼓励与支持。感谢陆德泉老师及其带领的专家指导委员会，在机构发展过程中给予了最扎实的前沿的理论与技术指导，他们发挥了重要的智库与智囊作用。感谢"连心之友"及所有实习生和志愿者，正是这股强大的支持力量，让社会工作的社会参与属性真正得以践行。感谢连心社工的每一位伙伴，正是大家的共同努力，才有效构铸了一个连"心"的机构品牌与文化，并不断凝聚着更多公益与善的力量，共同投入到这项平凡而有意义的事业当中！

我们期待与更多政府部门、基金会、企业及各其他社会力量一道，并肩协作，为城乡统筹发展事业不断贡献智慧和力量。

我们还只是行进在路上……

图书在版编目(CIP)数据

"流行社工"路:云南连心本土社会工作实践/向荣,陆德泉主编. -- 北京:社会科学文献出版社,2018.4
(社会工作研究文库)
ISBN 978-7-5201-2374-7

Ⅰ.①流… Ⅱ.①向… ②陆… Ⅲ.①社会管理-案例-云南 Ⅳ.①D677.4

中国版本图书馆CIP数据核字(2018)第044357号

社会工作研究文库

"流行社工"路
—— 云南连心本土社会工作实践

主　　编／向　荣　陆德泉
副 主 编／李　俊　兰树记

出 版 人／谢寿光
项目统筹／谢蕊芬
责任编辑／陈之曦　佟英磊　冯婷婷

出　　版／社会科学文献出版社·社会学出版中心(010)59367159
　　　　　地址:北京市北三环中路甲29号院华龙大厦　邮编:100029
　　　　　网址:www.ssap.com.cn
发　　行／市场营销中心(010)59367081　59367018
印　　装／三河市尚艺印装有限公司

规　　格／开本:787mm×1092mm　1/16
　　　　　印张:17　字数:279千字
版　　次／2018年4月第1版　2018年4月第1次印刷
书　　号／ISBN 978-7-5201-2374-7
定　　价／79.00元

本书如有印装质量问题,请与读者服务中心(010-59367028)联系

版权所有 翻印必究